지한쌤 최적화 봉투모의고사
맞춤형화장품조제관리사 자격시험 1회

성명 [   ]   수험번호 [   ]

○ 시험 도중 포기하거나 답안지 ... 무효 처리됩니다.

○ 시험 시간 중에는 화장실에 길 ... 없으므로 과다한 수분 섭취를 자제
하는 등 건강관리에 유의하시 ...

○ 응시자는 감독위원의 지시에 따라야 하며, 무정한 행위를 한 응시자에게는 해당 시험을 무효로 합니다.

○ 답안지는 문제번호가 1번부터 100번까지 양면으로 인쇄되어 있습니다. 답안 작성 시에는 반드시 시험문제지의 문제번호와 동일한 번호에 작성하여야 합니다.

○ 선다형 답안 마킹은 반드시 컴퓨터용 사인펜으로 작성하여야 합니다. 답안 수정이 필요할 경우 감독관에게 답안지 교체를 요청해야 하며, 수정테이프(액) 등을 사용했을 경우 채점상의 불이익을 받을 수 있으므로 사용하지 마시기 바랍니다.

○ 올바른 답안 마킹방법 및 주의사항

> • 매 문항마다 반드시 하나의 답만을 골라 그 숫자에 "●"로 정확하게 표기하여야 하며, 이를 준수하지 않아 발생하는 불이익(득점 불인정 등)은 응시자 본인이 감수해야 함
>
> • 답안 마킹이 흐리거나, 답란을 전부 채우지 않고 작게 점만 찍어 마킹할 경우 OMR 판독이 되지 않을 수 있으니 유의하여야 함
>
> • 두 개 이상의 답을 마킹한 경우 오답처리 됨
>
> [예시] 올바른 표기: ● 잘못된 표기: ⊙⊗⊖⑪◎⊘Ⓥ◓

○ 단답형 답안 작성은 반드시 검정색 볼펜으로 작성하여야 합니다. 답안 정정 시에는 반드시 정정 부분을 두 줄(=)로 긋고 해당 답안 칸에 다시 기재하여야 하며, 수정테이프(액) 등을 사용했을 경우 채점상의 불이익을 받을 수 있으므로 사용하지 마시기 바랍니다.

○ 문항별 배점은 시험 문제에 표기되어 있습니다.

○ 시험 문제 및 답안은 비공개이며, 이에 따라 시험 당일 문제지 반출이 불가합니다.

※ 시험이 시작되기 전까지 표지를 넘기지 마시오.

지한쌤 최적화 봉투모의고사
맞춤형화장품조제관리사 자격시험 1회
정답 및 해설·출제근거표

───── 〈알려두기〉 ─────

이 모의고사는 실제 시험보다 어렵게 출제되었으며 식품의약품안전처에서 발표한 맞춤형화장품 조제관리사 자격시험 공고문을 준수하여 체계적으로 출제되었습니다. 실제 시험의 선다형(객관식) 및 단답형(주관식)의 출제 비율 및 각 단원별 배점 기준 준수, 세부 출제 주제에 대한 균형 있는 출제, 명확한 출제 근거 명시 등을 통해 여러분들의 안정적인 합격을 도모하였습니다. 특히 이번 모의고사는 「화장품 법령(화장품법 + 화장품법 시행령 + 화장품법 시행규칙 + 식약처장의 행정고시 + 각종 민원인 해설서 + 규정을 토대로 제작한 자체 규정 등)」 80%, 화장품 관련 법령 5%, 「맞춤형화장품조제관리사 교수·학습 가이드」 15%로 구성되어 실제 시험장에서 시험지를 받아보셨을 때 최대한 당황하지 않고 사전에 미리 준비할 수 있게 제작되었습니다. 다양한 단원의 통합 문제가 실제 시험에서 다출제되므로 이 모의고사에서도 통합적 문제를 다양하게 구성함으로써 전체적인 난이도를 높였습니다. 구체적인 출제 기준과 출제 세부사항은 아래와 같습니다.

[시험 과목별 문항 및 배점 기준]

단원	단원명	문항수		배점
1단원	화장품 관련 법령 및 제도 등에 관한 사항	객관식	7	100점
		주관식	3	
2단원	화장품의 제조 및 품질관리와 원료의 사용기준 등에 관한 사항	객관식	20	250점
		주관식	5	
3단원	화장품의 유통 및 안전관리 등에 관한 사항	객관식	25	250점
		주관식	0	
4단원	맞춤형 화장품의 특성·내용 및 관리 등에 관한 사항	객관식	28	400점
		주관식	12	
총합	총 4단원	객관식	80	총점 1000점
		주관식	20	

[세부 출제 주제별 모의고사 문항 배정]

교과목	주요 항목	★세부 출제 주제[출제빈도]★	연계된 모의고사 문항 번호 [배정받지 않은 주제는 2회 모의고사에서 주로 다룹니다.]
1. 화장품 관련 법령 및 제도 등에 관한 사항 10문항/100점 10% 출제 비중 선다형 7문항 단답형 3문항	1.1. 화장품법	1. 화장품법의 입법 취지	81
		2. 화장품의 정의 및 유형[다출제 영역]	1
		3. 화장품의 유형별 특성[타 단원 연계 다출제 영역]	2단원 연계 문제(10, 85) 4단원 연계 문제(5)
		4. 화장품법에 따른 영업의 종류[다출제 영역]	2, 3, 82, 83
		5. 화장품의 품질 요소(안전성, 안정성, 유효성)	4단원 연계 문제
		6. 화장품의 사후관리 기준	4, 83
	1.2. 개인정보 보호법	7. 고객 관리 프로그램 운용	7
		8. 개인정보 보호법에 근거한 고객정보 입력	5, 6
		9. 개인정보 보호법에 근거한 고객정보 관리	5, 6, 7
		10. 개인정보 보호법에 근거한 고객 상담	5
2. 화장품의 제조 및 품질관리와 원료의 사용기준 등에 관한 사항 25문항/250점 25% 출제 비중 선다형 20문항 단답형 5문항	2.1. 화장품 원료의 종류와 특성	11. 화장품 원료의 종류	13, 84, 85
		12. 화장품에 사용된 성분의 특성[다출제 영역]	8, 9, 14, 17
		13. 원료 및 제품의 성분 정보	10, 15
	2.2. 화장품의 기능과 품질	14. 화장품의 효과	15, 16, 17
		15. 판매 가능한 맞춤형화장품 구성[다출제 영역]	18, 4단원 연계 문제(54)
		16. 내용물 및 원료의 품질성적서 구비	86
	2.3. 화장품 사용 제한 원료	17. 화장품에 사용되는 사용 제한 원료의 종류 및 사용 한도[다출제 영역/고난이도]	11, 18, 19, 20, 21, 22, 25
		18. 착향제(향료) 성분 중 알레르기 유발물질[다출제 영역/숫자 계산 영역]	23, 24, 25
	2.4. 화장품 관리	19. 화장품의 취급 방법	12
		20. 화장품의 보관 방법	12, 26, 87
		21. 화장품의 사용 방법	88
		22. 화장품의 사용상 주의사항[다출제 영역]	17, 4단원 연계 문제(54)
	2.5. 위해 사례 판단 및 보고	23. 위해 여부 판단	26, 4단원 연계 문제(97)
		24. 위해 사례 보고	

교과목	주요 항목	★세부 출제 주제[출제빈도]★	연계된 모의고사 문항 번호 [배정받지 않은 주제는 2회 모의고사에서 주로 다룹니다.]
3. 화장품의 유통 및 안전관리 등에 관한 사항 25문항/250점 25% 출제 비중 선다형 25문항 단답형 0문항	3.1. 작업장 위생관리	25. 작업장의 위생 기준	28
		26. 작업장의 위생 상태	29
		27. 작업장의 위생 유지관리 활동[다출제 영역]	30, 31, 32
		28. 작업장 위생 유지를 위한 세제의 종류와 사용법	33
		29. 작업장 소독을 위한 소독제의 종류와 사용법	35
	3.2. 작업자 위생관리	30. 작업장 내 직원의 위생 기준 설정	34
		31. 작업장 내 직원의 위생 상태 판정	36
		32. 혼합 · 소분 시 위생관리 규정[4단원 연계 다출제 영역]	4단원 연계 문제(73, 94, 95)
		33. 작업자 위생 유지를 위한 세제의 종류와 사용법	2회 모의고사에 출제함
		34. 작업자 소독을 위한 소독제의 종류와 사용법	모의고사 2회 출제 영역
		35. 작업자 위생관리를 위한 복장 청결 상태 판단	36
	3.3. 설비 및 기구 관리	36. 설비 · 기구의 위생 기준 설정	37
		37. 설비 · 기구의 위생 상태 판정	38, 39
		38. 오염물질 제거 및 소독 방법	40
		39. 설비 · 기구의 구성 재질 구분	41
		40. 설비 · 기구의 폐기 기준	42
	3.4. 내용물 원료 관리	41. 내용물 및 원료의 입고 기준	43
		42. 유통화장품의 안전관리 기준[다출제 영역/고난이도]	46, 47, 48, 49, 50, 51
		43. 입고된 원료 및 내용물 관리기준	44
		44. 보관 중인 원료 및 내용물 출고기준	45, 52
		45. 내용물 및 원료의 폐기 기준	45
		46. 내용물 및 원료의 사용기한 확인 · 판정	45
		47. 내용물 및 원료의 개봉 후 사용기한 확인 · 판정	2회 모의고사에 출제함
		48. 내용물 및 원료의 변질 상태(변색, 변취 등) 확인	45
		49. 내용물 및 원료의 폐기 절차	2회 모의고사에 출제함
	3.5. 포장재의 관리	50. 포장재의 입고 기준	4단원 연계 문제(76, 77)
		51. 입고된 포장재 관리기준	45
		52. 보관 중인 포장재 출고기준	4단원 연계 문제(76, 77)
		53. 포장재의 폐기 기준	4단원 연계 문제(76, 77)
		54. 포장재의 사용기한 확인 · 판정	45
		55. 포장재의 개봉 후 사용기한 확인 · 판정	4단원 연계 문제(76, 77)
		56. 포장재의 변질상태 확인	45
		57. 포장재의 폐기 절차	45

교과목	주요 항목	★세부 출제 주제[출제빈도]★	연계된 모의고사 문항 번호 [배정받지 않은 주제는 2회 모의고사에서 주로 다룹니다.]
4. 맞춤형 화장품의 특성·내용 및 관리 등에 관한 사항 40문항/400점 40% 출제 비중 선다형 28문항 단답형 12문항	4.1. 맞춤형 화장품 개요	58. 맞춤형화장품 정의[다출제 영역]	54, 74
		59. 맞춤형화장품 주요 규정[다출제 영역]	55, 56, 63, 73, 74, 75
		60. 맞춤형화장품의 안전성[다출제 영역]	54, 55, 65, 66, 68, 92, 97
		61. 맞춤형화장품의 유효성[다출제 영역]	64, 68, 69, 80, 98
		62. 맞춤형화장품의 안정성	68, 73
	4.2. 피부 및 모발 생리 구조	63. 피부의 생리 구조[다출제 영역]	57, 59, 60, 91
		64. 모발의 생리 구조	61, 90
		65. 피부 모발 상태 분석	–
	4.3. 관능 평가 방법과 절차	66. 관능 평가 방법과 절차	62
	4.4. 제품 상담	67. 맞춤형 화장품의 효과[다출제 영역]	53, 70, 74, 80
		68. 맞춤형 화장품의 부작용의 종류와 현상[다출제 영역]	58, 70, 72
		69. 배합금지 사항 확인 · 배합[다출제 영역]	71, 100
		70. 내용물 및 원료의 사용 제한 사항[다출제 영역]	67, 68, 70, 71, 72, 100
	4.5. 제품 안내	71. 맞춤형 화장품 표시사항[다출제 영역]	58, 68, 78, 96, 99
		72. 맞춤형 화장품 안전 기준의 주요 사항[다출제 영역]	58, 98, 99
		73. 맞춤형 화장품의 특징	53, 74
		74. 맞춤형 화장품의 사용법	58, 70
	4.6 혼합 및 소분	75. 원료 및 제형의 물리적 특성	68, 80, 93
		76. 화장품 배합 한도 및 금지원료[다출제 영역]	67, 68, 70, 71, 72, 100
		77. 원료 및 내용물의 유효성[다출제 영역]	64, 69, 70, 80, 89, 98, 100
		78. 원료 및 내용물의 규격(pH, 점도, 색상, 냄새 등)	68
		79. 혼합 · 소분에 필요한 도구 · 기기 리스트 선택	79
		80. 혼합 · 소분에 필요한 기구 사용	79
		81. 맞춤형화장품 판매업 준수사항에 맞는 혼합 · 소분 활동[다출제 영역]	73, 94, 95
	4.7. 충진 및 포장	82. 제품에 맞는 충진 방법	–
		83. 제품에 적합한 포장 방법	76
		84. 용기 기재사항[다출제 영역]	58, 68, 78, 96, 99
	4.8. 재고관리	85. 원료 및 내용물의 재고 파악	3단원에 연계하여 출제함
		86. 적정 재고를 유지하기 위한 발주	

[배점 배정]

1회 모의고사 배점 배정						
6점	8점	10점	12점	14점	16점	18점
6문제	31문제	30문제	26문제	5문제	1문제	1문제
* 보다 정확하고 확실한 실력 점검을 위해 실제 시험의 배점보다 세밀화하여 구성하였습니다.						

[배점 정답]

객관식																			
1	④	2	③	3	⑤	4	③	5	①	6	④	7	③	8	②	9	③	10	③
11	①	12	①	13	①	14	④	15	③	16	①	17	②	18	⑤	19	③	20	③
21	⑤	22	⑤	23	②	24	②	25	③	26	②	27	⑤	28	①	29	②	30	④
31	④	32	④	33	①	34	②	35	⑤	36	③	37	②	38	①	39	①	40	②
41	④	42	①	43	①	44	⑤	45	⑤	46	①	47	③	48	④	49	④	50	③
51	②	52	④	53	②	54	⑤	55	①	56	②	57	④	58	①	59	①	60	①
61	①	62	③	63	④	64	⑤	65	①	66	③	67	②	68	③	69	②	70	④
71	①	72	②	73	③	74	③	75	④	76	①	77	③	78	①	79	①	80	④

주관식(부분점수 없음. 하나라도 틀리면 오답)			
81	㉠ 국민보건향상, ㉡ 화장품 산업	82	영업비밀
83	㉠ 제조방법, ㉡ 안전성, ㉢ 효능·효과	84	㉠ 미셀, ㉡ 임계미셀농도(CMC)
85	지표성분	86	㉠ MSDS, ㉡ CAS등록번호
87	분무	88	㉠ 20, ㉡ 33
89	지속내수성 자외선 차단제	90	말라세지아
91	글루타치온	92	염화바륨
93	카복시메틸셀룰로오스, 나이트로셀룰로오스	94	㉠ 품질성적서, ㉡ 오염
95	㉠ 구분, ㉡ 구획	96	15
97	안전역	98	비오틴
99	인체 외 시험	100	㉠ 벤조페논-3, ㉡ 에틸헥실메톡시신나메이트, ㉢ 12.5%

객관식 정답 및 해설			
1번 문항			
정답	④	출제단원	1단원
출제근거	화장품법 제2조	배점	12점
해설			

화장품책임판매업이란 취급하는 화장품의 안전 및 품질 등을 관리하면서 이를 유통·판매하거나 수입대행형 거래를 목적으로 알선·수여(授與)하는 영업을 말하며 세부 종류와 범위는 화장품법 시행령 제2조에서 확인할 수 있다.

[상세한 선지 해설]

① '인체에 대한 작용이 약하거나 인체에 직접 작용하지 아니하는 것'은 한국 약사법에 명시되어 있는 의약외품에 관한 설명이다. 화장품이란 '인체에 대한 작용이 **경미**한 것'을 말하며 「약사법」 제2조 제4호의 의약품에 해당하는 물품은 제외한다.

② 개봉하기 어려운 정도의 구체적인 기준 및 시험방법은 **산업통상자원부장관**이 정하여 고시한다.

③ 사용기한이란 <u>화장품이 **제조**된 날부터</u> 적절한 보관 상태에서 제품이 고유의 특성을 간직한 채 소비자가 안정적으로 사용할 수 있는 최소한의 기한을 말한다.

⑤ 2차 포장이란 1차 포장을 **수용하는** 1개 또는 그 이상의 포장과 보호재 및 표시의 목적으로 한 포장(첨부문서 포함)을 말한다.

2번 문항			
정답	③	출제단원	1단원
출제근거	화장품법 시행규칙	배점	10점
해설			

'화장품 제조 또는 품질관리 업무에 2년 이상 종사한 사람'은 대학을 나오든 안 나오든 어떤 전공을 하였든 무관하게 바로 책임판매관리자 자격요건에 충족된다.

[상세한 선지 해설]

① 「고등교육법」 제2조 각 호에 따른 학교(**4년제 대학** 등)에서 <u>학사 이상의 학위를 취득한 사람</u>으로서 이공계 학과 또는 향장학·화장품과학·한의학·**한약학과** 등을 전공한 사람은 책임판매관리자 자격 기준에 충족된다.

② 4년제 대학에서 학사 이상의 학위를 취득한 사람으로서 <u>간호학과</u>, **간호과학과**, 건강간호학과를 전공하고 <u>화학·생물학·생명과학·유전학·**유전공학**·향장학·화장품과학·의학·약학 등 관련 과목을 20학점 이상 이수한 사람</u>은 책임판매관리자 자격에 충족된다.

④ 화장품법 시행규칙에 따르면 수입대행형 거래를 목적으로 화장품을 알선·수여(授與)하는 영업을 하는 화장품책임판매업자는 책임판매관리자의 자격기준을 충족하는 자를 책임판매관리자로 선임할 필요가 없다. 실제로 지방식약청에 수입대행형 거래를 목적으로 화장품을 알선·수여(授與)하는 영업을 하는 화장품책임판매업자로 등록하는 경우에 책임판매관리자 자격 서류를 제출하지 않는다.(실제 지방식약청에 수입대행형 거래를 목적으로 화장품을 알선·수여(授與)하는 영업을 하는 화장품책임판매업 등록 시 직원 중 한 명을 칙임판매관리자로 기재하는 것은 맞지만 그 직원이 책임판매관리자의 자격기준에 충족되지 않아도 된다.)

⑤ **화장품법 시행규칙 제8조**에 따르면 상시근로자수가 10명 이하인 화장품책임판매업을 경영하는 화장품책임판매업자가 책임판매관리자의 자격기준에 충족하는 경우에는 그 사람이 책임판매관리자의 직무를 수행할 수 있다. 이 경우 책임판매관리자를 둔 것으로 본다.

3번 문항			
정답	⑤	출제단원	1단원
출제근거	화장품법령	배점	10점
해설			

    향정신성의약품 중독자라는 의미는 '마약류의 중독자'라는 의미이다. 마약류 관리에 관한 법률 제2조에 따르면 **"마약류"란 마약ㆍ향정신성의약품 및 대마**를 말한다. 마약류의 중독자는 화장품제조업 등록 외의 다른 화장품 영업에 대해 등록 및 신고할 수 있다.

[상세한 선지 해설]

㉠ 우수화장품 제조 및 품질관리 기준에 따르면 2차 포장 및 표시 역시 제조 행위에 포함된다. 그러나 현행법상 2차 포장만 하거나 표시만 하는 영업은 화장품제조업으로 등록할 수 없다.

㉡ 화장품법 시행령 제2조에 따르면 수입대행형 거래(「전자상거래 등에서의 소비자보호에 관한 법률」 제2조 제1호에 따른 전자상거래만 해당)를 목적으로 화장품을 알선ㆍ수여(授與)하는 영업은 화장품책임판매업이다.

㉢ 이는 식약처의 맞춤형화장품 홍보 글에서 그대로 가져온 글이다. <u>맞춤형화장품이란 맞춤형화장품판매장에서 개인의 피부타입이나 선호도를 고려하여 화장품의 내용물 간 또는 내용물과 색소, 향료, 기능성 원료 등을 혼합하거나, 화장품의 내용물을 작은 단위로 나눈 화장품을 말한다.</u> 여기서 말하는 '기능성 원료'란 기능성 고시 원료와는 다른 개념이다. 피부에 보습을 주는 글리세린 역시 기능성 원료라고 할 수 있겠지만 기능성 고시원료는 아니다. 조제관리사는 기능성 원료를 혼합할 수 있으나 기능성 고시 원료는 혼합할 수 없다.

㉣ 맞춤형화장품 판매업 질의응답집(식약처 반포)에 의하면 <u>현행 화장품 법령 상 화장품의 내용물은 화장품책임판매업자만 판매할 수 있다.</u> 그러나 <u>원료는 화장품책임판매업자뿐 아니라 다양한 영업체에서 구비할 수 있다.</u>

4번 문항			
정답	③	출제단원	1단원
출제근거	화장품의 생산·수입실적 및 원료목록 보고에 관한 규정	배점	10점
해설			

「전자무역 촉진에 관한 법률」에 의하여 전자문서교환방식으로 **표준통관예정보고를 하고 수입한 자는 수입실적보고 및 원료목록 보고를 하지 아니할 수 있다.**

[상세한 선지 해설]

① A는 2021년 한 해 동안의 수입실적을 보고하고자 함으로 2022년 2월 말까지만 보고하면 된다.

② 유통판매 전에 해야 한다.

④ A는 <u>한국의약품수출입협회</u>, B는 <u>대한화장품협회</u>에 제출한다.

⑤ A는 <u>한국의약품수출입협회</u>, C는 <u>대한화장품협회</u>에 제출한다.

5번 문항			
정답	①	출제단원	1단원
출제근거	개인정보 보호법	배점	10점
해설			

    개인정보 보호법 제6조(다른 법률과의 관계)에 따르면 개인정보 보호에 관하여는 다른 법률에 특별한 규정이 있는 경우를 제외하고는 이 법에서 정하는 바에 따른다. 그러나 다른 법률에서 특별한 규정이 있는 경우 그 규정을 따른다.

[상세한 선지 해설]

② 개인정보처리자는 개인정보를 익명 또는 가명으로 처리하여도 개인정보 수집목적을 달성할 수 있는 경우 익명처리가 가능한 경우에는 익명에 의하여, 익명처리로 목적을 달성할 수 없는 경우에는 가명에 의하여 처리될 수 있도록 하여야 한다.(제2조)

③ 정보주체는 자신의 개인정보 처리와 관련하여 다음의 권리를 가진다.

1. 개인정보의 처리에 관한 정보를 제공받을 권리

2. 개인정보의 처리에 관한 동의 여부, 동의 범위 등을 선택하고 결정할 권리

3. 개인정보의 처리 여부를 확인하고 개인정보에 대하여 열람을 요구할 권리

4. 개인정보의 처리 정지, 정정·삭제 및 파기를 요구할 권리

5. 개인정보의 처리로 인하여 발생한 피해를 신속하고 공정한 절차에 따라 구제받을 권리

④ 개인정보처리자는 동의를 받을 때 다음의 사항을 정보주체에게 알려야 한다. 다음의 어느 하나의 사항을 변경하는 경우에도 이를 알리고 동의를 받아야 한다.

1. 개인정보의 수집·이용 목적

2. 수집하려는 개인정보의 항목

3. 개인정보의 보유 및 이용 기간

4. 동의를 거부할 권리가 있다는 사실 및 동의 거부에 따른 불이익이 있는 경우에는 그 불이익의 내용

⑤ 제35조(개인정보의 열람):정보주체는 개인정보처리자가 처리하는 자신의 개인정보에 대한 열람을 해당 개인정보처리자에게 요구할 수 있다.

제36조(개인정보의 정정·삭제):제35조에 따라 자신의 개인정보를 열람한 정보주체는 개인정보처리자에게 그 개인정보의 정정 또는 삭제를 요구할 수 있다. 다만, 다른 법령에서 그 개인정보가 수집 대상으로 명시되어 있는 경우에는 그 삭제를 요구할 수 없다. 개인정보처리자가 개인정보를 삭제할 때에는 복구 또는 재생되지 아니하도록 조치하여야 한다.

6번 문항			
정답	④	출제단원	1단원
출제근거	개인정보 보호법	배점	12점
해설			

ㄷ. 개인정보처리자는 정보주체에게 재화나 서비스를 홍보하거나 판매를 권유하기 위하여 개인정보의 처리에 대한 동의를 받으려는 때에는 정보주체가 이를 명확하게 인지할 수 있도록 알리고 동의를 받아야 한다.(제22조)

ㅁ. 개인정보처리자는 만 14세 미만 아동의 개인정보를 처리하기 위하여 이 법에 따른 동의를 받아야 할 때에는 그 법정대리인의 동의를 받아야 한다. 이 경우 <u>법정대리인의 동의를 받기 위하여 필요한 최소한의 정보는 법정대리인의 동의 없이 해당 아동으로부터 직접 수집할 수 있다.</u>(제22조)

[상세한 선지 해설]

ㄱ. 개인정보 보호법 제22조에 따르면 개인정보처리자는 동의를 서면이나 전자문서 형식으로 받을 때에는 **개인정보의 수집·이용 목적, 수집·이용하려는 개인정보의 항목 등 대통령령으로 정하는 중요한 내용**을 보호위원회가 고시로 정하는 방법에 따라 명확히 표시하여 알아보기 쉽게 하여야 한다.(다른 내용과 구별하여야 하므로 모든 내용을 10포인트로 일괄표시하면 아니되며 중요한 내용만을 강조하여 표현하여야 함.)

"보호위원회가 고시로 정하는 방법"이란 다음의 방법을 말한다.

1. 글씨의 크기는 **최소한 9포인트 이상으로서 다른 내용보다 20퍼센트 이상 크게** 하여 알아보기 쉽게 할 것

2. 글씨의 색깔, 굵기 또는 밑줄 등을 통하여 그 내용이 명확히 표시되도록 할 것

3. 동의 사항이 많아 중요한 내용이 명확히 구분되기 어려운 경우에는 중요한 내용이 쉽게 확인될 수 있도록 그 밖의 내용과 별도로 구분하여 표시할 것

ㄴ. **개인정보처리자**는 개인정보의 처리에 대하여 정보주체의 동의를 받을 때에는 정보주체와의 계약 체결 등을 위하여 정보주체의 동의 없이 처리할 수 있는 개인정보와 정보주체의 동의가 필요한 개인정보를 구분하여야 한다.(제22조) 개인정보취급자가 아니라 개인정보 처리자가 구분한다.

ㄹ. 개인정보처리자는 정보주체가 선택적으로 동의할 수 있는 사항을 동의하지 아니한다는 이유로 정보주체에게 재화 또는 서비스의 제공을 거부하여서는 아니 된다.(제22조) 선택적으로 동의할 수 있는 사항 외의 서비스 이용을 위한 필수적인 정보를 제공하지 않은 경우 서비스 이용에 제한이 있을 수 있다.

7번 문항			
정답	③	출제단원	1단원
출제근거	개인정보 보호법	배점	12점
해설			

설치 일시가 아니라 설치 목적이다. 영상정보처리기기운영자는 설치 목적 및 장소, 촬영 범위 및 시간, 관리책임자 성명 및 연락처를 적은 안내판을 부착하여야 한다.

[참고] 개인정보 보호법 제25조(영상정보처리기기의 설치·운영 제한)

누구든지 법령에서 구체적으로 허용하거나 범죄의 예방 및 수사를 위해 필요한 경우, 시설안전 및 화재 예방을 위하여, 교통단속을 위하여 필요한 경우, 교통정보의 수집·분석 및 제공을 위하여 필요한 경우를 제외하고는 공개된 장소에 영상정보처리기기를 설치·운영하여서는 아니 된다.

영상정보처리기기를 설치·운영하는 자는 정보주체가 쉽게 인식할 수 있도록 설치 목적 및 장소, 촬영 범위 및 시간, 관리책임자 성명 및 연락처, 그 밖에 대통령령으로 정하는 사항이 포함된 안내판을 설치하는 등 필요한 조치를 하여야 한다. 다만, 「군사기지 및 군사시설 보호법」 제2조 제2호에 따른 군사시설, 「통합방위법」 제2조 제13호에 따른 국가중요시설, 그 밖에 대통령령으로 정하는 시설에 대하여는 그러하지 아니하다. 영상정보처리기기운영자는 영상정보처리기기의 설치 목적과 다른 목적으로 영상정보처리기기를 임의로 조작하거나 다른 곳을 비춰서는 아니 되며, 녹음기능은 사용할 수 없다.

[참고] 개인정보 보호법 제2조

"영상정보처리기기"란 일정한 공간에 지속적으로 설치되어 사람 또는 사물의 영상 등을 촬영하거나 이를 유·무선망을 통하여 전송하는 장치로서 대통령령으로 정하는 장치를 말한다.

[참고] 개인정보 보호법 시행령(제3조):영상정보처리기기의 범위

1. 폐쇄회로 텔레비전:다음의 어느 하나에 해당하는 장치

가. 일정한 공간에 지속적으로 설치된 카메라를 통하여 영상 등을 촬영하거나 촬영한 영상정보를 유무선 폐쇄회로 등의 전송로를 통하여 특정 장소에 전송하는 장치

나. 가목에 따라 촬영되거나 전송된 영상정보를 녹화·기록할 수 있도록 하는 장치

2. 네트워크 카메라:일정한 공간에 지속적으로 설치된 기기로 촬영한 영상정보를 그 기기를 설치·관리하는 자가 유무선 인터넷을 통하여 어느 곳에서나 수집·저장 등의 처리를 할 수 있도록 하는 장치

[참고] 개인정보 보호법 제58조

공개된 장소에 영상정보처리기기를 설치·운영하여 처리되는 개인정보에 대하여는 제15조, 제22조, 제27조 제1항·제2항, 제34조 및 제37조를 적용하지 아니한다.

→ 제37조의 내용:개인정보 처리의 정지를 요구할 권리 - 즉, 영상정보처리기기를 설치·운영하여 처리되는 개인정보에 대해서는 개인정보 처리의 정지를 요구할 권리를 적용하지 않는다.

8번 문항			
정답	②	출제단원	2단원
출제근거	맞춤형화장품조제관리사 교수학습가이드	배점	10점
해설			

글리세린은 3가 알코올이다.

[상세한 선지 해설]

① 정제수는 수돗물을 증류하거나 이온 교환 수지를 써서 양이온과 음이온을 모두 제거한 물을 말한다.

③ PEG계열은 계면활성제로서 비이온성 계면활성제에 속한다. 비이온성 계면활성제는 세정력과 자극성이 제일 낮다.

④ 소듐시트레이트(구연산 소다)는 금속이온에 의한 침전 방지, pH 완충제, 착향제, pH 조절제 등으로 사용된다.

⑤ 토코페롤은 비타민 E로서 지용성 비타민이며 식물성 기름에서 분리되는 천연 산화방지제이고 8가지 이성체를 가진다.

* 비타민 E 특성

- 지용성 비타민이며 식물성 기름에서 분리되는 천연 산화방지제, 항산화제.

- 비타민 E는 8가지의 이성체(isoform)를 가짐[알파-, 베타-, 감마-, 델타-토코페롤(tocopherol)과 알파-, 베타-, 감마-, 델타-토코트리에놀(tocotrienol)) 이 이성체 중 생물학적으로 가장 활동적인 성분은 알파-토코페롤임
- 화장품에는 토코페롤 자체보다도 토코페롤의 에스터가 널리 사용됨. 이러한 에스터에는 토코페릴아세테이트(토코페롤의 아세틱애씨드에스터), 토코페릴리놀리에이트 (토코페롤의 리놀레익애씨드에스터), 토코페릴리놀리에이트/올리에이트(토코페롤의 리놀레익애씨드에스터와 올레익애씨드에스터의 혼합물), 토코페릴니코티네이트(토코페롤의 니코티닉애씨드에스터) 및 토코페릴석시네이트(토코페롤의 석시닉애씨드에스터)가 포함됨

9번 문항			
정답	③	출제단원	2단원
출제근거	맞춤형화장품조제관리사 교수학습가이드	배점	14점
해설			

고급지방산:긴 탄소사슬로 이루어진 지방족 카복실산. 그 종류로 포화지방산과 불포화지방산이 있다. 각종 유지에 함유되어 있으며 비누 등의 원료로 사용된다. 탄소수에 대한 명확한 규정은 없으나, 탄소수가 여섯 개 이상이라고도 하고 11개 이상으로 하는 것이 적당하다고 여기는 학자들도 있다. 동식물 유지 또는 납의 가수분해에 의해 얻는다. 또 석유제품에서 합성할 수도 있다. 비누, 각종 계면 활성제, 첨가제 등 유지공업 제품의 원료로 사용된다. <보기2>에서 고급지방산은 총 3개로 올레익애씨드(탄소 18개), 미리스틱애씨드(탄소 수 14개), 아이소스테아릭애씨드(탄소수 18개)이다. 즉, 답은 18+14+18인 50이다.

10번 문항			
정답	③	출제단원	2단원
출제근거	맞춤형화장품조제관리사 교수학습가이드	배점	6점
해설			

* 유효성 종류
- 물리적 유효성:물리적 특성(예:물리적 자외선 차단 등)을 기반으로 한 효과
- 화학적 유효성:화학적 특성(예:계면활성, 화학적 자외선 차단, 염색 등)을 기반으로 한 효과
- 생물학적 유효성:생물학적 특성(예:미백에 도움, 주름개선에 도움 등)을 기반으로 한 효과
- 미적 유효성:자신의 취향에 맞는 아름답고 매력적인 화장(메이크업)의 유발 효과
- 심리적 유효성:심리적인 특성(예:향을 통한 기분 완화 등)을 기반으로 한 효과

11번 문항			
정답	①	출제단원	2단원
출제근거	맞춤형화장품조제관리사 교수학습가이드	배점	8점
해설			

글루타랄, 2, 4-디클로로벤질알코올, 알킬(C_{12}-C_{22})트리메칠암모늄 브로마이드 및 클로라이드, 황산 N,N-비스(2-히드록시에칠)-p-페닐렌디아민은 사용할 수 없는 원료가 아니라 사용상의 제한이 필요한 원료이다.
[참고]
* 최근 주요 사례
- 자체 위해평가 결과 안전역에 확보되지 않은 '니트로메탄'을 사용제한 원료 목록에서 삭제하고 사용금지 원료 목록에 추가함
- 자체 위해평가 결과 완전역이 확보되지 않은 것으로 평가되고 유럽에서 사용을 금지한(2019. 8. 시행) 착향제 성분인 '아트라놀', '클로로아트라놀', '하이드록시아이소핵실 3-사이클로핵센 카보스알데히드(HICC)'의 사용을 금지함
- 자체 안전성평가를 반영하여 '메칠렌글라이콜'의 사용을 금지함

12번 문항			
정답	①	출제단원	2단원
출제근거	맞춤형화장품조제관리사 교수학습가이드	배점	10점
해설			

　　화장품에 사용되는 정제수는 투명, 무취, 무색으로 오염되지 않아야 하고 부패, 변질되지 않는 물을 사용해야 한다. 금속이온이 없는 고순도 물을 사용하되, 만약을 대비하여 제품 내 금속이온 봉쇄제(EDTA 등)를 첨가한다.(맞춤형화장품조제관리사 교수학습가이드라인에 정확히 명시되어 있는 내용임.)

　　참고로 순수한 비타민 C란 아스코빅애씨드를 말한다. 식약처장은 기능성 고시 원료로 아스코빅애씨드의 유도체 성분들만 지정하였다. 아스코빅애씨드는 고시 원료가 아니므로 조제관리사가 조제할 수 있다.

13번 문항			
정답	①	출제단원	2단원
출제근거	맞춤형화장품조제관리사 교수학습가이드	배점	6점
해설			

맞춤형화장품조제관리사 교수학습가이드의 내용
* 화장품에 사용되는 주요 성분은 기능적으로 4가지로 분류할 수 있음
- **부형제**
· 정의:유탁액을 만드는 데 쓰는 부형제는 주로 물, 오일, 왁스, 유화제로 제품에서 가장 많은 부피를 차지함, 대표적 종류:수성원료, 유성원료, 계면활성제, 색재, 분체, 고분자화합물, 용제 등
- **유효성분**
· 정의:화장품에 특별한 효능을 부여하기 위해 사용하는 물질로 각 제품의 특징을 나타내는 역할을 함
- **첨가제**
· 정의:화장품의 화학반응이나 변질을 막고 안정된 상태로 유지하기 위해 첨가하는 성분
· 대표적 종류:보존제, 산화방지제
· 보존제 관련 법령:「화장품 안전기준 등에 관한 규정」제4조
- **착향제**
· 정의:화장품에서 좋은 향이 나도록 돕는 향료
· 표시:식품의약품안전처장이 고시하는 알레르기 유발 성분을 함유하고 있을 경우 해당 성분의 명칭을 표시하여야 하며, 알레르기 유발 성분을 함유하고 있지 않는 경우에는 기존대로 '향료'로 표시할 수 있음

14번 문항			
정답	④	출제단원	2단원
출제근거	맞춤형화장품조제관리사 교수학습가이드	배점	8점
해설			

맞춤형화장품조제관리사 교수학습가이드의 내용
* 분산제의 정의
- 안료를 분산시키는 목적으로 사용되는 계면활성제
* 분산의 목적
- 분산(dispersion)이란 넓은 의미로 분산매가 분산상에 퍼져있는 현상을 말한다. 액체가 액체 속에 분산된 경우를 **유화**(emulsion)라 하며 기체가 액체 속에 분산된 경우를 **거품**(foam)이라 한다.

15번 문항			
정답	③	출제단원	2단원
출제근거	맞춤형화장품조제관리사 교수학습가이드	배점	12점
해설			

　　이 제품은 보존제(페녹시이소프로판올)가 사용되었다. 그리고 포타슘하이드록사이드가 들어가 있으므로 최종 제품의 pH가 11이하여야 한다.

포타슘하이드록사이드의 사용 한도 및 조건
- 손톱표피 용해 목적일 경우 5%, pH 조정 목적으로 사용되고 최종 제품이 제5조제5항에 pH기준이 정하여 있지 아니한 경우에도 최종 제품의 pH는 11이하
- 제모제에서 pH조정 목적으로 사용되는 경우 최종 제품의 pH는 12.7이하

[상세한 선지 해설]
① 이 제품은 목욕용 제품류가 아니라 인체 세정용 제품류이다.(바디 워시(바디 클렌저))
② 이 제품에는 천연 유래 계면활성제(라우릴글루코사이드)와 비이온성 계면활성제(폴리솔베이트20)가 사용되었다. 그러나 백색 안료가 아니라 체질안료가 포함되어 있다.(마이카)
④ 법령에 의하면 1% 이하의 성분들은 그 함유량에 상관없이 무분별하게 적어도 된다. 따라서 4번 선지는 틀린 말이다.
⑤ 포타슘하이드록사이드, 페녹시이소프로판올, 미국풍나무오일(풍나무발삼오일), 페루발삼추출물로서 총 4개 쓰였다.

16번 문항			
정답	①	출제단원	2단원
출제근거	맞춤형화장품조제관리사 교수학습가이드	배점	8점
해설			

[참고] 맞춤형화장품조제관리사 교수학습가이드의 내용
* 팩의 효과
- 팩의 폐쇄효과에 의해 피하에서 올라오는 수분으로 보습이 유지되고 유연해짐.
- 팩의 흡착작용과 동시에 건조 박리 시에 피부표면의 오염을 제거하므로 우수한 청정작용을 함.
- 피막제나 분만의 건조과정에서는 피부에 적당한 긴장감을 주고, 건조 후 일시적으로 피부 온도를 높여 혈행을 원활하게 함.
* 클렌징 오일
- 유성성분으로 오일성분 외에 계면활성제 등을 배합. 사용 후 물로 헹구어 내는 유형으로 헹구어 낼 때 O/W형으로 유화됨. 사용 후에는 피부를 촉촉하게 함.
* 클렌징 로션
- O/W형의 유화타입으로 크림타입보다 사용이 쉬우며 사용 후 감촉이 산뜻함. 크림타입보다 클렌징력이 다소 낮을 수 있음.
* 다중유화크림
- O/W형과 W/O형과 같이 2개의 상보다 더 많은 상으로 구성된 크림. O/W형의 내상으로 수성성분이 존재하는 W/O/W형, W/O형의 내상으로 유성성분이 존재하는 O/W/O형이 대표적이며, 3개 상보다 많은 다중유화 제형도 알려져 있음. 제형으로서 매력이 있으나 안정성과 제조의 불편함으로 인하여 상품성은 낮음.
* 마사지 크림:피부를 부드럽게 함
[상세한 선지 해설]
② 클렌징 워터에 대한 설명이다.
③ 클렌징 크림에 대한 설명이다.
④ 안정성이 낮고 제조가 불편하여 상품성이 낮다.
⑤ 수렴화장수에 대한 설명이다.

17번 문항			
정답	②	출제단원	2단원
출제근거	맞춤형화장품조제관리사 교수학습가이드	배점	12점

해설

　　<보기>의 주의사항을 갖는 제품은 퍼머넌트웨이브 및 헤어스트레이트너 제품이다. '섭씨 15도 이하의 어두운 장소에 보존하고, 색이 변하거나 침전된 경우에는 사용하지 말 것, 개봉한 제품은 7일 이내에 사용할 것'이라는 개별 주의사항을 가지는 것은 퍼머넌트웨이브 및 헤어스트레이트너 제품밖에 없다. 즉, 두 제품 모두 같은 주의사항을 가지므로 지혜씨가 고른 제품은 퍼머넌트웨이브 제품일 수도 있고 헤어스트레이트너 제품일 수도 있다. 다음은 맞춤형화장품조제관리사 교수학습가이드의 내용이다.

* 퍼머넌트웨이브 세부 유형

- 두발의 주요 구성 단백질은 케라틴이며, 케라틴 단백질의 세부 결합 형태에 따라 두발의 형태가 달라짐. 따라서, 두발 케라틴 단백질 간의 공유 결합인 이황화결합(disulfide bond, -S-S-)을 환원제로 끊어 준 다음 원하는 두발의 모양을 틀을 이용하여 고정화하고, 산화제로 재결합시켜서 두발의 웨이브를 만들어 변형시키는 것을 퍼머넌트웨이브라고 함. 제1제 환원제에 사용되는 주요 성분의 종류에 따라 **치오글리콜릭애씨드 퍼머넌트웨이브, 시스테인 퍼머넌트웨이브, 티오락틱애씨드 퍼머넌트웨이브**로 구분할 수 있음.(치오글리콜릭애씨드=치오글라이콜릭애씨드=치오글리콜산)

* 퍼머넌트웨이브 사용 목적

- 산화·환원 반응을 통해 두발에 웨이브를 줌
- 두발을 일정한 형으로 유지시켜 주기 위함

* 헤어스트레이트너 세부 유형

- 헤어스트레이트너의 작용 원리는 퍼머넌트웨이브와 동일함. 주로 치오글라이콜릭애씨드 퍼머제와 동일하나 환원제 및 산화제의 제형이 크림형태를 가짐. 이러한 제형 형태를 통해 곱슬머리를 곧게 펴기 하기 위함임.

* 헤어스트레이트너 사용 목적

- 산화·환원 반응을 통해 곱슬머리를 직모로 펴 줌

[답이 ②번인 이유] 환원제에 사용되는 주요 성분의 종류에 따라 치오글리콜릭애씨드 제품, 시스테인 제품, 티오락틱애씨드 제품으로 구분할 수 있다. 브롬산나트륨은 제1제가 아니라 제2제에 사용되는 것이다.

18번 문항			
정답	⑤	출제단원	2단원
출제근거	화장품법령	배점	12점

해설

　　내용물 A의 '네오스티그민브로마이드'는 독성물질로서 식약처장 지정 사용금지 원료이다.
내용물 B의 '다이바나듐펜타옥사이드' 역시 식약처장 지정 사용금지 원료이다. 내용물 C의 파파베린은 아편에서 뽑아낸 진통 성분(의약품)이다. 즉, 식약처장 지정 사용금지 원료이다. 내용물로 조제할 수 있는 화장품이 없다.
　　원료 역시 히드로코르티손은 스테로이드로서 화장품에 사용 금지 원료이다. 미네랄오일은 사용이 가능하지만 원료의 품질성적서를 보면 부타디엔이 0.1%를 초과한 것을 알 수 있다 석유정제물(탄화수소류 포함) 중 부타디엔이 0.1%를 초과한 경우에는 화장품에 사용이 불가하다고 식약처장은 고시하고 있으므로 이 미네랄 오일은 사용이 불가하다. 벤조일퍼옥사이드는 여드름 치료제로서 의약성분이므로 화장품에 사용이 불가하다. 즉, 이 문제의 모든 내용물과 모든 원료는 맞춤형화장품 조제에 사용이 불가하다.

19번 문항			
정답	③	출제단원	2단원
출제근거	화장품법령	배점	10점
해설			

이미다졸리딘-2-치온과 톨루엔-3,4-디아민은 사용불가 원료이다. 1,3-비스이미다졸리딘-2-치온은 두발용 및 손발톱용 제품류에 한해 2%의 사용한도를 지니며 오포파낙스는 사용한도가 0.6%이다.

20번 문항			
정답	③	출제단원	2단원
출제근거	화장품법령	배점	18점
해설			

A 내용물의 소합향나무 추출물은 A 내용물 안에 1.48%가 사용되었다. 그런데 이 A 내용물은 최종 내용물의 40%를 구성한다고 한다. 이때, 최종 제품에서 A 내용물 안의 소합향나무 추출물이 차지하는 함량을 계산하는 방법은 1.48×40×0.01이다. 즉, %의 %를 계산하는 방법은 $x(\%) \times y(\%) \times 0.01$이다.

이 계산방법으로 문제의 표를 재구성하면 다음과 같다.

<A 내용물의 각 성분이 최종 화장품에 차지하는 비율>	
성분명	비율
소합향나무 추출물	0.592%
아밀시클로펜테논	0.06%
알란토인클로로하이드록시알루미늄	0.8%

<B 내용물의 각 성분이 최종 화장품에 차지하는 비율>	
성분명	비율
엠디엠하이단토인	0.1995%
포타슘소르베이트	0.595%

<C 내용내용물의 각 성분이 최종 화장품에 차지하는 비율>	
성분명	비율
메틸이소치아졸리논	0.00125%
소합향나무 추출물	0.005%
아밀시클로펜테논	0.0425%
엠디엠하이단토인	0.000375%

위의 표 중 소합향나무 추출물은 A와 C에 모두 배합되어 있으므로 최종 화장품에 소합향나무 추출물은 0.597% 함유되어 있다. 아밀시클로펜테논도 A와 C에 모두 있으므로 최종 화장품에 0.1025% 함유되어 있다. 엠디엠하이단토인은 B와 C에 모두 있으므로 최종 화장품에는 0.199875% 함유되어 있다. 따라서 답은 3번이다.

[상세한 선지 해설]

① 메틸이소치아졸리논은 씻어내는 제품에 한해 0.0015%까지 사용 가능하다. 최종 화장품에 0.00125%가 사용되었으므로 사용한도 초과가 아니다.

② 소합향나무 추출물은 0.6%가 사용한도이다. 최종 화장품에 0.597%가 사용되었으므로 사용한도 초과가 아니다.

③ 아밀시클로펜테논의 사용한도는 0.1%이다. 최종 제품에 0.1025%가 사용되었으므로 기준 초과이다.

④ 엠디엠하이단토인의 한도는 0.2%이다. 최종 화장품에는 0.199875% 함유되어 있으므로 기준 초과가 아니다.

⑤ 알란토인클로로하이드록시알루미늄의 한도는 1%이다. 최종 제품에 0.8%만 쓰였으므로 기준 초과가 아니다.

21번 문항

정답	⑤	출제단원	2단원
출제근거	화장품법령, 백과사전	배점	10점

해설

* 포름알데하이드를 방출할 수 있는 보존제는 다음과 같다. 이러한 보존제들은 아민계의 성분들과 만나면 니트로스아민류를 형성할 가능성이 있다.
디엠디엠히단토인, 이미다졸리디닐우레아(이미다졸리디닐요소), 쿼터늄-15, 벤질헤미포름알, 소듐하이드록시메틸글리시네이트, 2-브로모-2-나이트로판-1,3-디올, 디아졸리디닐우레아(=디아졸리디닐요소)

22번 문항

정답	⑤	출제단원	2단원
출제근거	화장품법령	배점	8점

해설

식약처장이 고시한 화장품에 사용할 수 없는 원료 중 일부
- 메탄올:에탄올 및 이소프로필알코올의 변성제로서만 알코올 중 5%까지 사용 가능
- 미세플라스틱:세정, 각질제거 등의 제품에 남아있는 5mm 크기 이하의 고체 플라스틱

23번 문항

정답	②	출제단원	2단원
출제근거	화장품법령	배점	12점

해설

해당 조성표를 참고하면 식약처장이 지정한 알레르기 유발 성분이 3가지가 포함되어 있는 것을 알 수 있다.(하이드록시시트로넬알, 아이소유제놀, 메틸2-옥티노에이트) 참고로 다이에틸아미노메틸쿠마린, 에틸리날룰은 모두 식약처장이 지정한 알레르기 유발 성분이 아니다. 수험자를 낚게 하기 위한 향료 성분이다. '쿠마린'과 '리날룰'이라는 단어만 보고 이와 같은 실수를 하지 않기를 바란다. 쿠마린과 다이에틸아미노메틸쿠마린, 리날룰과 에틸리날룰은 엄연히 다른 성분이다. 문제에서 해당 화장품은 바디미스트라고 하였으므로 씻어내는 화장품이 아니기 때문에 해당 알러지 유발 고시 성분들이 0.001%를 초과한 경우 착향제의 구성 성분 중 해당 성분의 명칭을 기재·표시하여야 한다. 참고로 퍼센트의 퍼센트를 계산할 때에는 퍼센트 앞 숫자끼리 곱한 후 0.01을 더 곱해주면 된다. 이 화장품에 착향제는 0.3%가 들어갔다고 하였으므로 최종 제품에 들어있는 각 알러지 유발 성분의 최종 퍼센트를 구하면 다음과 같다.

> 하이드록시시트로넬알(0.0021%), 아이소유제놀(0.0006%), 메틸2-옥티노에이트(0.00015%)

이 중 0.001%를 초과한 것은 하이드록시시트로넬알밖에 없다. 따라서 답은 2번이다.

24번 문항

정답	②	출제단원	2단원
출제근거	화장품 법령	배점	12점

해설

천연오일 또는 식물 추출물에 함유된 알레르기 유발성분의 표시 여부
→ 식물의 꽃·잎·줄기 등에서 추출한 에센셜오일이나 추출물이 착향의 목적으로 사용되었거나 또는 해당 성분이 착향제의 특성이 있는 경우에는 알레르기 유발성분을 표시·기재하여야 한다.
□ 「화장품 착향제 중 알레르기 유발물질 표시 지침」
★ 천연오일 또는 식물 추출물에 함유된 알레르기 유발성분의 표시 여부 → 식물의 꽃·잎·줄기 등에서 추출한 에센셜오일이나 추출물이 착향의 목적으로 사용되었거나 또는 해당 성분이 착향제의 특성이 있는 경우에는 알레르기 유발성분을 표시·기재하여야 함

25번 문항			
정답	③	출제단원	2단원
출제근거	화장품법령, 백과사전	배점	12점

해설

다이하이드로쿠마린(디하이드로쿠마린)은 식약처장 고시에서 사용할 수 없는 원료로 지정되어 있다. 따라서 봄볕 햇살을 반품시켜야 한다. 남은 향료는 힘찬 하루와 시나브로인데, 힘찬 하루에 배합된 향료들은 그 조성 성분을 보면 레몬, 오렌지 계통의 향이 날 것이다. 쿠마린은 바닐라 향이 나는 달콤한 향을 내는 향수에 많이 쓰인다. 시나브로에는 피넨이 들어갔다. 피넨은 무색의 액체로 상쾌한 향기를 가진다. 피넨은 피톤치드의 성분으로 알려져있으며 특히 베타-피넨은 특유의 솔향을 내는 무색 투명한 액체이다. 참고로 피넨은 pinene으로 쓰는데, 이 중 pine은 소나무라는 뜻이다. 시나브로의 조성표를 보면 따로 기재하여야 하는 알레르기 유발 착향 성분은 없다. 따라서 답은 3번이다.(다이하이드로시트로넬올, 클로로신남알은 모두 따로 기재하여야 하는 알레르기 유발 착향 성분이 아니다. 따로 기재하여야 하는 알레르기 유발 착향 성분과 비슷한 이름을 가진 성분들일 뿐이다.)

26번 문항			
정답	②	출제단원	2단원
출제근거	어린이보호포장대상 공산품의 안전기준	배점	12점

해설

안전용기·포장 시험은 어린이들의 접근을 제한하는데 있어 포장재의 효율성을 측정할 뿐 아니라 성인들의 내용물에 대한 접근 가능성도 측정하는 것으로 구성되어 있다.

[참고]

어린이 보호 포장(child-resistant package):52개월 미만의 어린이(**법에서는 만 5세 미만을 52개월 미만**으로 보고 있다. 헷갈리지 말 것!)들이 열기는 어렵지만 이 규격의 요구조건에 따라 성인들이 열기에는 어렵지 않은 용기와 마개로 구성된 포장

재봉함 포장(reclosable package):처음 개봉한 뒤 내용물을 흘리지 않고 충분한 횟수의 개봉 및 봉함 작업에도 처음과 같은 안전도를 제공할 정도로 다시 봉함할 수 있는 포장

- 안전용기·포장 시험을 위한 어린이 패널 참가자의 연령분포는 남녀 10% 이상의 편차가 나지 않는 범위에서 42~44개월 30%, 45~48개월 40%, 49~51개월 30%로 하여 50명씩 4그룹으로 나누어 실시하여야 한다.
- 안전용기·포장 시험에 참가한 어린이 200명 중에서 최소 85%가 시범 없이 5분 이내에 포장을 개봉할 수 없어야 하며 시범 없이 5분 내에 포장을 열지 못한 어린이 중에서 최소 80%가 시범 후 또 다른 5분 내에 포장을 열 수 없어야 한다.

27번 문항			
정답	⑤	출제단원	2단원
출제근거	화장품법령	배점	12점

해설

[정답 해설]

ㄹ. 회수의무자는 회수대상화장품의 판매자, 그 밖에 해당 화장품을 업무상 취급하는 자에게 방문, 우편, 전화, 전보, **전자우편**, 팩스 또는 언론매체를 통한 공고 등을 통하여 회수계획을 통보하여야 하며, 통보 사실을 입증할 수 있는 자료를 회수종료일부터 2년간 보관하여야 한다. D는 해당 자료를 2년만 보관하면 되지만 3년이나 보관하였다. 그러나 2년만 보관하면 되는데 3년이나 보관했다고 법을 저촉한 것은 아니다. 2년까지만 보관해도 되는데 그보다 더 많이 보관하였다고 현행법을 위촉한 것은 아니다. 따라서 D는 현행법을 저촉하지 않았으므로 적절하다.

ㅁ. 회수계획량의 27%를 회수하였다는 뜻은 밑의 [참고] 중 **회수계획량의 4분의 1(25%) 이상 3분의 1(33.33%) 미만을 회수한 경우**에 해당된다. 즉, 이 경우에는 행정처분기준이 등록취소인 경우 **업무정지 3개월 이상 6개월 이하의 범위**에서 처분된다.

[상세한 선지 해설]

ㄱ. 회수 대상 화장품이라는 사실을 알게된 후 '바로', '즉시' 판매 중지를 취하여야 하며 회수계획서를 제출하는 곳은 지방식품의약품안전청이므로 제출기한 연장을 받기 위해서는 지방식품의약품안전청장에게 사유를 밝혀야 한다.

ㄴ. 품질관리기록서가 아니라 판매처별 판매량·판매일 등의 기록을 제출하여야 한다.

ㄷ. 페닐파라벤은 사용 금지 원료이므로 이가 배합된 화장품은 위해성 등급 가등급이다. 가등급은 회수 시작일로부터 15일 이내에 회수되어야 한다. 납, 니켈, 비소가 함유된 화장품의 경우 납, 니켈, 비소가 비의도적으로 함유되었음이 입증되고 그 함유량이 유통화장품 안전관리 기준에만 부합되면 유통되도 상관없다. 즉, 이 경우에는 회수 대상 화장품조차 아니다. 따라서 납, 니켈, 비소가 함유되었다고 해서 모두 다 회수해야 하는 화장품인 것은 아니다.

ㅁ. 평가보고서는 회수대상화장품의 회수를 완료한 경우에 회수종료신고서와 함께 지방식품의약품안전청장에게 제출하는 문서이다.

28번 문항			
정답	①	출제단원	3단원
출제근거	CGMP	배점	8점
해설			

관리란 적합 판정 기준을 충족시키는 검증을 말한다.

[상세한 선지 해설]

ㄱ. '품질**보증**'이란 제품이 적합 판정 기준에 충족될 것이라는 신뢰를 제공하는데 필수적인 모든 계획되고 체계적인 활동을 말한다.

ㄴ. '**기준**일탈'이란 규정된 합격 판정 기준에 일치하지 않는 검사, 측정 또는 시험결과를 말한다.

ㄷ. '불만'이란 제품이 규정된 적합판정기준을 충족시키지 못한다고 주장하는 **외부** 정보를 말한다. 내부 정보는 아님!

ㄹ. '**공정**관리'란 제조공정 중 적합판정기준의 충족을 보증하기 위하여 공정을 모니터링하거나 조정하는 모든 작업을 말한다.

ㅁ. '**출하**'란 주문 준비와 관련된 일련의 작업과 운송 수단에 적재하는 활동으로 제조소 외로 제품을 운반하는 것을 말한다. 시장출하는 소비자에게 출하하는 것만을 말한다.

ㅅ. '**원료**'란 벌크 제품의 제조에 투입하거나 포함되는 물질을 말한다. 원자재는 원료와 자재를 모두 아우르는 말이다. 자재 중에는 포장재도 포함되는데 포장재를 벌크 제품의 제조에 투입할 수는 없지 않은가?

29번 문항			
정답	②	출제단원	3단원
출제근거	CGMP 해설서	배점	10점
해설			

Pre-Filter는 필터 입자가 5μm이고 세척 후 3~4회 재사용할 수 있으며 청정도 등급 3등급인 포장실에 설치되어야 한다. 또한 Med-Filter는 HEPA-Filter의 전처리용으로서 압력손실은 16mmAq이하이고 제조실, 내용물보관소, 미생물시험실에 설치되어야 한다.

[상세한 선지 해설]

ㄴ. 산업공장, B/D 공기 정화에 사용되는 것은 Med-Filter이다.

ㄹ. 제조시설에는 중성능 필터의 설치를 권장하며 고도의 환경관리가 필요한 특수한 시설의 경우 고성능 필터의 설치가 요구된다.

(CGMP 해설서 내용 참고) 화장품 제조라면 적어도 중성능 필터의 설치를 권장한다. 고도의 환경 관리가 필요하면 고성능 필터(HEPA필터)의 설치가 바람직하다. 고성능 필터를 설치할수록 환경이 좋아진다고 생각해서 초고성능 필터를 설치하는 기업이 있으나, 그 생각은 잘못된 것이다. 초고성능 필터를 설치했을 경우에는 정기적인 포집 효율 시험이나 필터의 완전성 시험 등이 필요하게 되고 고액의 비용이 든다. 이들 시험을 실시하지 않으면 본래의 성능이 보증되지 않는다. 또한 초고성능 필터를 설치한 작업장에서 일반적인 작업을 실시하면 바로 필터가 막혀버려서 오히려 작업 장소의 환경이 나빠진다. **(해당 내용은 CGMP해설서에 정확히 명시된 내용임.)**

ㅁ. 청정 등급의 경우 각 등급 간의 공기의 품질이 다르므로 등급이 **낮은** 작업실의 공기가 **높은** 등급으로 흐르지 못하도록 어느정도의 공기압차가 있어야 한다.

ㅂ. 공기 **조절**이란 공기의 온도, 습도, 공중미립자, 풍량, 풍향, 기류의 전부 또는 일부를 자동적으로 제어하는 일을 말하며 CGMP 지정을 받기 위해서는 청정도 기준에 제시된 청정도 등급 이상으로 설정하여야 한다.

[참고]

- 공기 조절기를 설치하면 작업장의 실압 관리, 외부와의 차압을 일정하게 유지할 수 있음
- 청정 등급의 경우 각 등급 간의 공기의 품질이 다르므로 등급이 낮은 작업실의 공기가 높은 등급으로 흐르지 못하도록 어느 정도의 공기압차가 있어야 함
- 일반적으로는 4급지 < 3급지 < 2급지 순으로 실압을 높이고 외부의 먼지가 작업장으로 유입되지 않도록 설계함
- 제품 특성상 온습도에 민감한 제품의 경우에는 해당 온습도를 유지할 수 있도록 관리하는 체계를 갖추도록 함

종류	특징	사진
P/F	• Pre Filter(세척 후 3~4회 재사용) • Medium Filter 전처리용 • 압력 손실:9mmAq 이하 • 필터 입자:5μm	
M/F	• Medium Filter • Media:Glass Fiber • HEPA Filter 전처리용 • B/D 공기 정화, 산업 공장 등에 사용 • 압력 손실:16mmAq 이하 • 필터 입자:0.5μm	
H/F	• HEPA(High Efficiency Particulate Air) Filter • 0.3μm의 분진 99.97% 제거 • Media:Glass Fiber • 반도체 공장, 병원, 의약품, 식품 공장 등 사용 • 압력 손실:24mmAq 이하 • 필터 입자:0.3μm	

30번 문항			
정답	④	출제단원	3단원
출제근거	맞춤형화장품조제관리사 교수학습가이드	배점	8점
해설			

충전실의 바닥, 작업대 등은 수시로 청소를 실시하여 공정 중 혹은 공정 간 오염을 방지하여야 한다. 또한 원료보관소의 입고 장소 및 각 저장통은 작업 후 걸레로 쓸어내고, 오염물 유출 시 물걸레로 제거하며 필요시 연성 세제나 락스를 이용하여 오염물을 제거한다.

[상세한 선지 해설]

ㄱ. 제조실의 바닥은 일반 용수와 세제를 바닥에 흘린 후 세척솔 등을 이용하여 닦아낸다.

ㄴ. 작업실 내에 설치되어 있는 배수로 및 배수구는 월 1회 락스 소독 후 내용물 잔류물, 기타 이물 등을 완전히 제거하여 깨끗이 청소한다.

ㅁ. 입고 장소 및 각 저장통은 작업 후 걸레로 쓸어내고, 오염물 유출 시 물걸레로 제거한다.

ㅂ. 화장실은 바닥에 잔존하는 이물을 완전히 제거하고 소독제로 바닥을 세척한다.

31번 문항			
정답	④	출제단원	3단원
출제근거	맞춤형화장품조제관리사 교수학습가이드	배점	10점
해설			

측정 높이는 바닥에서 측정하는 것이 원칙이지만 부득이한 경우 바닥으로부터 20~30cm 정도 떨어진 위치에서 측정한다.

32번 문항			
정답	④	출제단원	3단원
출제근거	CGMP 해설서	배점	8점
해설			

흐름은 사람과 물건의 움직임을 의미하며, 이 움직임의 설계는 혼동 방지와 오염 방지를 목적으로 한다. 새로운 건물의 설계 시와 구 건물의 증, 개축시 뿐만 아니라 현 건물에 있어서의 흐름의 재검토를 실시하여 제조 작업의 합리화를 도모한다.
- 인동선과 물동선의 흐름경로를 교차 오염의 우려가 없도록 적절히 설정한다.
- 교차가 불가피 할 경우 작업에 "시간차"를 만든다.
- 사람과 대차가 교차하는 경우 "유효폭"을 충분히 확보한다.
- 공기의 흐름을 고려한다.

33번 문항			
정답	①	출제단원	3단원
출제근거	맞춤형화장품조제관리사 교수학습가이드	배점	10점
해설			

주요성분	특성	대표적 성분
계면활성제	• 비이온, 음이온, 양성 계면활성제 • 세정제의 주요 성분 • 다양한 세정 기작으로 이물 제거	알킬벤젠설포네이트(ABS), 알칸설포네이트(SAS), 알파올레핀설포네이트(AOS), 알킬설페이트(AS), 비누(Soap), 알킬에톡시레이트(AE), 지방산알칸올아미드(FAA), 알킬베테인(AB)/알킬설포베테인(ASB)
살균제	• 미생물 살균 • 양이온 계면활성제 등	4급암모늄 화합물, 양성계면활성제, 알코올류, 산화물, 알데히드류, 페놀유도체
금속이온봉쇄제	• 세정 효과를 증가 • 입자 오염에 효과적	소듐트리포스페이트(Sodium Triphosphate), 소듐사이트레이트(Sodium Citrate), 소듐글루코네이트(Sodium Gluconate)
유기폴리머	• 세정효과를 강화 • 세정제 잔류성 강화	셀룰로오스 유도체(Cellulose derivative), 폴리올(Polyol)
용제	• 계면활성제의 세정효과 증대	알코올(Alcohol), 글리콜(Glycol), 벤질알코올(Benzyl Alcohol)
연마제	• 기계적 작용에 의한 세정효과 증대	칼슘카보네이트(Calcium Carbonate), 클레이, 석영
표백성분	• 살균 작용 • 색상 개선	활성염소 또는 활성염소 생성 물질

[상세한 선지 해설]

② 칼슘카보네이트(Calcium Carbonate)는 연마제이다.

③ 벤질알코올은 금속이온봉쇄제가 아니다. 용제이다.

④ 유기폴리머는 세정제의 잔류성을 강화시킨다.

⑤ 페놀유도체는 살균제이며, 지방산알칸올아미드(FAA)는 계면활성제로 구분된다. 그리고 기계적 작용에 의한 세정효과를 증대시키는 것은 연마제이다.

34번 문항			
정답	②	출제단원	3단원
출제근거	CGMP 해설서	배점	8점

해설

  원료 보관 구역에 외부인 출입 시 교육 후 복장 규정을 따른 후 직원과 동행해야 한다.

[참고] 방문객과 훈련 받지 않은 직원이 제조, 관리 보관구역으로 들어가면 반드시 동행한다. 방문객과 훈련 받지 않은 직원은 제조, 관리 및 보관구역에 안내자 없이는 접근이 허용되지 않는다. 방문객은 적절한 지시에 따라야 하고, 필요한 보호 설비를 갖추어야 하며 그들이 혼자서 돌아다니거나 설비 등을 만지거나 하는 일이 없도록 해야 한다. 또한 그들이 제조, 관리, 보관구역으로 들어간 것을 반드시 기록서에 기록한다. 그들의 소속, 성명, 방문목적과 입퇴장 시간 및 자사 동행자의 기록이 필요하다.(해당 내용은 CGMP해설서에 정확히 명시된 내용임.)

[상세한 선지 해설]

① 피부에 외상이 있으나 의사가 작업을 해도 된다는 소견이 있으면 화장품과 직접적으로 접촉하는 일을 다시 하러 갈 수 있다.

③ 너무나도 당연한 이야기이다.

④ 마스크는 선택사항이지만 마스크를 써도 상관없다. 오히려 매우 꼼꼼히 위생관리를 한다고 할 수 있다.

⑤ 작업장 내에는 서적도 유입할 수 없다.

[참고 - 맞춤형화장품조제관리사 교수학습가이드]

* 작업장 내 금지사항

- 사물(서적, 지갑, 핸드백 등)은 작업소로의 유입을 금함

- 작업장에서는 음식의 휴대, 섭취, 흡연, 화장을 금함

- 작업장 바닥, 벽, 시설물, 쓰레기통에 침을 뱉는 행위를 금함

- 작업장은 화장품의 제조 및 포장 목적 이외의 다른 용도로의 사용을 금함

- 작업 중 외부인의 설비 수리 시 먼지 등 이물이 발생하는 업무를 금함

35번 문항			
정답	⑤	출제단원	3단원
출제근거	맞춤형화장품조제관리사 교수학습가이드	배점	8점

해설

* 소독제 선택 시 고려할 사항(가이드 185쪽)

- 대상 미생물의 종류와 수

- 항균 스펙트럼의 범위

- 미생물 사멸에 필요한 작용 시간, 작용의 지속성

- 물에 대한 용해성 및 사용 방법의 간편성

- 적용 방법(분무, 침적, 걸레질 등)

- 부식성 및 소독제의 향취

- 적용 장치의 종류, 설치 장소 및 사용하는 표면의 상태

- 내성균의 출현 빈도

- pH, 온도, 사용하는 물리적 환경 요인의 약제에 미치는 영향
- 잔류성 및 잔류하여 제품에 혼입될 가능성
- 종업원의 안전성 고려
- **법 규제 및 소요 비용**

36번 문항			
정답	③	출제단원	3단원
출제근거	맞춤형화장품조제관리사 교수학습가이드	배점	8점
해설			

품질관리는 실험실에서 한다. 실험실은 상의 흰색 가운, 하의 평상복 및 슬리퍼를 신는 것이 원칙이다.

구분	복장기준	작업장
제조, 칭량	방진복, 위생모, 안전화/필요 시 마스크 및 보호안경	제조실, 칭량실
생산	방진복, 위생모, 작업화/필요 시 마스크	충진
	지급된 작업복, 위생모, 작업화	포장
품질관리	상의흰색가운, 하의평상복, 슬리퍼	실험실
관리자	상의 및 하의는 평상복, 슬리퍼	사무실
견학, 방문자	각 출입 작업소의 규정에 따라 착용	–

37번 문항			
정답	②	출제단원	3단원
출제근거	맞춤형화장품조제관리사 교수학습가이드	배점	10점
해설			

제조 탱크, 저장 탱크의 세척 및 소독 관리 표준서(가이드 191쪽)

* 제조 탱크, 저장 탱크를 스팀 세척기로 깨끗이 세척
- 상수를 탱크의 80%까지 채우고 80℃로 가온
- <u>페달 25rpm, 호모 2,000rpm으로 10분간</u> 교반 후 배출
- 탱크 벽과 뚜껑을 스펀지와 세척제로 닦아 잔류하는 반제품이 없도록 제거 후 상수 세척
- 정제수로 2차 세척한 후 UV로 처리한 깨끗한 수건이나 부직포 등을 이용하여 물기를 완전히 제거
- 잔류하는 제품이 있는지 확인하고, 필요에 따라 위의 방법 반복
- 점검 책임자는 육안으로 세척 상태를 점검하고, 그 결과를 점검표에 기록

38번 문항			
정답	①	출제단원	3단원
출제근거	CGMP 해설서	배점	10점
해설			

세척 후 판정의 제1 선택지는 육안판정으로 하며 육안 판정 시 육안 판정의 장소는 미리 정해 놓고 판정 결과를 기록서에 기재한다. 판정 장소는 말로 표현하는 것이 아니라 <u>그림으로 제시해 놓는 것이 바람직하다.</u> 린스 액의 최적 정량 방법은 HPLC법이며 잔존물의 유무 판정을 위해 박층크로마토그래피(TLC)에 의한 간편 정량을 실시하기도 한다. 또한 TOC 측정기로 린스액 중의 총유기탄소를 측정해서 세척 판정하는 것도 좋다.

ㄴ. 천의 크기나 닦아내기 판정의 방법은 대상 설비에 따라 다르므로 각 회사에서 결정할 수밖에 없다.

ㄷ. 린스 정량법은 상대적으로 복잡한 방법이지만, 수치로서 결과를 확인할 수 있다. <u>그러나 잔존하는 불용물을 정량할 수 없으므로 신뢰도는 떨어진다.</u>

ㅁ. <u>콘택트 플레이트법과 면봉 시험법 둘 다</u> 한천 평판 배지에 도말하거나 배지를 부어 미생물 배양 조건에 맞춰 배양 후 CFU의 수를 측정하는 방법을 택한다.

39번 문항			
정답	①	출제단원	3단원
출제근거	맞춤형화장품조제관리사 교수학습가이드	배점	10점

해설

중성 세척제는 pH가 약 5.5~8.5이고 그 예로는 알코올과 같은 수용성 용매를 포함할 수 있는 약한 계면활성제 용액이 있으며 용해나 유화에 의한 제거, 낮은 독성, 부식성이 그 특징이다.

[상세한 선지 해설]

ㄱ. 무기산과 약산성 세척제는 무기염, **수용성** 금속 복합체의 제거에 효과가 좋으며 pH는 0.2~5.5이고 금속 산화물 제거에 효과적이지만 환경을 오염시킬 수 있다는 단점이 있다.

ㄷ. 수산화나트륨은 부식성 알칼리 세척제이다.

ㄹ. 부식성 알칼리 세척제는 pH가 **12.5~14**이다.

ㅁ. 스테인리스 세척에 좋은 것은 인산이며 바이오 필름을 파괴한다는 장점이 있는 것은 스팀이며 포자에 효과가 없는 것은 양이온 계면활성제이다.

[참고 - 가이드북 197~198쪽]

유형	pH	오염 물질	예시	장단점
무기산과 약산성 세척제	0.2~5.5	무기염, 수용성 금속 Complex	강산:염산(hydrochloric acid), 황산(sulfuric acid), 인산(phosphoric acid), 초산(acetic acid, 구연산(citric acid)	• 산성에 녹는 물질, 금속 산화물 제거에 효과적 • 독성, 환경 및 취급 문제
중성 세척제	5.5~8.5	기름때 작은 입자	약한 계면 활성제 용액(알코올과 같은 수용성 용매를 포함할 수 있음)	• 용해나 유화에 의한 제거 • 낮은 독성, 부식성
약알칼리, 알칼리 세정제	8.5~12.5	기름, 지방, 입자	수산화암모늄(ammonium hydroxide), 탄산나트륨(sodium carbonate), 인산나트륨(sodium phosphate)	• 알칼리는 비누화, 가수 분해를 촉진
부식성 알칼리 세척제	12.5~14	찌든 기름	수산화나트륨(sodium hydroxide), 수산화칼륨(potassium hydroxide), 규산나트륨(sodium silicate)	• 오염물의 가수 분해 시 효과 좋음 • 독성 주의, 부식성

40번 문항

정답	②	출제단원	3단원
출제근거	CGMP 해설서	배점	10점

해설

혼합과 교반장치는 다양한 작업으로 인해 혼합기와 구성 설비에 대한 빈번한 청소가 요구되므로 쉽게 제거될 수 있는 혼합기를 선택하여 청소를 철저하게 한다. 이송 파이프의 경우 파이프 시스템은 정상적으로 가동하는 동안 가득 차도록 하고 가동하지 않을 때는 배출하도록 고안되어야 한다. 또한 파이프 시스템은 축소와 확장을 최소화하도록 고안되어야 한다.

[상세한 선지 해설]

ㄱ. <u>가는 관을 연결하여 사용하는 것은 물리적/미생물 또는 교차오염 문제를 일으킬 수 있으며 청소하기 어렵다.</u>

ㄴ. 펌프 설계는 펌핑 시 생성되는 압력을 고려해야 하고 <u>적합한 위생적인 압력 해소 장치가 설치되어야 한다.</u> 필요 시 설치가 아니라 꼭 설치해야 한다.

ㄹ. 투명한 재질은 청결과 잔금 또는 깨짐 같은 문제에 대한 호스의 검사를 용이하게 한다. 그러나 소독제 및 세척제로 인한 부식이 야기된다는 말은 그 어디에도 없다.

ㅂ. 데드렉(dead leg)을 방지하기 위해 주 흐름에 가능한 가까이 위치해야 한다.

41번 문항

정답	④	출제단원	3단원
출제근거	CGMP 해설서	배점	12점

해설

혼합과 교반 장치는 제품의 균일성을 얻기 위해 혹은 희망하는 물리적 성상을 얻기 위해 사용되며 믹서를 고르는 방법 중 일반적인 접근은 실제 생산 크기의 뱃치 생산 전에 시험적인 정률증가(scale-up) 기준을 사용하는 뱃치들을 제조하는 것이다. 배플(baffles)과 호모게나이저로 이루어진 조합믹서(combination mixer)는 희망하는 최종 제품 및 공정의 효율성을 제공하기 위해 다양한 속도의 모터와 함께 사용될 수 있다.

[상세한 선지 해설]

ㄱ. 주형 물질(Cast material) 또는 거친 표면은 제품이 뭉치게 되어 깨끗하게 청소하기가 어려워 미생물 또는 교차오염문제를 일으킬 수 있다. 주형 물질(Cast material)은 화장품에 추천되지 않는다.

ㄴ. 원심력을 이용하는 것:열린 날개차(Impeller), 닫힌 날개차(Impeller) - 낮은 점도의 액체에 사용한다(예. 물, 청소용제) / Positive displacement(양극적인 이동):Duo Lobe(2중 돌출부), 기어, 피스톤 - 점성이 있는 액체에 사용한다. 예. 미네랄오일, 에멀젼(크림 또는 로션)

ㅁ. 강화된 화장품 등급이 아니라 강화된 식품 등급의 고무이다.

ㅂ. 다른 코드 또는 다른 제품의 라벨의 혼입 가능성을 막기 위하여 검사가 쉽도록 설계되어야 한다.

42번 문항

정답	①	출제단원	3단원
출제근거	CGMP 해설서	배점	8점

해설

설비의 유지관리 원칙은 유지보수(maintenance)가 아니라 예방적 실시이다. 주요 설비(제조탱크, 충전 설비, 타정기 등) 및 시험장비에 대하여 실시하며, 정기적으로 교체하여야 하는 부속품들에 대하여 연간 계획을 세워서 <u>시정실시(망가지고 나서 수리하는 일)를 하지 않는 것</u>이 원칙이다.

[참고] 설비의 유지관리 주요사항

○ 예방적 실시(Preventive Maintenance)가 원칙

○ 설비마다 절차서를 작성한다.

○ 계획을 가지고 실행한다.(연간계획이 일반적)

○ 책임 내용을 명확하게 한다.

○ 유지하는 "기준"은 절차서에 포함
○ 점검체크시트를 사용하면 편리
○ 점검항목:외관검사(더러움, 녹, 이상소음, 이취 등), 작동점검(스위치, 연동성 등), 기능측정(회전수, 전압, 투과율, 감도 등), 청소(외부표면, 내부), 부품교환, 개선(제품 품질에 영향을 미치지 않는 일이 확인되면 적극적으로 개선한다.)

43번 문항

정답	①	출제단원	3단원
출제근거	CGMP 해설서	배점	8점

해설

입고된 원료와 포장재는 '적합', '부적합', '검사 중'에 따라 각각의 구분된 공간에 별도로 보관되어야 하며 필요한 경우 '부적합' 판정된 원료와 포장재를 보관하는 공간은 잠금장치를 추가하여야 하나 자동화창고와 같이 확실하게 구분하여 혼동을 방지할 수 있는 경우에는 해당 시스템을 통해 관리 할 수 있다.

[참고 - CGMP해설서]

입고된 원료와 포장재는 검사중, 적합, 부적합에 따라 각각의 구분된 공간에 별도로 보관되어야 한다. 필요한 경우 부적합된 원료와 포장재를 보관하는 공간은 잠금장치를 추가하여야 한다. 다만, 자동화창고와 같이 확실하게 구분하여 혼동을 방지할 수 있는 경우에는 해당 시스템을 통해 관리 할 수 있다.

외부로부터 반입되는 모든 원료와 포장재는 관리를 위해 표시를 하여야 하며, 필요한 경우 포장외부를 깨끗이 청소한다. 한 번에 입고된 원료와 포장재는 제조단위 별로 각각 구분하여 관리하여야 한다.

일단 적합판정이 내려지면, 원료와 포장재는 생산 장소로 이송된다. 품질이 부적합되지 않도록 하기 위해 수취와 이송 중의 관리 등의 사전 관리를 해야 한다. 예를 들면 손상, 보관온도, 습도, 다른 제품과의 접근성과 공급업체 건물에서 주문 준비 시 혼동 가능성은 말할 것도 없다.

확인, 검체채취, 규정 기준에 대한 검사 및 시험 및 그에 따른 승인된 자에 의한 불출 전까지는 어떠한 물질도 사용되어서는 안 된다는 것을 명시하는 원료 수령에 대한 절차서를 수립하여야 한다.

구매요구서, 인도문서, 인도물(구매요구서, 원자재 공급업체 성적서, 현물)이 서로 일치해야 한다. 원료 및 포장재 선적 용기에 대하여 확실한 표기 오류, 용기 손상, 봉인 파손, 오염 등에 대해 **육안으로 검사**한다. **필요하다면, 운송 관련 자료에 대한 추가적인 검사를 수행**하여야 한다.

44번 문항

정답	⑤	출제단원	3단원
출제근거	CGMP 해설서	배점	10점

해설

정제수의 시험항목 및 규격은 화장품의 원료로 사용하는 물로서, 위생적인 측면과 다른 원료들의 용해도, 경시변화에 따른 침전, 탈색/변색에 대한 영향, 피부에 대한 작용 등을 고려할 때 필요한 정도의 순도를 규정하기 위한 것이다. 대표적으로 Salt(염)이 함유된 정제수를 사용하면 제품의 향, 안정성, 투명도에 결정적 영향을 미치게 됨으로 철저하게 관리하여야 한다. 염이 들어간 정제수는 사용하면 안 된다.

45번 문항

정답	⑤	출제단원	3단원
출제근거	CGMP 해설서	배점	8점

해설

원료 및 포장재를 관리할 때에는 물리적 격리(quarantine)나 수동 컴퓨터 위치 제어 등의 방법을 통해 허가되지 않거나 불합격 판정을 받거나 의심스러운 물질의 허가되지 않은 사용을 방지할 수 있어야 한다. 원료의 허용 가능한 보관 기한을 결정하기 위한 문서화된 시스템을 확립해야 한다. 보관기한이 규정되어 있지 않은 원료는 품질부문에서 자체적으로 적절한 보관기한을 정할 수 있다. 이러한 시스템은 물질의 정해진 보관 기한이 지나면 해당 물질을 재평가하여 사용 적합성을 결정하는 단계들을 포함해야 한다.

ㄱ. 원료와 포장재가 재포장될 때, 새로운 용기에는 원래와 동일한 라벨링이 있어야 한다.

ㄴ. 바닥과 떨어진 곳에 보관해야 한다.

ㄹ. 재고의 회전을 보증하기 위한 방법이 확립되어 있어야 한다. 따라서 특별한 경우를 제외하고, 가장 오래된 재고가 제일 먼저 불출되도록 선입선출 한다.

ㅂ. 최대 보관기한을 설정·준수해야 한다.

46번 문항			
정답	②	출제단원	3단원
출제근거	유통화장품 안전관리 기준	배점	16점
해설			

우선 이 제품은 '페이스 파우더'이다. 페이스 파우더는 색조 화장용 제품류에 속한다. 그리고 <보기1>을 참고하면 벤토나이트, 탤크 등이 쓰인 것을 알 수 있다. 이는 모두 '점토'광물이다. 흔히 벤토나이트라고 불리는 점토광물은 주로 스멕타이트 그룹 광물로 되어 있고 이 스멕타이트는 주로 몬모릴로나이트 광물로 되어 있다. 현재 국내 식품의약품안전처 법령에 등록되어 있는 점토광물은 견운모, 고령토, 규조토, 맥반석, 몬모릴로나이트, 벤토나이트, 세피오라이트, 에타폴자이트, 일라이트, 제올라이트, 흑운모, 버미큘라이트, 탤크, 퍼라이트로 총 14종이다. 벤토나이트, 몬모릴로나이트, 카올린, 규조토, 탤크는 주로 의약품, 식품첨가물, 동물용 의약품, 화장품 원료로 사용된다.

즉, 해당 제품은 색조 화장용 제품류인 페이스 파우더(점토를 원료로 사용한 분말 제품)인 것이다. 유통화장품 안전관리기준의 비의도적 유래물질 한도를 보면, **해당 제품은 점토를 원료로 사용한 분말 제품이므로 납은 50μg/g이하이어야 하며 니켈은 30μg/g이하이어야 한다.**

위 표를 근거로 뱃치별 성적서를 살펴보자.

＊ 단위 일러두기

실제 시험에서 이와 같은 문제들이 여럿 나오는데, 3회 시험에서는 단위를 바꿔서 출제하여 굉장히 당황스럽게 만들었다. 이에 단위를 환산하는 법을 다루겠다.

1. μg/g은 ppm과 같다. 즉, 한 화장품에 납이 18ppm이 들어있다는 뜻은 납이 18μg/g들어있다는 말과 같다.

2. 18μg/g을 퍼센트로 나타내면 0.0018%이다. 1μg/g의 의미는 해당 화장품의 1g(그람) 당 해당 성분이 1μg 들어있다는 뜻이다. g은 1,000,000μg이므로 1μg/g는 1,000,000μg 분의 1μg이라는 뜻이다. 즉, 이를 %로 나타내기 위해서는 100을 곱하면 되므로 0.0001%가 된다. 즉, 1μg/g = 0.0001%이다. 이와 같은 원리로 18μg/g은 0.0018%를 의미한다. 헷갈리면 그냥 Xμg/g = 0.000X%로 외우자. XXμg/g = 0.00XX%이다.

3. 1g = 1,000mg = 1,000,000μg이다. 즉, 1,000mg = 1,000,000μg이므로 1mg은 1,000μg과 같다. 따라서 예를 들어 0.005mg은 5μg과 같다.

위의 설명을 참고하면 문제에 나온 뱃치번호의 성적을 모두 μg/g으로 바꿀 수 있다.

① 뱃치번호 2021-0507-01
납:18μg/g, 니켈:31μg/g, 비소:5μg/g, 수은:0.1μg/g

② 뱃치번호 2021-0507-02
납:35μg/g, 니켈:28μg/g, 안티몬:7μg/g, 포름알데히이드:1800μg/g

③ 뱃치번호 2021-0507-03
니켈:25μg/g, 카드뮴:8ppm, 메탄올:1500μg/g(0.15%), 디옥산:98.5μg/g

④ 뱃치번호 2021-0507-04
메탄올:2100μg/g(0.21%), 포름알데하이드:100μg/g, 디옥산:58μg/g, 세균수(890개/g), 진균수(100개/g)

⑤ 뱃치번호 2021-0507-05
수은:0.9μg/g, 안티몬:8μg/g, 카드뮴:4μg/g, 메탄올:0.5%

[상세한 선지 해설]

① 뱃치번호 2021-0507-01는 니켈이 30㎍/g이하여야 하는데 31이므로 초과!

③ 뱃치번호 2021-0507-03는 카드뮴이 5이하여야 하는데 8이므로 초과!

④ 뱃치번호 2021-0507-04는 메탄올이 0.2%를 초과하였다. 참고로 총호기성생균수는 세균수 더하기 진균수이다. 즉, 이 제품의 총호기성생균수는 990개/g이다. 이 제품은 영유아 및 어린이가 사용하는 제품도 아니고 눈화장용 제품류도 아니므로 1000개/g이하이기만 하면 된다.

⑤ 뱃치번호 2021-0507-05는 메탄올이 0.2%를 초과하였다.

47번 문항			
정답	③	출제단원	3단원
출제근거	유통화장품 안전관리 기준	배점	12점
해설			

내용량의 기준은 다음과 같다.

1. 제품 3개를 가지고 시험할 때 그 평균 내용량이 표기량에 대하여 97% 이상(다만, 화장 비누의 경우 건조중량을 내용량으로 한다.)

2. 제1호의 기준치를 벗어날 경우:6개를 더 취하여 시험할 때 9개의 평균 내용량이 제1호의 기준치 이상

즉, 은애씨가 제품 **3개** 시험 결과 평균 내용량이 크림 용기의 표시량 210g의 97%에 해당하는 **203.7g** 미만이었기에 **6개**를 추가하여 총 9개로 내용량 시험을 다시 한 상황이다. 따라서 3+203.7+6은 212.7이다.

48번 문항			
정답	④	출제단원	3단원
출제근거	유통화장품 안전관리 기준	배점	14점
해설			

총호기성생균수에 관한 문제이다. 총호기성생균수는 세균수+진균수이다. 이것만 기억하면 된다. 예를 들면서 쉽게 설명하겠다.

바디 워시		
배지	각 배지에서 검출된 집락수	
	평판 1	평판 2
세균용 배지	5	1
진균용 배지	1	2

→ 해당 바디워시의 세균용 배지 부분만 보면 평판1에서는 5마리, 평판 2에서는 1마리가 나온 것을 알 수 있다. 그렇다면 이 둘의 평균은 5+1을 2로 나눈 3마리가 될 것이다. 그런데 문제에서 검액은 20배로 희석되었으며 검액 0.1ml로 2개의 평판에 검사하였다고 하고 있다. 즉, 세균이 원래 있는 원액을 20배로 희석하였으므로 20배 만큼 연해졌다는 뜻이며 검액 0.1ml로 검사하였다고 하였으므로 우리가 구하고자 하는 것은 1ml에 얼마만큼 세균이 있는지이니 10을 곱해주어야 한다. 즉, 구한 세균의 평균값에서 20을 곱하고 또 거기에 10을 또 곱해야 한다는 의미이다. 20을 곱하는 이유는 원액에서 20배만큼 묽게 했다는 것이므로 다시 원액을 만들려면 20배만큼 진하게 해야 하기에 20을 곱하는 것이다. 그리고 다시 진하게 한 원액이 0.1ml밖에 안 되므로 우리가 구하고자 하는 1ml에 세균이 얼마나 들었는지를 알기 위해서는 10을 더 곱해야 한다. 즉, 위의 세균수는 평균값인 3에 20을 곱하고 또 10을 곱한 600마리가 된다. 1ml에 600마리의 세균이 있는 것이다. 같은 방법으로 밑의 진균수를 구하면 1+2의 절반인 1.5에 20을 곱하고 10을 또 곱하면 300이 된다. 즉, 600+300인 900마리가 이 화장품의 총호기성생균수가 된다. 이는 총호기성생균수가 900마리라는 뜻이다. 총호기성생균수 기준은 다음과 같다.

1. 총호기성생균수는 영·유아용 제품류 및 눈화장용 제품류의 경우 500개/g(mL)이하

2. 물휴지의 경우 세균 및 진균수는 각각 100개/g(mL)이하

3. 기타 화장품의 경우 1,000개/g(mL)이하

이와 같이 계산하면 바디워시는 총호기성생균수가 900개/ml, 외음부세정제는 800개/ml, 선크림은 1000개/ml, 물휴지는 500개/ml, 아이 셰도우는 500개/ml가 된다.

바디워시와 외음부세정제, 선크림은 기타 화장품이므로 <u>1,000개/g(mL)이하</u>이기만 하면 된다. 1000개까지 1000개 이하로 치므로 세 제품 다 기준 충족이다.

아이 셰도우는 <u>눈화장용 제품류 이므로 500개/g(mL)이하</u>이어야 한다. 딱 500개까지 가능하므로 아이 셰도우도 패스이다. 그러나 물휴지는 <u>세균 및 진균수가 각각 100개/g(mL)이하</u>이어야 한다. 각각 계산해보면 물휴지의 세균수는 300마리, 진균수는 200마리가 된다. 따라서 기준 부적합이다.

* 이하 = 기준이 수량으로 제시될 경우 <u>**그 수량이 범위에 포함**</u>되면서 그 아래인 경우를 가리킨다.(초등수학교과서 및 국어사전 발췌)

49번 문항

정답	④	출제단원	3단원
출제근거	유통화장품 안전관리 기준	배점	10점

해설

[해설] 치오글라이콜릭애씨드 또는 그 염류를 주성분으로 하는 가온2욕식 헤어스트레이트너 제품:이 제품은 시험할 때 약 60℃이하로 가온 조작하여 사용하는 것으로서 치오글라이콜릭애씨드 또는 그 염류를 주성분으로 하는 제1제 및 산화제를 함유하는 제2제로 구성된다.

가. 제1제:이 제품은 치오글라이콜릭애씨드 또는 그 염류를 주성분으로 하고 불휘발성 알칼리의 총량이 치오글라이콜릭애씨드의 대응량 이하인 제제이다. 이 제품에는 품질을 유지하거나 유용성을 높이기 위하여 적당한 알칼리제, 침투제, 습윤제, 유화제, 점증제, 향료 등을 첨가할 수 있다.

1) pH:4.5 ~ 9.3
2) 알칼리:0.1N 염산의 소비량은 검체 1mL에 대하여 5.0mL이하
3) 산성에서 끓인 후의 환원성물질(치오글라이콜릭애씨드):1.0 ~ 5.0%
4) **산성에서 끓인 후의 환원성물질 이외의 환원성물질(아황산염, 황화물 등):검체 1mL중의 산성에서 끓인 후의 환원성물질 이외의 환원성물질에 대한 0.1N 요오드액의 소비량은 <u>0.6mL이하</u>**
5) 환원 후의 환원성물질(디치오디글라이콜릭애씨드):4.0%이하
6) 중금속:20 μg/g이하
7) 비소:5 μg/g이하
8) 철:2 μg/g이하

나. 제2제 기준:1. 치오글라이콜릭애씨드 또는 그 염류를 주성분으로 하는 냉2욕식 퍼머넌트웨이브용 제품 나. 제2제의 기준에 따른다.

50번 문항

정답	③	출제단원	3단원
출제근거	유통화장품 안전관리 기준	배점	12점

해설

* 비소의 원자흡광광도법

표준액의 조제:비소 표준원액(1000μg/mL)에 0.5% 질산을 넣어 농도가 다른 3가지 이상의 검량선용 표준액을 만든다. 이 표준액의 농도는 액 1mL당 비소 0.01~0.2μg 범위내로 한다.

시험조작:각각의 표준액을 다음의 조작조건에 따라 수소화물발생장치 및 가열흡수셀을 사용하여 원자흡광광도기에 주입하고 여기서 얻은 비소의 검량선을 가지고 검액 중 비소의 양을 측정한다.

<조작조건>

사용가스:가연성가스:아세칠렌 또는 수소

         지연성가스:공기

램 프:비소중공음극램프 또는 무전극방전램프

파 장:**193.7 nm**

51번 문항			
정답	②	출제단원	3단원
출제근거	유통화장품 안전관리 기준	배점	14점

해설

* 대장균 시험

검액의 조제 및 조작:검체 1g 또는 1mL을 유당액체배지를 사용하여 10mL로 하여 30~35℃에서 24~72시간 배양한다. 배양액을 가볍게 흔든 다음 백금이 등으로 취하여 **맥콘키한천배지**위에 도말하고 30~35℃에서 18~24시간 배양한다. 주위에 적색의 침강선띠를 갖는 적갈색의 그람음성균의 집락이 검출되지 않으면 대장균 음성으로 판정한다. 위의 특정을 나타내는 집락이 검출되는 경우에는 **에오신메칠렌블루한천배지**에서 각각의 집락을 도말하고 30~35℃에서 18~24시간 배양한다. **에오신메칠렌블루한천배지**에서 금속 광택을 나타내는 집락 또는 투과광선하에서 **흑청색**을 나타내는 집락이 검출되면 백금이등으로 취하여 발효시험관이 든 유당액체배지에 넣어 44.3~44.7℃의 항온수조 중에서 22~26시간 배양한다. 가스발생이 나타나는 경우에는 대장균 양성으로 의심하고 동정시험으로 확인한다.

52번 문항			
정답	④	출제단원	3단원
출제근거	CGMP 해설서	배점	8점

해설

[해설]

완제품 재고의 정확성을 보증하고, 규정된 합격판정기준이 만족됨을 확인하기 위해 점검 작업이 실시되어야 한다.

제품의 검체채취란 제품 시험용 및 보관용 검체를 채취하는 일이며, 제품 규격에 따라 충분한 수량이어야 한다.

가. 제품 검체채취는 **품질관리부서**가 실시하는 것이 일반적이다. 제품 시험 및 그 결과 판정은 품질관리부서의 업무다. 제품 시험을 책임지고 실시하기 위해서도 검체 채취를 품질관리부서 검체채취 담당자가 실시한다. 원재료 입고 시에 검체채취라면 다른 부서에 검체 채취를 위탁하는 것도 가능하나 제품 검체채취는 품질관리부서 검체 채취 담당자가 실시한다. 불가피한 사정이 있으면 타 부서에 의뢰할 수는 있다. 검체 채취자에게는 검체 채취 절차 및 검체 채취 시의 주의사항을 교육, 훈련시켜야 한다.

나. 보관용 검체

보관용 검체를 보관하는 목적은 제품의 사용 중에 발생할지도 모르는 "**재검토작업**"에 대비하기 위해서다. 재검토 작업은 품질 상에 문제가 발생하여 재시험이 필요할 때 또는 발생한 불만에 대처하기 위하여 품질 이외의 사항에 대한 검토가 필요하게 될 때 이다. 보관용 검체는 재시험이나 불만 사항의 해결을 위하여 사용한다.

53번 문항			
정답	③	출제단원	4단원
출제근거	맞춤형화장품조제관리사 교수학습가이드	배점	8점

해설

두발 염색용 제품류 중 **탈염·탈색제**란 두발 내에 멜라닌색소를 분해하여 두발의 색을 밝게 하는 것으로서 두발 염색용 제품류에 속하는 제품이다. 염모제도 두발 내에 멜라닌색소를 분해하는 것은 맞다. 그러나 염모제는 두발의 색을 밝게 하기도 하며 더 어둡게 하기도 한다.

[참고 - 가이드 21쪽]

- 염모제:두발의 색상을 변화시키고 변화된 색상을 유지하기 위하여 사용되는 것을 목적으로 하는 제품
- 탈염·탈색용 제품:두발 내에 멜라닌색소를 분해하여 두발의 색을 밝게 하는 것으로서 두발 염색용 제품류에 속하는 제품

54번 문항			
정답	⑤	출제단원	4단원
출제근거	화장품법령	배점	10점

해설

　맞춤형화장품은 맞춤형화장품판매업소에서 맞춤형화장품조제관리사 자격증을 가진 자가 고객 개인별 피부 특성 및 색·향 등 취향에 따라, 제조 또는 수입된 화장품의 내용물에 다른 화장품의 내용물이나 색소, 착향제 등 식품의약품안전처장이 정하는 원료를 추가하여 혼합한 화장품과 제조 또는 수입된 화장품의 내용물을 소분(小分)한 화장품을 말한다. 즉, 맞춤형화장품판매업소라고 신고하지 않은 곳에서 조제한 것은 법적으로 맞춤형화장품이 아니다. 따라서 박람회 같은 곳에서 임시적으로 맞춤형화장품을 조제하기 위해서도 그곳에서 또 따로 맞춤형화장품판매업소 신고를 해야 한다.(이 경우 간략신고 가능) 그렇게 하면 박람회의 간이 부스도 맞춤형화장품판매업소로 인정된다. 어찌되었든 신고하지 않은 곳 혹은 맞춤형화장품판매업소가 아닌 다른 곳에서 조제한 것은 맞춤형화장품이 될 수 없다.

[상세한 선지 해설]

① 제조 또는 수입된 화장품의 내용물에 다른 화장품의 내용물이나 식품의약품안전처장이 정하는 원료를 추가하여 혼합한 화장품이 바로 맞춤형화장품이다.(화장품법 제2조의 일부) 즉, 맞춤형화장품의 내용물로서 수입된 화장품의 내용물을 사용하는 것은 가능하다.

② 화장품 제품류에 해당하는 모든 화장품은 다 맞춤형화장품 대상이다. 염모제라고 안 되고 데오도란트라고 안 된다고 하는 것은 말이 안 된다. 다 된다.

③ (ㄷ)이 안전용기·포장 대상 화장품이자 「화장품 사용 시의 주의사항 및 알레르기 유발성분 표시에 관한 규정」에 따라 착향제의 구성 성분 중 알레르기 유발성분이 포함된 화장품인 것은 맞다. 따라서 지한씨는 해당 화장품에 안전용기·포장을 하고 '리날룰'을 향료와 구별하여 기재해야 한다. 그러나 해당 화장품에 안전용기·포장을 하고 '리날룰'을 향료와 구별하여 기재해야 맞춤형화장품으로 인정받는 것은 아니다. 해당 화장품에 안전용기·포장을 하지 않고 '리날룰'을 향료와 구별하여 기재하지 않았다면 '불법' 맞춤형화장품인 것이지, '맞춤형화장품'이 아닌 것은 아니다. 즉, 이 선지는 국어문제이다.

④ (ㄱ)~(ㄷ) 중 「화장품법」 제2조에 따라 맞춤형화장품의 정의에 부합하는 화장품은 3가지이다.(모두 다 맞춤형화장품이다.)

55번 문항			
정답	②	출제단원	4단원
출제근거	화장품법령	배점	12점

해설

[화장품법 시행규칙 참고]제14조(책임판매관리자 등의 교육)

　책임판매관리자 및 맞춤형화장품조제관리사는 법 제5조 제5항에 따른 교육을 다음의 구분에 따라 받아야 한다.

1. 최초 교육:종사한 날부터 6개월 이내. 다만, 자격시험에 합격한 날이 종사한 날 이전 1년 이내이면 최초 교육을 받은 것으로 본다.

2. 보수 교육:제1호에 따라 교육을 받은 날을 기준으로 매년 1회. 다만, 제1호 단서에 해당하는 경우에는 자격시험에 합격한 날부터 1년이 되는 날을 기준으로 매년 1회

　교육시간은 **4시간 이상, 8시간 이하**로 한다.

[상세한 선지 해설]

① B는 올해 자격증을 취득하였다. 위를 참고하면 **자격시험에 합격한 날이 종사한 날 이전 1년 이내이면 최초 교육을 받은 것으로 본다.**(최초교육 면제) 따라서 선임된 후 6개월 이내에 교육을 받을 필요가 없다.

② B가 A의 업소에 선임된다면 최초교육이 면제되므로 최초교육 면제자는 **자격시험에 합격한 날부터 1년이 되는 날을 기준으로 매년 1회 보수교육을 받아야 한다. 따라서 2번은 옳다.**

③ 최초교육은 면제된다.

④ C는 작년에 취득했지만 1년이 되지 않았으므로 최초교육 면제자이다. 따라서 **자격시험에 합격한 날부터 1년이 되는 날을 기준으로 매년 1회**만 보수교육을 받으면 된다. 그리고 5시간 이상 교육이 아니라 4시간 이상 8시간 이하의 교육시간이다.

⑤ C는 애시당초 최초교육 면제자이므로 최초교육을 받을 필요가 없다. 그러나 굳이 최초교육을 받았다고 하더라도 보수교육은 **교육을 받은 날을 기준으로 매년 1회**이므로 2022년 1월 1일부터 2022년 12월 31일 사이에 보수 교육을 받아야 한다는 설명은 틀렸다.

56번 문항			
정답	⑤	출제단원	4단원
출제근거	화장품법 시행령	배점	12점
해설			

행정처분을 갈음하여 돈으로 내라고 하는 것을 과징금이라고 한다. 과징금 산정 기준은 다음과 같다.

1. 일반기준

가. 업무정지 1개월은 30일을 기준으로 한다.

나. 화장품의 영업자에 대한 과징금 산정기준은 다음과 같다.

1) 판매업무 또는 제조업무의 정지처분을 갈음하여 과징금처분을 하는 경우에는 처분일이 속한 연도의 전년도 모든 품목의 1년간 총생산금액 및 총수입금액을 기준으로 한다.

2) 품목에 대한 판매업무 또는 제조업무의 정지처분을 갈음하여 과징금처분을 하는 경우에는 처분일이 속한 연도의 전년도 해당 품목의 1년간 총생산금액 및 총수입금액을 기준으로 한다.

3) 1) 및 2)의 경우 영업자가 신규로 품목을 제조 또는 수입하거나 휴업 등으로 1년간의 총생산금액 및 총수입금액을 기준으로 과징금을 산정하는 것이 불합리하다고 인정되는 경우에는 분기별 또는 월별 생산금액 및 수입금액을 기준으로 산정한다.

다. 법 제10조부터 제13조까지 및 제14조제4항의 위반에 따른 해당 품목 판매업무 또는 광고업무의 정지처분을 갈음하여 과징금처분을 하는 경우에는 처분일이 속한 연도의 전년도 해당 품목의 1년간 총생산금액 및 총수입금액을 기준으로 하고, 업무정지 1일에 해당하는 과징금의 2분의 1의 금액에 처분기간을 곱하여 산정한다.

2. 업무정지 1일에 해당하는 과징금 산정기준

전년도 총생산액 및 총수입액(단위:백만원)	업무정지 1일에 해당하는 과징금의 금액(단위:천원)
20 미만	6
20 이상 50 미만	21
50 이상 70 미만	36
70 이상 100 미만	51
100 이상 150 미만	75
150 이상 200 미만	105

[상세한 선지 해설]

① 판매업무 또는 제조업무의 정지처분을 갈음하여 과징금처분을 하는 경우에는 처분일이 속한 연도의 전년도 모든 품목의 1년간 총생산금액 및 총수입금액을 기준으로 한다. 업무정지 1개월은 30일을 기준으로 한다.

② 영업자가 신규로 품목을 제조 또는 수입하거나 휴업 등으로 1년간의 총생산금액 및 총수입금액을 기준으로 과징금을 산정하는 것이 불합리하다고 인정되는 경우에는 분기별 또는 월별 생산금액 및 수입금액을 기준으로 산정한다.

③ 지한씨의 잘못은 맞춤형화장품판매소가 이전되었음에도 제때 신고를 하지 않은 것이다. 이 경우 판매 업무 정지 1개월의 처분을 받는다. 따라서 30일로 계산하고 위의 2천만원 이상 5천만원 미만의 총생산액 및 총수입액의 경우 1일에 2만 1천원을 부여하므로 63만원 맞다.

④ 지한씨의 잘못은 맞춤형화장품판매소가 이전되었음에도 제때 신고를 하지 않은 것이다. 이 경우 판매 업무 정지 1개월의 처분을 받는다. 따라서 30일로 계산하고 위의 1억 5천 이상 2억 미만의 총생산액 및 총수입액의 경우 1일에 10만 5천원을 부여하므로 315만원 맞다.

⑤ 식품의약품안전처장은 법 제28조제1항에 따라 과징금을 부과받은 자가 **내야 할 과징금의 금액이 100만원 이상**이고, 다음의 어느 하나에 해당하는 사유로 과징금 전액을 한꺼번에 내기 어렵다고 인정될 때에는 그 납부기한을 연기하거나 분할납부하게 할 수 있다. 이 경우 필요하다고 인정하면 과징금납부의무자에게 담보를 제공하게 할 수 있다. 따라서 5번은 틀린 설명이다.

1. 「자연재해대책법」 제2조 제1호에 따른 재해 등으로 재산에 현저한 손실을 입은 경우
2. 사업 여건의 악화로 사업이 중대한 위기에 있는 경우.
3. 과징금을 한꺼번에 내면 자금 사정에 현저한 어려움이 예상되는 경우
4. 그 밖에 제1호부터 제3호까지의 규정에 준하는 사유가 있다고 식품의약품안전처장이 인정하는 경우

57번 문항

정답	④	출제단원	4단원
출제근거	맞춤형화장품조제관리사 교수학습가이드	배점	10점

해설

성인의 피부 무게는 약 5kg 이상(전체 몸무게의 약 15% 차지)이며, 피부는 평균 표면적이 약 2㎡로 가장 큰 신체 기관 중 하나이다. 대부분 피부 두께는 6mm 이하에 불과하지만 탄탄한 보호막 역할을 하며 피부 최외각 표면을 구성하는 주요성분은 거친 섬유성 단백질인 케라틴이고, 털과 손톱에도 이 성분이 포함되어 있다. 피부에 분비되는 피지는 피지선에서 분비되는 기름기 있는 액체로, 피부를 유연하게 해주며 방수 기능을 한다. 피부의 체온은 피부 내 모세혈관의 확장과 수축에 의한 피부 혈류량의 변화 및 발한작용에 의해 조절되며 피부 혈관은 주로 **땀샘 중 에크린선**과 함께 자율신경에 의해 지배된다. 피부는 흡수작용을 하는데, 흡수 경로는 표피를 통한 흡수와 모낭의 피지선으로의 흡수가 있으며 지용성 물질과 수용성 물질에 있어 피부 흡수에 대한 차이가 발생한다.

58번 문항

정답	①	출제단원	4단원
출제근거	맞춤형화장품조제관리사 교수학습가이드, 백과사전	배점	12점

해설

'이것'은 '카민'이다. 여러 가지 선인장을 먹고 사는 암컷 연지벌레에서 얻는 밝은 붉은색 천연유기염료이다. 카민은 위의 염료에서 추출해 얻은 카민산(carminic acid)과 알루미늄 또는 칼슘 염을 반응시켜 얻은 레이크 염료이다. 카민은 여러 가지 종류의 선인장을 먹고 사는 암컷 연지벌레에서 얻는다. 연지벌레를 모아 말린 다음 이것을 물에 넣고 끓여 카민산을 추출한다. 카민은 고대 멕시코 전역을 지배했던 아즈텍 시대(1325~1521) 사용하던 것으로 스페인 정복 후 16세기에 유럽으로 전해졌는데, 붉은 색소로서 조화, 페인트, 화장품, 식용 색소, 붉은색 잉크를 만드는 데 쓰이지만 빛에 대한 안정성은 그리 크지 않다. 카민은 벌레를 으깨서 만들기에 그 단백질에 안 맞는 사람은 알레르기가 있을 수 있다. 답은 1번이다. 참고로 카민과 코치닐은 같은 것이다. 카민 색소 = 코치닐 색소. 따라서 두 성분은 주의사항도 같다.

[화장품의 함유 성분별 사용 시의 주의사항 표시 문구(제2조 관련)]

연번	대상 제품	표시 문구
-	**카민 함유 제품**	카민 성분에 과민하거나 알레르기가 있는 사람은 신중히 사용할 것

59번 문항

정답	②	출세난원	4난원
출제근거	맞춤형화장품조제관리사 교수학습가이드, 백과사전	배점	10점

해설

카로티노이드(carotenoid)는 식물, 조류, 박테리아 및 균류가 지방과 기본 유기대사 물질로 합성하는 유기 색소로서, 테트라테르페노이드(tetraterpenoid)로도 불린다. 카로티노이드는 이소프레노이드 화합물(isoprenoid compounds)로서 유용한 생리활성 물질로 알려져 있고, 현재 600여 종 이상의 카로티노이드가 밝혀져 있다.

카로티노이드는 식물에서 광합성 과정에 사용하는 보조 색소로서, 루테인(lutein), 베타카로틴(β-carotene), 비올라크산틴(violaxanthin), 네오크산틴(neoxanthin) 순으로 엽록체의 구조 형성과 안전성 유지에 기여하며, 곤충과 동물의 유인제 역할과 종자 번식을 위한 역할을 한다. 동물에서는 표피 및 근육 색을 띠게 하는 역할과 조직성장, 분화 조절 물질, 주요 시각 색소, 비타민A의 전구 물질로서 역할을 한다. 산업 시장에서 주로 이용되는 카로티노이드는 베타카로틴, 루테인, 아스타잔틴(astaxanthin), 라이코펜(lycopene), 제아크산틴(zeaxanthin) 등이 있다.

60번 문항			
정답	①	출제단원	4단원
출제근거	맞춤형화장품조제관리사 교수학습가이드, 백과사전	배점	10점
해설			

디히드로테스토스테론 [dihydrotestosterone] DHT

전립선, 고환 및 기타 조직에서 테스토스테론으로부터 만들어지는 호르몬. 수염, 저음, 근육 성장과 같은 남성 성징을 유지하기 위해 필요하다. 디히드로테스토스테론의 농도가 높으면 전립선암의 성장을 증가시켜 전립선암의 치료를 어렵게 만들 수 있다. 5AR(5-알파-리덕타아제)는 디히드로테스토스테론 [dihydrotestosterone]을 생성한다. 결국 이는 남성형 탈모로 이어질 수 있다. 디하이드로테스토스테론(Dihydrotestosterone, DHT) , 혹은 5α-디하이드로테스토스테론(5α 환원효소)은 7β-hydroxy-5α-androstan-3-one 뿐만 아니라 안드로스타놀론(androstanolone, 5α-androstan-17β-ol-3-one)이라고 부르는 성호르몬이자 아도겐 호르몬이다. 5α 환원효소는 전립선, 고환, 모낭 그리고 부신에서 DHT를 합성한다. DHT는 모낭의 축소로 인해 생겨난 남성형 탈모에서 가장 주요한 기여요소이다. 그러나 여성의 탈모는 보다 더 복잡하며 DHT는 여러 탈모 원인 중 하나이다.

61번 문항			
정답	①	출제단원	4단원
출제근거	맞춤형화장품조제관리사 교수학습가이드, 백과사전	배점	12점
해설			

내모근초는 내측의 두발 주머니로서 외피에 접하고 있는 표피의 각질층인 초표피(sheath cuticle)와 과립층의 헉슬리층(huxley's layer), 유극층의 헨레층(henle's layer)으로 구성되고 외모근초는 표피층의 가장 안쪽인 기저층에 접하고 있다. 내모근초와 외모근초는 모구부에서 발생한 두발을 완전히 각화가 종결될 때까지 보호하고 표피까지 운송하는 역할을 하고 있다.

[상세한 선지 해설]
② 모모세포는 모유두 조직 내에 있다.
③ 각 세포는 두께 약 0.5 ~ 1.0μm, 길이 80 ~ 100μm이다.(단위를 잘 보자.)
④ 엔도큐티클(endoicuticle)은 가장 안쪽에 있는 층으로 **시스틴 함유량이 적으며**, 친수성이며 알칼리에 약하다. 이 층의 내측면은 양면접착 테이프와 같은 세포막복합체(CMC, cell membrane complex)로 인접한 모표피를 밀착시키고 있다
⑤ 모수질은 두발의 중심 부근에 공동(속이 비어있는 상태) 부위로, 죽은 세포들이 두발의 길이 방향으로 불연속적으로 다각형의 세포들의 형상으로 존재한다. 수질세포는 핵의 잔사인 둥근 점들을 간혹 포함하고 있으나 이의 기능은 잘 알려져 있지 않다.

62번 문항			
정답	③	출제단원	4단원
출제근거	맞춤형화장품조제관리사 교수학습가이드	배점	10점
해설			

맞춤형화장품 관능평가에 사용되는 표준품

- 제품 표준견본:완제품의 개별포장에 관한 표준
- 벌크제품 표준견본:성상, 냄새, 사용감에 관한 표준
- 라벨 부착 위치견본:완제품의 라벨 부착위치에 관한 표준
- 충진 위치견본:내용물을 제품용기에 충진할 때의 액면 위치에 관한 표준
- 색소원료 표준견본:색소의 색조에 관한 표준
- 원료 표준견본:원료의 색상, 성상, 냄새 등에 관한 표준
- 향료 표준견본:향, 색상, 성상 등에 관한 표준
- 용기·포장재 표준견본:용기·포장재의 검사에 관한 표준
- 용기·포장재 한도견본:용기·포장재 외관검사에 사용하는 합격품 한도를 나타내는 표준

63번 문항			
정답	④	출제단원	4단원
출제근거	화장품 법령	배점	14점
해설			

유기농 함량 계산 방법은 다음과 같다.

　비수용성 추출물 원료의 유기농 함량 비율 계산 방법은 다음과 같다. 단, 용매는 최종 추출물에 존재하는 양으로 계산하며 물은 용매로 계산하지 않고, 동일한 식물의 유기농과 비유기농이 혼합되어 있는 경우 이 혼합물은 유기농으로 간주하지 않는다.

　- 비수용성 원료인 경우

　유기농 함량 비율(%) = (신선 또는 건조 유기농 원물 + 사용하는 유기농 용매) / (신선 또는 건조 원물+사용하는 총 용매) × 100

- 신선한 원물로 복원하기 위해서는 실제 건조 비율을 사용하거나(이 경우 증빙자료 필요) 중량에 아래 일정 비율을 곱해야 한다.

　나무, 껍질, 씨앗, 견과류, 뿌리　　　　　1:2.5
　잎, 꽃, 지상부　　　　　　　　　　　　1:4.5
　과일(예:살구, 포도)　　　　　　　　　1:5
　물이 많은 과일(예:오렌지, 파인애플)　　1:8

[해설] 유기농을 모두 추린 값은 신선한 유기농 포도 5kg과 유기농 용매 60kg, 건조된 오렌지 3kg와 건조된 녹차잎 2kg이다. 그런데 건조된 것은 용매에 넣으면 다시 신선한 유기농으로 환원되므로 신선한 유기농 원물로 전환시키는 계산법을 써야 한다. 위를 참고하면 물이 많은 과일인 건조된 오렌지와 건조된 파인애플의 경우 8을 곱해준다고 나와있다. 또, 건조된 잎은 4.5를 곱해준다고 나와있다. 즉, 이 화장품에서의 유기농을 모두 추리면 신선한 유기농 포도 5kg과 유기농 용매 60kg, 건조된 오렌지 3kg를 신선한 원물로 환원한 값인 24kg(3 × 8), 건조된 녹차잎 2kg를 신선한 원물로 환원한 값인 9kg(2 × 4.5)이다. 이를 모두 더하면 98이다. 그리고 유기농과 유기농이 아닌 모든 것을 다 합친 값은 138kg이다.[신선한 유기농 포도 5kg과 유기농 용매 60kg, 건조된 오렌지 3kg를 신선한 원물로 환원한 값인 24kg(3 × 8), 건조된 녹차잎 2kg를 신선한 원물로 환원한 값인 9kg(2 × 4.5), 비유기농용매인 40kg을 모두 합친 값.] 따라서 (98 ÷ 138) × 100은 71.014이므로 답은 4번이다.

64번 문항

정답	⑤	출제단원	4단원
출제근거	화장품 법령	배점	12점

해설

제품 시험 시 도포량은 2.0mg/cm² 으로 하며 제품 도포면적을 24cm² 이상으로 하여 0.5cm² 이상의 면적을 갖는 5개 이상의 조사부위를 구획한다. 측정 후 이를 근거로 자외선차단화장품의 자외선차단지수(SPF)를 표시할 때에는 자외선차단지수 계산 방법에 따라 얻어진 자외선차단지수(SPF) 값의 소수점 이하는 버리고 정수로 표시한다.

[상세한 선지 해설]

① 시험은 피험자의 등에 한다. 시험부위는 피부손상, 과도한 털, 또는 색조에 특별히 차이가 있는 부분을 피하여 선택하여야 하고, 깨끗하고 마른 상태이어야 한다.

② 조사가 끝난 후 16~24시간 범위내의 일정시간에 피험자의 홍반상태를 판정한다.

③ 손가락에 고무재질의 골무를 끼고 표준시료와 제품을 해당량만큼 도포한다. 상온에서 15분간 방치하여 건조한 다음 제품 무도포부위의 최소홍반량 측정과 동일하게 측정한다. 홍반 판정은 제품 무도포부위의 최소홍반량 측정과 같은 날에 동일인이 판정한다.

④ 태양광과 유사한 연속적인 방사스펙트럼을 갖고, 특정피크를 나타내지 않는 제논 아크 램프(Xenon arc lamp)를 장착한 인공태양광조사기(solar simulator) 또는 이와 유사한 광원을 사용한다.

65번 문항

정답	①	출제단원	4단원
출제근거	화장품 법령	배점	8점

해설

유통화장품 안전관리 기준에 따른 비의도적 유래 성분 검사 항목은 다음과 같다.

성분	시험방법
납	AAS, ICP, ICP-MS, 디티존법
니켈	AAS, ICP, ICP-MS
비소	AAS, ICP, ICP-MS, 비색법
안티몬	AAS, ICP, ICP-MS
카드뮴	AAS, ICP, ICP-MS
수은	수은분해장치를 이용한 방법 수은분석기를 이용한 방법
디옥산	기체크로마토그래프 - 절대검량선법
메탄올	푹신아황산법 기체크로마토그래프 - 질량분석기법 기체크로마토그래프 - 헤드스페이스법(물휴지) 기체크로마토그래프 - 수소염이온화검출기법(물휴지 외 제품들)
포름알데하이드	액체크로마토그래프 - 절대검량선법
프탈레이트류	기체크로마토그래프 - 수소염이온화검출기법 기체크로마토그래프 - 질량분석기법

* AAS(원자흡광광도법), ICP(유도플라즈마분광기), ICP-MS(유도결합플라즈마-질량분석기)

66번 문항

정답	③	출제단원	4단원
출제근거	화장품 법령	배점	12점

해설

"공여자"는 인체 T림프 영양성 바이러스(HTLV), 파보 바이러스 B19, 사이토 메가로 바이러스(CMV), 엡스타인-바 바이러스(EBV) 감염증으로 진단받지 않아야 한다. 인체 세포 · 조직 배양액의 품질을 확보하기 위하여 무균시험, 마이코플라스마 부정시험, 외래성 바이러스 부정시험 등을 포함한 인체 세포 · 조직 배양액 품질관리 기준서를 작성하고 이에 따라 품질검사를 하여야 한다.

[상세한 선지 해설]

ㄱ. "인체 세포 · 조직 배양액"은 인체에서 유래된 세포 또는 조직을 배양한 후 세포와 조직을 제거하고 남은 액을 말한다.

ㄷ. 인체 세포 · 조직 배양액을 제조하는 배양시설은 청정등급 1B(Class 10,000) 이상의 구역에 설치하여야 한다. 제조 시설 및 기구는 정기적으로 점검하여 관리되어야 하고, 작업에 지장이 없도록 배치되어야 한다. 제조공정 중 오염을 방지하는 등 위생관리를 위한 제조위생관리 기준서를 작성하고 이에 따라야 한다.

ㅁ. "윈도우 피리어드(window period)"란 감염 초기에 세균, 진균, 바이러스 및 그 항원 · 항체 · 유전자 등을 검출할 수 없는 기간을 말한다.

67번 문항

정답	②	출제단원	4단원
출제근거	화장품 법령	배점	8점

해설

* 천연 및 유기농화장품에 허용되는 화학적·생물학적 공정 중 최종적으로 회수되거나 제거되어도 사용할 수 없는 유래 용제:석유화학 용제의 사용 시 반드시 최종적으로 모두 회수되거나 제거되어야 하며, 방향족, 알콕실레이트화, 할로겐화, 니트로젠 또는 황(DMSO 예외) 유래 용제는 사용이 불가하다.

68번 문항

정답	③	출제단원	4단원
출제근거	화장품 법령	배점	12점

해설

A 내용물은 베이비 썬제품이며 점도는 40도 기준으로 15 센티스톡스이며 미네랄 오일(탄화수소류)을 20% 함유하므로 안전용기·포장 대상이다. B는 15만 센티스톡스로서 크림 제형일 것이다. B는 제모제이다. B(제모제)가 식품의약품안전처장이 고시한 기준 및 시험방법에 따른 기능성화장품이라면 치오글라이콜릭애씨드(치오글리콜산)의 범위는 「기능성화장품 기준 및 시험방법」 [별표 7] 체모를 제거하는 데 도움을 주는 기능성화장품 각조에 의거하여 90~110%이어야 한다. 따라서 3번이 틀렸다.

[상세한 선지 해설]

① A는 안전용기 포장 대상이며 B는 아니다.

② 리튬하이드록사이드가 제모제에 pH 조절목적으로 사용된 경우 사용 후 씻어내는 제품일지라도 pH는 12.7이하여야 한다.

④ 센티스톡스는 운동점도의 단위이다. 운동점도는 절대점도를 같은 온도의 그 액체의 밀도로 나눈 값이다.

⑤ A 제품은 영유아 및 어린이 사용 화장품이므로 보존제의 함량을 기재하여야 한다.

69번 문항			
정답	②	출제단원	4단원
출제근거	백과사전	배점	10점

해설

미백의 기전별 성분표는 다음과 같다.

기전	성분명	고시 함량
티로시나아제 억제	유용성 감초 추출물	0.05%
	알파-비사보롤	0.5%
	닥나무 추출물	2%
	알부틴	2~5%
멜라노좀의 전이 억제	나이아신아마이드	2~5%
산화반응 억제 및 유멜라닌 환원	에틸아스코빌에텔	1~2%
	아스코빌글루코사이드	2%
	아스코빌테트라이소팔미테이트	2%
	마그네슘아스코빌포스페이트	3%

70번 문항			
정답	④	출제단원	4단원
출제근거	화장품 법령	배점	12점

해설

황색 201호는 타르색소이다. 이는 그 사용한도가 6%로 지정되어 있다.

[상세한 선지 해설]

㉠ 이런 규정은 없다. 페트롤라툼은 어린이도 다 사용 가능하다.

㉡ 살리실릭애씨드는 보존제 성분이다.

㉢ 대화문을 보면 해당 제품은 크림이다. 기능성화장품으로 심사받을 수 있는 살리실릭애씨드 포함 제품은 크림이 아니라 인체 세정용 제품류이다.

㉣ 눈 주위를 피해야 하는 성분은 배합되어 있지 않다.

71번 문항			
정답	①	출제단원	4단원
출제근거	화장품법령	배점	8점

해설

- 메틸 2-옥티노에이트:메틸옥틴카보네이트와 병용하여 사용 시 최종 제품에서 메틸옥틴카보네이트와의 성분 합이 0.01%이어야 하고 메틸옥틴카보네이트는 0.002%에 해당

[상세한 선지 해설]

1,3-비스이미다졸리딘-2-치온:두발용 제품류 및 손발톱용 제품류에 2% (다만, 에어로졸(스프레이에 한함) 제품에는 사용금지), 기타 제품에 사용 금지

메틸헵타디에논:0.002%

p-메틸하이드로신나믹알데하이드 0.2%

4-tert-부틸디하이드로신남알데하이드 0.6%

72번 문항			
정답	②	출제단원	4단원
출제근거	화장품법령	배점	12점
해설			

A 내용물과 B 내용물의 각 함량 성분들을 퍼센트로 나타내면 다음과 같다.

A 내용물(50g)	
시험 항목	시험 결과
포름알데하이드	0.05g 검출 → 0.1%
알부틴	1500mg 검출 → 3%
B 내용물(50g)	
시험 항목	시험 결과
폴리에톡실레이티드레틴아마이드	0.3g 검출 → 0.6%
티타늄디옥사이드	15g 검출 → 30%

위의 내용물을 3:2의 비율로 섞는다고 하였으므로 각 내용물을 60%와 40%로 섞는다는 의미와 같다. 따라서 위에서 앞서 설명한 퍼센트의 퍼센트 계산법인 퍼센트 곱하기 퍼센트 곱하기 0.01을 이용하면 된다. 즉, A 내용물을 60%로 하는 최종 화장품의 포름알데하이드(A 내용물의 0.1%)를 구하는 방법은 60 곱하기 0.1 곱하기 0.01이다. 이 방법대로 각 내용물을 3대 2로 섞었을 때의 각 성분별 최종 화장품에의 퍼센트 표는 다음과 같다.

최종 화장품	
시험 항목	시험 결과
포름알데하이드	0.06%
알부틴	1.8%
폴리에톡실레이티드레틴아마이드	0.24%
티타늄디옥사이드	12%

[화장품의 함유 성분별 사용 시의 주의사항 표시 문구(제2조 관련)]

대상 제품	표시 문구
알부틴 2% 이상 함유 제품	알부틴은 「인체적용시험자료」에서 구진과 경미한 가려움이 보고된 예가 있음
포름알데하이드 0.05% 이상 검출된 제품	포름알데하이드 성분에 과민한 사람은 신중히 사용할 것
폴리에톡실레이티드레틴아마이드 0.2% 이상 함유 제품	폴리에톡실레이티드레틴아마이드는 「인체적용시험자료」에서 경미한 발적, 피부건조, 화끈감, 가려움, 구진이 보고된 예가 있음

위 표에 따르면 포름알데하이드는 0.05% 이상 함유되었으므로 주의사항을 기재하여야 하고 알부틴은 1.8%이므로 2% 이상이 아니기에 주의사항에 기재할 필요가 없으며 폴리에톡실레이티드레틴아마이드는 0.24%이므로 0.2%를 넘었기 때문에 주의사항을 기재하여야 한다. 따라서 답은 2번이다.

73번 문항			
정답	③	출제단원	4단원
출제근거	화장품 법령	배점	8점

해설

현행법상 약국이나 병원에서 맞춤형화장품판매업을 할 수 없다는 조항은 없다. 따라서 법적으로 문제가 되지는 않는다.(식약처의 맞춤형화장품판매업 질의응답집에 그대로 있는 내용임.)

[상세한 선지 해설]

① 맞춤형화장품판매업자는 화장품 내용물의 사용기한이 지나면 무조건 폐기이다. 재평가를 통해 새로운 사용기한을 부여할 수 있는 사람은 화장품제조업자이다.

② 소비자의 선호도나 기호를 묻지 않고 맞춤형화장품을 미리 혼합하여 조제하는 것은 불법이다.

④ 고객에게 염색 서비스를 제공하기 위해 염모제를 소분하였다면 해당 미용사는 맞춤형화장품조제관리사 자격증이 필요 없다. 그러나 고객에게 염색약을 판매하기 위해 소분하였으므로 맞춤형화장품조제관리사 자격증이 필요하다.

⑤ 소비자가 본인의 맞춤형화장품 포장을 위한 용기를 매장으로 가져온 경우 그 용기의 위생에 신경쓰고 확실히 오염을 방지하는 조치를 취했다면 사용가능하다. 그러나 이런 경우 역시 그 용기에 화장품에 꼭 기재하여야 하는 사항들을 기재하여야 한다.(식약처의 맞춤형화장품판매업 질의응답집에 그대로 있는 내용임.)

74번 문항			
정답	③	출제단원	4단원
출제근거	맞춤형화장품조제관리사 교수학습가이드	배점	12점

해설

립글로스는 색조 화장용 제품류에 포함되어 있다. 그리고 「맞춤형화장품조제관리사 교수·학습 가이드」에 립글로스나 립밤은 색조효과 보다는 입술에 윤기를 주며 촉촉하게 보이게 하기 위해 사용된다고 정확히 명시되어 있다.

[상세한 선지 해설]

㉠ 폼 클렌저는 인체 세정용 제품류이고 클렌징 워터나 클렌징 로션, 클렌징 크림은 기초화장용 제품류이다.

㉡ 흑채는 일시적으로 두발의 색을 변하게 만드는 것이 아니라 빈 곳을 검게 하여 메워주는 화장품이다. 일시적으로 두발의 색을 변하게 만드는 것은 헤어틴트이다.

㉣ 맞춤형화장품조제관리사는 다 조제 가능하다.

㉤ 고체 화장 비누만이다. 액체 비누 소분은 맞춤형화장품이다.

75번 문항			
정답	④	출제단원	4단원
출제근거	화장품법령	배점	10점

해설

폐업을 하기 위해서는 폐업신고서와 「부가가치세법 시행규칙」에 따른 폐업신고서를 지방식품의약품안전청에 한꺼번에 제출하여야 한다. 혹은 화장품법에 따른 폐업신고서와 「부가가치세법 시행규칙」에 따른 폐업신고서를 한꺼번에 세무서에 제출하여야 한다. 반반씩 나눠낼 필요가 없다. - **화장품법 제6조(폐업 등의 신고), 화장품법 시행규칙 제15조(폐업 등의 신고)**

[참고] 화장품법 시행규칙 제15조(폐업 등의 신고)

폐업 또는 휴업신고를 하려는 자가「부가가치세법」제8조 제7항에 따른 폐업 또는 휴업신고를 같이 하려는 경우에는 폐업·휴업신고서와「부가가치세법 시행규칙」별지 제9호서식의 신고서를 함께 제출해야 한다. 이 경우 지방식품의약품안전청장은 함께 제출받은 신고서를 지체 없이 관할 세무서장에게 송부(정보통신망을 이용한 송부 포함)해야 한다.

① 폐업 역시 휴업 신고와 같은 곳(관할 지방식약청)에서 신고한다.
② 부산식약청은 부산 · 울산 · 경남을 관할한다.
③ 폐업 신고 기한(20일)은 변경 사유 발생 시 맞춤형화장품판매업 변경 신고 기한(30일)과는 다르다. 기한 내에 폐업 신고를 안 하면 과태료 50만원을 청구 당한다.
⑤ 폐업 신고 역시 휴업하거나 휴업 후 재개 신고와 그 절차가 같다.

76번 문항			
정답	①	출제단원	4단원
출제근거	맞춤형화장품조제관리사 교수학습 가이드	배점	8점

해설			
구분	명칭	특성	사용 부위
플라스틱	저밀도 폴리에틸렌 (LDPE)	- 반투명, 광택성, 유연성 우수 - 내외부 응력이 걸린 상태에서 알코올, 계면활성제와 접촉 시 균열 발생	튜브, 마개, 패킹
	고밀도 폴리에틸렌 (HDPE)	- 유백색, 무광택, 수분 투과 적음	화장수, 샴푸, 린스 용기 및 튜브
	폴리프로필렌 (PP)	- 반투명, 광택성, 내약품성 우수	원터치 캡
	폴리스티렌(PS)	- 투명, 광택성, 딱딱함, 성형가공성 및 치수안정성 우수	팩트·스틱 용기
	AS수지	- 투명, 광택성, 내충격성 우수	크림, 팩트, 스틱류 용기, 캡
	ABS수지	- AS수지의 내충격성을 향상시킨 소재 - 향료, 알코올에 취약 - 도금 소재로 이용	팩트 용기
	폴리염화비닐 (PVC)	- 투명, 성형가공성 우수, 저렴	샴푸, 린스 용기
	폴리에틸렌 테레프탈레이트 (PET)	- 투명성, 광택성, 내약품성 우수, 딱딱함	화장수, 유액, 샴푸, 린스 용기
유리	소다석회유리	- 대표적 투명 유리 - 산화규소, 산화칼슘, 산화나트륨에 소량의 마그네슘, 알루미늄 등의 산화물 함유	화장수·유액 용기
	칼리납유리	- 크리스털 유리, 굴절률이 매우 높음 - 산화납이 다량 함유된	고급 향수병
	유백유리	- 백색 유리	크림·세럼 용기
금속	알루미늄	- 가볍고 가공성이 우수 - 표면 장식이나 산화 방지 목적으로 사용	에어로졸관, 립스틱, 마스카라 용기
	놋쇠, 황동	- 금과 유사한 색상으로 코팅, 도금, 도장 작업을 첨가함	팩트, 립스틱 용기
	스테인리스 스틸	- 광택 우수, 부식이 잘 되지 않음	에어로졸 관
	철	- 녹슬기 쉬우나 가격이 저렴함	스프레이 용기

77번 문항

정답	③	출제단원	4단원
출제근거	맞춤형화장품조제관리사 교수학습 가이드	배점	8점

해설

화장품 용기 시험법(대한화장품협회)

시험 방법	적용 범위	비고
내용물 감량	화장품 용기에 충전된 내용물의 건조감량을 측정	마스카라, 아이라이너 또는 내용물 일부가 쉽게 휘발되는 제품에 적용
내용물의 의한 용기 마찰	내용물의 따른 인쇄문자, 핫스탬핑, 증착 또는 코팅막의 용기 표면과의 마찰을 측정	내용물에 의한 인쇄문자 및 코팅막 등의 변형, 박리, 용출을 확인
용기의 내열성 및 내한성	내용물이 충전된 용기 또는 용기를 구성하는 각종 소재의 내한성 및 내열성 측정	혹서기, 혹한기 또는 수출 시 유통환경 변화에 따른 제품 변질 방지를 위함
유리병의내부압력	유리 소재의 화장품 용기의 내압 강도를 측정	화려한 디자인 및 독특한 형상의 유리병은 내부 압력에 취약
펌프 누름 강도	펌프 용기의 화장품을 펌핑 시 펌프 버튼의 누름 강도 측정	펌프 제품의 사용 편리성을 확인
크로스컷트	화장품 용기 소재인 유리, 금속, 플라스틱의 유기 또는 무기 코팅막 또는 도금층의 밀착성 측정	규정된 접착테이프를 압착한 후 떼어내어 코팅층의 박리 여부를 확인
낙하	플라스틱 용기, 조립 용기, 접착 용기에 대한 낙하에 따른 파손, 분리 및 작용 여부를 측정	다양한 형태의 조립 포장재료가 부착된 화장품 용기에 적용
감압누설	액상 내용물을 담는 용기에 마개, 펌프, 패킹 등의 밀폐성 측정	스킨, 로션, 오일과 같은 액상 제품의 용기에 적용
내용물의 의한 용기의 변형	용기와 내용물의 장기간 접촉에 따른 용기의 팽창, 수축, 변질, 탈색, 연화, 발포, 균열, 용해 등을 측정	내용물에 침적된 용기 재료의 물성 저하 또는 변화 상태, 내용물 간의 색상 전이 등을 확인
유리병 표면 알칼리 용출량	유리병 내부에 존재하는 알칼리를 황산과 중화반응 원리를 이용하여 측정	고온다습 환경에서 장기 방치 시 발생하는 표면의 알칼리화 변화량 확인

78번 문항

정답	①	출제단원	4단원
출제근거	화장품 법령	배점	12점

해설

ㄱ. OO 아토피 협회 인증 화장품이라는 표현은 화장품법 제13조 제1항 제4호 관련 불법 광고이다.(특정인 또는 기관의 지정, 공인 관련)

ㄴ. 이 광고는 화장품의 범위를 벗어나는 광고이다. 배합금지 원료를 사용하지 않았다는 표현[(무첨가, free 포함)<예시> 無(무) 스테로이드, 無(무) 벤조피렌 등]은 불법이다. 배합금지 원료는 그 자체로 애초에 함유하면 안 되는 것이기에 이를 광고하는 것 자체가 불법이다.

ㄷ. 인체 줄기세포 배양액은 인체 조직 세포 배양액이다. 이는 줄기세포 그 자체를 제외한 것이므로 광고 시 '인체 유래 줄기세포 화장품' 이라고 하면 안 되며 '인체 유래 줄기세포 배양액이 든 화장품'으로 광고해야 한다.

ㄹ. 뾰루지를 개선한다는 표현은 화장품법 제13조 제1항 제1호 관련 불법 광고이다.

ㅁ. '모발 등의 성장을 촉진 또는 억제/발모·육모·양모, 탈모방지, 탈모치료/모발의 두께를 증가시킨다.' 등은 모두 화장품법 제13조 제1항 제1호를 위반한 불법 광고이다.

79번 문항			
정답	①	출제단원	4단원
출제근거	맞춤형화장품조제관리사 교수학습 가이드	배점	8점
해설			

　　오버헤드스터러는 아지믹서(agi-mixer), 프로펠러믹서(propeller mixer), 분산기(disper mixer)라고도 한다. 봉(shaft)의 끝부분에 다양한 모양의 회전 날개가 붙어 있다. 내용물에 내용물을 또는 내용물에 특정성분을 혼합 및 분산 시 사용하며 점증제를 물에 분산 시 사용한다. 참고로 호모믹서는 호모게나이저 또는 균질화기(homogenizer)라고도 한다. 터빈형의 회전 날개가 원통으로 둘러싸인 형태로 내용물에 내용물을 또는 내용물에 특정성분을 혼합 및 분산 시 사용한다. 회전 날개의 고속 회전으로 오버헤드스터러보다 강한 에너지를 준다.(일반적으로 유화할 때 사용)

80번 문항			
정답	④	출제단원	4단원
출제근거	백과사전	배점	10점
해설			

- 지용성 미백 기능성 고시 성분:유용성 감초 추출물, 알파-비사보롤, 아스코빌테트라이소팔미테이트
- 지용성 주름 개선 기능성 고시 성분:레티닐팔미테이트, 폴리에톡실레이티드레틴아마이드, 레티놀

＊각 고시 함량

연번	성분명	함량
1	닥나무추출물(수용성)	2%
2	알부틴(수용성)	2~5%
3	에칠아스코빌에텔(수용성)	1~2%
4	유용성감초추출물(지용성)	0.05%
5	아스코빌글루코사이드(수용성)	2%
6	마그네슘아스코빌포스페이트(수용성)	3%
7	나이아신아마이드(수용성)	2~5%
8	알파-비사보롤(지용성)	0.5%
9	아스코빌테트라이소팔미테이트(지용성)	2%

연번	성분명	함량
1	레티놀(지용성)	2,500IU/g
2	레티닐팔미테이트(지용성)	10,000IU/g
3	아데노신(수용성)	0.04%
4	폴리에톡실레이티드레틴이미이드(지용성)	0.05~0.2%

＊참고로 감초 추출물과 유용성 감초 추출물은 다르다! 감초 추출물은 수용성이며 미백 기능성 고시 원료가 아니다. 유용성 감초 추출물은 지용성이며 미백 기능성 고시 원료이다. 원료 자체가 다른 것이다.

주관식 정답 및 해설 *주관식 부분점수 없음!			
81번 문항			
정답	⊙ 국민보건향상 ⓒ 화장품산업	출제단원	1단원(배점 6점)
출제근거	화장품법 제1조		
해설			

「화장품법」 제1조(목적)
    이 법은 화장품의 제조 · 수입 · 판매 및 수출 등에 관한 사항을 규정함으로써 국민보건 향상과 화장품 산업의 발전에 기여함을 목적으로 한다.

「우수화장품 제조 및 품질관리기준」 제1조(목적)
    이 고시는 「화장품법」 제5조제2항 및 같은법 시행규칙 제12조제2항에 따라 우수화장품 제조 및 품질관리 기준에 관한 세부사항을 정하고, 이를 이행하도록 권장함으로써 우수한 화장품을 제조·공급하여 소비자보호 및 국민 보건 향상에 기여함을 목적으로 한다.

82번 문항			
정답	영업비밀	출제단원	1단원
출제근거	화장품법	점수	8
해설			

화장품법 시행규칙 제11조(화장품제조업자의 준수사항 등)
① 화장품 제조업자가 준수하여야 할 사항은 다음과 같다.
- 제조관리기준서 · 제품표준서 · 제조관리기록서 및 품질관리기록서를 작성 · 보관할 것
    위 사항 중 품질관리를 위하여 필요한 사항을 화장품책임판매업자에게 제출할 것. 다만, 다음 각 목의 어느 하나에 해당하는 경우 제출하지 아니할 수 있다.
가. 화장품제조업자와 화장품책임판매업자가 동일한 경우
나. 화장품제조업자가 제품을 설계 · 개발 · 생산하는 방식으로 제조하는 경우로서 품질 · 안전관리에 영향이 없는 범위에서 화장품제조업자와 화장품책임판매업자 상호 계약에 따라 영업비밀에 해당하는 경우

83번 문항			
정답	⊙ 제조방법 ⓒ 안전성 ⓒ 효능효과	출제단원	1단원
출제근거	화장품법	점수	10
해설			

화장품법 제4조의2(영유아 또는 어린이 사용 화장품의 관리)
    화장품책임판매업자는 영유아 또는 어린이가 사용할 수 있는 화장품임을 표시·광고하려는 경우에는 제품별로 안전과 품질을 입증할 수 있는 다음의 자료(제품별 안전성 자료)를 작성 및 보관하여야 한다.
1. 제품 및 제조방법에 대한 설명 자료
2. 화장품의 안전성 평가 자료
3. 제품의 효능·효과에 대한 증명 자료

84번 문항

정답	①미셀 ①임계미셀농도	출제단원	2단원
출제근거	가이드	점수	8

해설

물에 계면활성제를 용해하였을 때 계면활성제의 소수성 부분은 가능한 한 물과 접촉을 최소화하며 희석 용액에서 계면활성제는 주로 물과 공기의 표면에 단분자막 형태로 존재한다. 그러나 계면활성제의 농도가 증가하면 계면활성제의 소수성 부분끼리 서로 모이게 되고 집합체를 형성한다. 이러한 집합체를 미셀이라 하며 미셀이 형성되기 시작하는 농도를 임계미셀농도(CMC)라고 한다.
* 미셀=미셀=마이셀=마이셀 - 같은 뜻이다.

85번 문항

정답	지표성분	출제단원	2단원
출제근거	가이드	점수	6

해설

* 성분 안정성 평가:다양한 물리·화학적 조건에서 화장품 성분의 변색, 변취, 상태변화 및 지표성분의 함량변화를 통해 화장품 성분의 변화정도를 평가함.
지표성분:원료에 함유된 화학적으로 규명된 성분 중 품질관리 목적으로 정한 성분

86번 문항

정답	①MSDS ①CAS 등록번호	출제단원	2단원
출제근거	백과사전, 가이드	점수	10

해설

- MSDS(물질안전보건자료)란 화학물질에 대하여 유해위험성, 응급조치요령, 취급방법 등 16가지 항목에 대해 상세하게 설명해주는 자료를 말한다. 「산업안전보건법」 제110조의 규정에 의하여 화학물질을 제조, 수입, 사용, 저장, 운반하고자 하는 자는 이를 작성, 비치 또는 게시하고, 화학물질을 양도 또는 제공하는 자는 이를 함께 제공토록 하고 있다. 이는 화학 물질을 취급하는 근로자에게 유해성과 위험성을 알림으로써 근로자 스스로가 자신을 보호하고 불의의 화학 사고에 신속히 대응하게 하는 데 목표가 있다.
- CAS등록번호는 이제까지 알려진 모든 화합물, 중합체 등을 기록하는 번호이다. 미국 화학회 American Chemical Society에서 운영하는 서비스이며, 모든 화학 물질을 중복 없이 찾을 수 있도록 한다.

87번 문항

정답	분무	출제단원	2단원
출제근거	화장품법령	점수	6

해설

화장품법 시행규칙 제18조(안전용기 · 포장 대상 품목 및 기준)
① 법 제9조제1항에 따른 안전용기 · 포장을 사용하여야 하는 품목은 다음 각 호와 같다. 다만, 일회용 제품, 용기 입구 부분이 펌프 또는 빙아쇠로 직동되는 분무용기 제품, 압축 분무용기 제품(에어로졸 제품 등)은 제외한다.
1. 아세톤을 함유하는 네일 에나멜 리무버 및 네일 폴리시 리무버
2. 어린이용 오일 등 개별포장 당 탄화수소류를 10퍼센트 이상 함유하고 운동점도가 21센티스톡스(섭씨 40도 기준) 이하인 비에멀젼 타입의 액체상태의 제품
3. 개별포장당 메틸 살리실레이트를 5퍼센트 이상 함유하는 액체상태의 제품
② 제1항에 따른 안전용기 · 포장은 성인이 개봉하기는 어렵지 아니하나 만 5세 미만의 어린이가 개봉하기는 어렵게 된 것이어야 한다. 이 경우 개봉하기 어려운 정도의 구체적인 기준 및 시험방법은 산업통상자원부장관이 정하여 고시하는 바에 따른다.

88번 문항			
정답	20, 33	출제단원	2단원
출제근거	환경부령	점수	8
해설			

- 종합제품으로서 복합합성수지 재질 및 폴리비닐클로라이드 재질 또는 합성섬유 재질로 제조된 받침 접시 또는 포장용 완충재를 사용한 제품의 포장공간비율은 20% 이내로 한다.
- 제품의 제조 또는 수입하는 자, 대규모점포 및 면적이 33제곱미터 이상인 매장에서 포장된 제품을 판매하는 자는 포장되어 생산된 제품을 재포장하여 제조·수입·판매해서는 안 된다.

89번 문항			
정답	지속내수성 자외선차단제	출제단원	4단원
출제근거	화장품법령	점수	10
해설			

*** 지속 내수성 자외선 차단제의 효과 측정**

㉮ 20분간 입수한다.

㉯ 20분간 물 밖에 나와 쉰다. 이때 자연 건조되도록 하고 제품의 도포부위에 타월 사용은 금지한다.

㉰ 20분간 입수한다.

㉱ 20분간 물 밖에 나와 쉰다. 이때 자연 건조되도록 하고 제품의 도포 부위에 타월사용은 금지한다.

㉲ 20분간 입수한다.

㉳ 20분간 물 밖에 나와 쉰다. 이때 자연 건조되도록 하고 제품의 도포부위에 타월사용은 금지한다.

㉴ 20분간 입수한다.

㉵ 물 밖에 나와 완전히 마를 때까지 15분 이상 자연 건조한다.

[참고 - 내수성 자외선 차단제의 효과 측정] 두 개념 구분하여 알아두기.

㉮ 20분간 입수한다.

㉯ 20분간 물 밖에 나와 쉰다. 이 때 자연 건조되도록 하고 제품의 도포부위에 타월사용은 금지한다.

㉰ 20분간 입수한다.

㉱ 물 밖에 나와 완전히 마를 때까지 15분 이상 자연 건조한다.

90번 문항			
정답	말라세지아	출제단원	4단원
출제근거	가이드	점수	10
해설			

말라세지아는 피티로스포룸(Pityrosporum)이라고도 하며 모낭염(毛囊炎)의 원인균으로서 환부에서 분리되지만 건강인의 두부(頭部) 또는 체부피부에서도 상재균으로서 생식하는 경우가 많다. 개개의 세포의 크기는 2~7μm이고, 단극성(單極性)출아를 하는 것으로서 증식한다. 이 균을 배양하는 경우 배지에는 올리브유 등과 같은 지질을 첨가해 야만 한다. 최근에는 지루성 피부염의 일종인 비듬, 아토피피부염, 심상성 여드름, 탈모, 건선에 이르기까지 그 원인 진균으로서 '이것'에 대한 관심이 점차 대두되고 있다.

91번 문항			
정답	글루타치온	출제단원	4단원
출제근거	백과사전	점수	8

해설

글루타치온은 생체 내의 산화환원반응에 중요한 역할을 하는 항산화 물질이다. 글루타치온은 기본적으로 세 개의 아미노산인 글루탐산, 시스테인, 글리신이 결합하여 생성된 폴리펩타이드 구조로 체내 모든 세포에서 합성될 수 있다. 글루타치온은 환원된 상태와 산화된 상태로 존재하여, 거의 모든 생체 내의 산화-환원반응에 중요한 역할을 한다. 분자 내 티올기(-SH)를 포함하여 환원형 글루타치온은 항산화 효과로 멜라닌 합성을 억제하고 유멜라닌 대신 페오멜라닌으로 합성을 유도하여 미백작용을 하는 것으로 알려져 있다.

92번 문항			
정답	염화바륨	출제단원	4단원
출제근거	화장품법령	점수	8

해설

염화바륨법 (모든 연성 칼륨 비누 또는 나트륨과 칼륨이 혼합된 비누)

연성 비누 약 4.0g을 정밀하게 달아 플라스크에 넣은 후 60% 에탄올 용액 200mL를 넣고 환류 하에서 10분 동안 끓인다. 중화된 염화바륨 용액 15mL를 끓는 용액에 조금씩 넣고 충분히 섞는다. 흐르는 물로 실온까지 냉각시키고 지시약 1mL를 넣은 다음 즉시 0.1N 염산 표준용액으로 녹색이 될 때까지 적정한다.

* 지시약:페놀프탈레인 1g과 치몰블루 0.5g을 가열한 95% 에탄올 용액(v/v) 100mL에 녹이고 거른 다음 사용한다.
* 60% 에탄올 용액:이산화탄소가 제거된 증류수 75mL와 이산화탄소가 제거된 95% 에탄올 용액(v/v)(수산화칼륨으로 증류) 125mL를 혼합하고 지시약 1mL를 사용하여 0.1N 수산화나트륨 용액 또는 수산화칼륨 용액으로 보라색이 되도록 중화시킨다. 10분 동안 환류하면서 가열한 후 실온에서 냉각시키고 0.1N 염산 표준 용액으로 보라색이 사라질 때까지 중화시킨다.
* 염화바륨 용액:염화바륨(2수화물) 10g을 이산화탄소를 제거한 증류수 90mL에 용해시키고, 지시약을 사용하여 0.1N 수산화칼륨 용액으로 보라색이 나타날 때까지 중화시킨다.

93번 문항			
정답	㉠카복시메틸셀룰로오스 ㉡나이트로셀룰로오스	출제단원	4단원
출제근거	가이드	난이도	12

해설

고분자화합물(폴리머):점증제/피막(필름)형성제

분자량이 보통 10,000이상인 거대한 화합물. <u>주로 수용성 물질</u>. 미생물에 대한 오염도가 높음. 점도 향상에 이바지하여 안정성과 사용감을 높이는데 사용함.

구분	사용 목적
점증제	화장품의 점도↑, 사용감↑, 안정감↑ 예 카보머 **수용성** 고분자 물질 제품의 사용감과 안정성 향상 위해 사용 - 천연: ~검 구아검, 잔탄검, 아라비아검, 로커스트빈검, 카라기난, 전분, 텍스트란 등 - 반합성:메틸셀룰로스, 에틸셀룰로스, 카복시메틸셀룰로스 등 - 합성:카복시비닐폴리머(카보머)
피막(필름)형성제	피막을 형성할 때 이용 피부·모발의 피막 형성, 사용감↑, 광택 및 갈라짐 방지 예 폴리비닐알코올, 폴리비닐피롤리돈, <u>나이트로셀룰로스</u> 등

94번 문항

정답	품질성적서, 오염	출제단원	4단원
출제근거	화장품 법령	난이도	10

해설

맞춤형화장품판매업자의 준수사항에 관한 규정 제2조(혼합·소분 안전관리기준)

「화장품법 시행규칙」 제12조의2 제2호 마목에 따른 "혼합·소분의 안전을 위해 식품의약품안전처장이 정하여 고시하는 사항"이란 다음과 같다.

맞춤형화장품 조제에 사용하고 남은 내용물 또는 원료는 밀폐가 되는 용기에 담는 등 비의도적인 오염을 방지할 것

화장품법 시행규칙 제12조의2(맞춤형화장품판매업자의 준수사항)

다음의 혼합 · 소분 안전관리기준을 준수할 것

가. 혼합 · 소분 전에 혼합 · 소분에 사용되는 내용물 또는 원료에 대한 품질성적서를 확인할 것

95번 문항

정답	구분, 구획	출제단원	4단원
출제근거	화장품 법령	점수	8

해설

구분:선, 그물망, 줄 등으로 충분한 간격을 두어 착오나 혼동이 일어나지 않도록 되어 있는 상태

구획:동일 건물 내에서 벽, 칸막이, 에어커튼 등으로 교차오염 및 외부오염물질의 혼입이 방지될 수 있도록 되어 있는 상태

96번 문항

정답	15	출제단원	4단원
출제근거	화장품 법령	점수	6

해설

맞춤형화장품 및 내용량이 15밀리리터 이하 또는 15그램 이하인 제품의 용기 또는 포장이나 견본품, 시공품 등 비매품에 대하여는 화장품 바코드 표시를 생략할 수 있다.

97번 문항

정답	안전역	출제단원	4단원
출제근거	가이드, 법령	점수	8

해설

화학적 위해요소에 대한 위해성은 물질의 특성에 따라 위해 지수, 안전역 등으로 표현하고 국내·외 위해성 평가 결과 등을 종합적으로 비교·분석하여 최종 판단한다. 안전역은 약물의 안전성을 판정하는 기준을 말한다. 안전 계수, 치료계수라고도 한다. 일반적으로는 50% 치사량(LD50)과 50% 유효량(ED50)과의 비로 표시한다. 이것이 큰 것일수록 안전성이 높고 작은 것일수록 독성이 나타날 위험이 큰 약물이다. 치료약으로서는 이것이 큰 것이 바람직하다고 할 수 있다.

98번 문항

정답	비오틴	출제단원	4단원
출제근거	화장품 법령	난이도	8

해설

비타민 B7은 비오틴이다.

99번 문항			
정답	인체 외 시험	출제단원	4단원
출제근거	화장품 법령	점수	8
해설			

「화장품법 시행규칙」 제23조 제2항에 따라 합리적인 근거로 인정될 수 있는 실증자료는 다음 중 어느 하나에 해당하여야 한다.

* 시험 결과:인체 적용시험 자료, 인체 외 시험자료, 같은 수준 이상의 조사 자료

　인체 외 시험자료는 실험실의 배양접시, 분리된 모발 및 피부, 인공피부 등 인위적 환경에서 시험물질과 대조물질 처리 후 결과를 측정하는 것을 말한다.

100번 문항			
정답	벤조페논-3, 에틸헥실메톡시신나메이트, 12.5%	출제단원	4단원
출제근거	화장품법령	점수	14
해설			

　(신문 기사 발췌) 대표적인 해양유해성분으로 꼽히는 옥시벤존(oxybenzone)과 옥티노세이트(octinoxate)를 주의해야 한다. **벤조페논-3(benzophenone-3)이나 옥틸 메톡신시나메이트(octyl methoxycinnamate, 에틸헥실메톡시신나메이트)**로 표기되기도 한다. 이 성분들이 바다에 녹아들어 가면 산호초에 심각한 백화현상(산호초가 흰색으로 표백되는 현상)을 일으키고, 물고기의 호르몬 체계를 교란해 해양생태계를 파괴한다. 현재 하와이 외에 미국령 버진아일랜드, 미국 플로리다주 키웨스트, 네덜란드 보네르섬, 멕시코 해양보호구역에서 이 물질이 포함된 자외선 차단제의 반입과 사용을 금지하고 있다. 태평양 섬나라 팔라우는 이보다 더 엄격하게 화학물질 10종을 포함한 선크림의 수입·판매를 금지했다. 하와이주 상원도 2023년부터 아보벤존(avobenzone)과 옥토크릴렌(octocrylene)이 들어간 선크림의 판매와 배포를 금지하는 법안을 추가 통과시킨 상태다.[출처] - 국민일보

＊ 벤조페논-3의 사용한도는 5%, 에틸헥실메톡시신나메이트의 사용한도는 7.5%이므로 총합은 12.5%이다.

지한쌤 최적화 봉투모의고사

맞춤형화장품조제관리사 자격시험 1회

| 성명 | | 수험번호 | | | | | | | | | | | | 120분 |

○ 시험 도중 포기하거나 답안지를 제출하지 않은 응시자는 시험 무효 처리됩니다.

○ 시험 시간 중에는 화장실에 갈 수 없고 종료 시까지 퇴실할 수 없으므로 과다한 수분 섭취를 자제하는 등 건강관리에 유의하시기 바랍니다.

○ 응시자는 감독위원의 지시에 따라야 하며, 부정한 행위를 한 응시자에게는 해당 시험을 무효로 합니다.

○ 답안지는 문제번호가 1번부터 100번까지 양면으로 인쇄되어 있습니다. 답안 작성 시에는 반드시 시험문제지의 문제번호와 동일한 번호에 작성하여야 합니다.

○ 선다형 답안 마킹은 반드시 컴퓨터용 사인펜으로 작성하여야 합니다. 답안 수정이 필요할 경우 감독관에게 답안지 교체를 요청해야 하며, 수정테이프(액) 등을 사용했을 경우 채점상의 불이익을 받을 수 있으므로 사용하지 마시기 바랍니다.

○ 올바른 답안 마킹방법 및 주의사항

> • 매 문항마다 반드시 하나의 답만을 골라 그 숫자에 "●"로 정확하게 표기하여야 하며, 이를 준수하지 않아 발생하는 불이익(득점 불인정 등)은 응시자 본인이 감수해야 함
>
> • 답안 마킹이 흐리거나, 답란을 전부 채우지 않고 작게 점만 찍어 마킹할 경우 OMR 판독이 되지 않을 수 있으니 유의하여야 함
>
> • 두 개 이상의 답을 마킹한 경우 오답처리 됨
>
> [예시] 올바른 표기: ● 잘못된 표기: ⊙⊗⊖⑪⑩⊙⑰⊙

○ 단답형 답안 작성은 반드시 검정색 볼펜으로 작성하여야 합니다. 답안 정정 시에는 반드시 정정 부분을 두 줄(=)로 긋고 해당 답안 칸에 다시 기재하여야 하며, 수정테이프(액) 등을 사용했을 경우 채점상의 불이익을 받을 수 있으므로 사용하지 마시기 바랍니다.

○ 문항별 배점은 시험 문제에 표기되어 있습니다.

○ 시험 문제 및 답안은 비공개이며, 이에 따라 시험 당일 문제지 반출이 불가합니다.

※ 시험이 시작되기 전까지 표지를 넘기지 마시오.

맞춤형화장품조제관리사 자격시험 1회

| 성명 | | 수험번호 | | | | | | | | | | 120분 |

□ 문제지의 해당란에 성명과 수험번호를 정확히 쓰십시오.

□ 답안지의 해당란에 성명과 수험번호를 쓰고, 또 수험번호와 답을 정확히 표시하십시오.

□ 시험 시작 전까지 문제지 인쇄 상태 확인 외에 문제지를 넘기지 마십시오. 부정행위로 간주될 수 있습니다.

□ 시험 시간은 총 120분이며 시험 종료 20분 전부터는 답안지를 교체할 수 없으니 답안지를 신중히 마킹하십시오. 시험 종료 후에는 답안지를 마킹하실 수 없습니다.

□ 수정테이프 등으로 답안지를 수정할 시에 발생하는 불이익은 수험자가 부담합니다.

□ 이 자료는 저작권법에 보호를 받는 자료입니다. 이 자료를 불법으로 유포, 복제, 수정 시에는 저작권법에 의거하여 처벌받을 수 있음을 사전에 <u>명확히</u> 고지합니다.

제 1과목 화장품법의 이해

1. 다음 중 「화장품법」 제2조에 명시된 각 용어의 정의로 적절한 것을 고르시오. (12점)

① 화장품이란 인체를 미화하여 매력을 더하고 용모를 청결히 하거나 피부 · 모발의 건강을 유지 또는 증진하기 위하여 인체에 바르고 문지르거나 뿌리는 물품으로서 인체에 대한 작용이 약하거나 인체에 직접 작용하지 아니하는 것을 말한다.

② 안전용기 · 포장이란 만 5세 미만의 어린이가 개봉하기 어렵게 설계 · 고안된 용기나 포장을 말하며 개봉하기 어려운 정도의 구체적인 기준 및 시험방법은 식품의약품안전처장이 정하여 고시한다.

③ 사용기한이란 화장품이 유통된 날부터 적절한 보관 상태에서 제품이 고유의 특성을 간직한 채 소비자가 안정적으로 사용할 수 있는 최소한의 기한을 말한다.

④ 화장품책임판매업이란 취급하는 화장품의 안전 및 품질 등을 관리하면서 이를 유통 · 판매하거나 수입대행형 거래를 목적으로 알선 · 수여(授與)하는 영업을 말하며 세부 종류와 범위는 「화장품법 시행령」 제2조에 명시되어 있다.

⑤ 2차 포장이란 1차 포장을 제외한 1차 포장을 덧대어 포장한 것과 보호재 및 표시의 목적으로 한 포장을 말한다.

2. 화장품책임판매업자 건아씨는 선임된 화장품책임판매관리자가 개인 사정으로 회사를 관두어 새로운 화장품책임판매관리자를 선임하고자 한다. 다음 중 「화장품법 시행규칙」 제8조에 따라 적절하지 <u>않은</u> 설명은?(10점)

① 4년제 대학교에서 한약학과를 졸업하여 학사학위를 취득한 A는 화장품책임판매관리자의 자격기준에 충족되므로 채용할 수 있다.

② 4년제 대학교에서 건강간호학과를 전공하고 유전공학을 23학점 이수한 학사학위 취득자 B는 화장품책임판매관리자의 자격기준에 충족되므로 채용할 수 있다.

③ 전문대학교에서 간호과학과를 전공하고 졸업 후 화장품 품질관리 업무에 2년 종사한 C는 화장품책임판매관리자의 자격기준에 불충족되어 채용할 수 없다.

④ 만약 건아씨가 수입대행형 거래를 목적으로 화장품을 알선·수여(授與)하는 영업을 하는 화장품책임판매업자라면 「화장품법 시행규칙」 제8조에 명시된 책임판매관리자의 자격기준에 충족하는 자를 선임할 필요가 없다.

⑤ 만약 건아씨가 상시근로자수가 8명인 화장품책임판매업을 경영하고 「화장품법 시행규칙」 제8조에 따른 책임판매관리자의 자격기준에 충족한다면 건아씨 스스로 책임판매관리자의 직무를 겸하여 수행할 수 있다.

3. 〈보기〉는 「화장품법」에 따른 영업의 종류에 대해 민원인 A와 식품의약품안전처의 민원인 담당 공무원 B가 나누는 대화의 일부이다. 다음 중 적절하지 <u>않은</u> 내용은?(10점)

───── 〈보기〉 ─────

A:제가 평소 화장품업에 대해 관심이 많았는데 화장품 법령을 보고 이해하는 것이 어려워 이렇게 방문하여 질의하게 되었습니다.

B:반갑습니다. 궁금한 점이 있다면 언제든 방문하여 주세요.

A:화장품의 일부만을 제조하여도 화장품제조업자로 등록할 수 있나요?

B:㉠<u>네, 가능합니다. 2차 포장 및 표시 역시 제조 행위에 포함되지만 2차 포장만 하거나 표시만 하는 영업은 화장품제조업으로 등록하실 수 없습니다.</u>

A:제가 수입대행형 거래에 관심이 많은데요, 화장품제조업자로 등록하면 수입대행형 거래를 할 수 있나요?

B:㉡<u>아닙니다. 수입대행형 거래를 위해서는 화장품책임판매업자로 등록하셔야 하며 이 역시도 전자상거래만 해당됩니다.</u>

A:그렇군요. 제가 법령을 살펴보니 맞춤형화장품이란 말이 있던데, 이게 무엇인가요?

B:㉢<u>맞춤형화장품이란 맞춤형화장품판매장에서 개인의 피부타입이나 선호도를 고려하여 화장품의 내용물 간 또는 내용물과 색소, 향료, 기능성 원료 등을 혼합하거나, 화장품의 내용물을 작은 단위로 나눈 화장품을 말합니다.</u>

A:그렇다면 맞춤형화장품의 내용물은 어디서 구입해야 하나요?

B:ⓔ현행 화장품 법령 상 화장품의 내용물은 화장품책임판매업자만 판매할 수 있으므로 맞춤형화장품에 사용될 내용물은 화장품책임판매업자로부터 구입하여야 합니다.

A:제가 사실 향정신성의약품 중독자인데, 저도 화장품 영업을 등록 혹은 신고할 수 있나요?

B:ⓜ안타깝지만 화장품 영업을 등록 혹은 신고하실 수 없습니다.

① ㉠

② ㉡

③ ㉢

④ ㉣

⑤ ㉤

4. 〈보기〉는 화장품책임판매업자 A, B, C가 처한 상황이다. 다음 중 「화장품의 생산·수입실적 및 원료목록 보고에 관한 규정」에 따라 옳은 설명은?(10점)

― 〈보기〉 ―

수입한 화장품을 유통·판매하는 영업을 영위하는 화장품책임판매업자 A는 2021년 한 해 동안의 수입실적을 보고하고자 한다. 그리고 이번에 새롭게 프랑스에서 수입할 예정인 '노트르담 크림'을 국내에서 판매하기 위한 법적 절차를 알아보고 있다.

화장품을 직접 제조하여 유통·판매하는 영업을 영위하는 화장품책임판매업자 B는 2021년 한 해 동안의 생산실적을 보고하고자 한다.

화장품제조업자에게 위탁하여 국내에서 제조된 화장품을 유통·판매하는 영업을 영위 중인 화장품책임판매업자 C는 이번에 새롭게 제조한 자신의 신제품인 '산양유 핸드크림'에 대해 원료목록을 보고하고자 한다.

① A는 2021년 12월 31일까지 수입 품목 수, 품목별 수입량 및 수입 금액 등이 포함된 수입실적을 한국의약품수출입협회에 제출하여야 한다.

② A가 프랑스에서 '노트르담 크림'을 수입하여 유통·판매할 경우 유통일로부터 1개월 이내에 원료목록보고서를 한국의약품수출입협회에 제출하여야 한다.

③ A가 전자문서교환방식으로 표준통관예정보고를 하고 수입을 하였다면 수입실적 및 원료목록보고가 전부 면제된다.

④ A와 B 모두 2022년 2월 말까지 2021년의 수입실적 혹은 생산실적을 대한화장품협회에 제출하여야 한다.

⑤ A와 C는 모두 '노트르담 크림' 혹은 '산양유 핸드크림'에 대한 원료목록 보고서를 유통·판매 전에 대한화장품협회에 제출하여야 한다.

5. 맞춤형화장품을 구매하려는 고객 A와 맞춤형화장품판매업자 B는 개인정보에 관하여 대화를 나누고 있다. 다음 중 「개인정보 보호법」에 따라 적절하지 <u>않은</u> 설명은?(10점)

①	A:제 개인정보의 보호에 대한 사항이 「개인정보 보호법」과 「정보통신망법」에 명시되어 있는데 두 가지 법의 내용이 상이한 부분이 있습니다. 어느 법을 따르면 되나요?
	B:「개인정보 보호법」 제6조에 따르면 개인정보 보호에 관하여는 다른 법률보다 「개인정보 보호법」을 우선시 하므로 「개인정보 보호법」을 따라야 합니다.
②	A:제 개인정보는 쉽게 알아볼 수 없도록 가명으로 처리해주세요.
	B:고객님, 「개인정보 보호법」에 따르면 익명 처리로 목적을 달성할 수 없는 경우에 가명으로 처리합니다. 고객님의 개인정보를 익명 처리해 드리겠습니다.
③	A:제 개인정보가 유출된 경우 피해를 구제받을 수 있나요?
	B:네, 「개인정보 보호법」 제4조에 따르면 정보주체는 '개인정보 처리로 인하여 발생한 피해를 신속하고 공정한 절차에 따라 구제받을 권리'가 있습니다.
④	A:제 피부상태와 선호도를 분석하여 맞춤형화장품을 조제하여 주세요.
	B:고객님, 맞춤형화장품 조제를 위하여 저희 업소가 고객님의 피부상태를 측정하고 기록하는 것에 대해 동의하여 주십시오. 동의하시지 않을 시에 맞춤형화장품 조제 서비스 이용에 제한이 있습니다.

⑤	A:제가 이 업소에 개인정보를 제공하면 추후에 이 업소가 처리하는 제 개인정보에 대해 열람을 요구할 수 있나요?
	B:네. 뿐만 아니라 그 개인정보에 대해 정정 및 삭제를 요구하실 수도 있습니다. 저희 업소는 개인정보 삭제를 요구하신 경우 복구나 재생되지 않도록 처리합니다. 그러나 다른 법령에서 해당 정보가 수집 대상으로 명시되어 있는 경우 고객님께서는 삭제를 요구하실 수 없습니다.

6. 맞춤형화장품판매업자 A는 개인정보 처리에 대하여 고객에게 〈보기〉와 같은 방법으로 동의를 받아왔다. 「개인정보 보호법」 제22조에 따라 A가 한 행동 중 적절한 것을 〈보기〉에서 찾아 모두 고른 것은?(12점)

────── 〈보기〉 ──────

ㄱ. 개인정보의 수집·이용 목적, 수집·이용하려는 개인정보의 항목 및 기타 동의에 필요한 다른 내용을 모두 글씨 크기 10포인트로 명확히 표시하여 알아보기 쉽게 제시하였다.

ㄴ. 고객과의 계약 체결을 위해 해당 업소의 개인정보취급자 판별 하에 고객의 동의 없이 처리할 수 있는 개인정보와 고객의 동의가 필요한 개인정보를 구분하였다.

ㄷ. A는 고객에게 맞춤형화장품을 홍보하거나 판매를 권유하기 위해 개인정보의 처리에 대한 동의를 받을 때 고객이 이를 명확하게 인지할 수 있도록 알리고 동의를 받아왔다.

ㄹ. A는 정보주체가 선택적으로 동의할 수 있는 사항에 대해 동의하지 않아 고객에게 맞춤형화장품의 제공을 거부하였다.

ㅁ. A는 5세 아동의 개인정보 처리를 위한 법정대리인의 동의를 받기 위하여 법정대리인의 동의 없이 해당 아동으로부터 직접 법정대리인의 성명·연락처에 관한 정보를 수집하였다.

① ㄱ, ㄴ
② ㄱ, ㄷ
③ ㄴ, ㄷ
④ ㄷ, ㅁ
⑤ ㄹ, ㅁ

7. 〈보기〉에서 맞춤형화장품판매업자 A는 맞춤형화장품조제관리사 B에게 「개인정보 보호법」에 따라 영상정보처리기기에 대한 교육을 진행하고 있다. 다음 중 「개인정보 보호법」에 근거하여 적절하지 않은 설명은?(12점)

────── 〈보기〉 ──────

A:오늘의 교육은 '영상정보처리기기'에 관한 사항입니다. 우리 매장에도 CCTV가 있지요? 「개인정보 보호법」에 명시된 영상정보처리기기에 관련된 내용만 모아보았습니다. 법으로 정하는 '영상정보처리기기'의 정확한 의미는 무엇일까요?

B:㉠영상정보처리기기란 일정한 공간에 지속적으로 설치되어 사람 또는 사물의 영상 등을 촬영하거나 이를 유·무선망을 통하여 전송하는 장치를 말합니다. 폐쇄회로 텔레비전과 네트워크 카메라로 나뉘는데, 저희 매장에 설치된 CCTV는 카메라를 통해 촬영한 영상을 유선 폐쇄회로 전송로를 통하여 특정 장소에 전송하므로 폐쇄회로 텔레비전이라고 할 수 있습니다.

A:영상정보처리기기의 종류까지 정확히 알고 계시군요! ㉡「개인정보 보호법」에 따르면 원칙적으로 영상정보처리기기를 설치·운영하여서는 안 됩니다. 저희 매장은 「개인정보 보호법」 제25조에 명시된 사항 중 '시설안전 및 화재 예방을 위하여 필요한 경우'에 해당하여 CCTV를 설치할 수 있었습니다.

B:CCTV는 설치만 하고 별도로 관련 사항을 고객께 고지할 필요가 없나요?

A:ⓒ아닙니다.「개인정보 보호법」제25조에는 영상정보처리기기를 설치·운영하는 자는 설치 일시 및 장소, 촬영 범위 및 시간, 관리책임자 성명 및 연락처를 적은 안내판을 부착하여야 합니다. 예외적으로 군사시설, 국가중요시설은 안내판을 부착할 필요가 없습니다.

B:저희 매장 CCTV에는 녹음기능이 없던데, 녹음기능이 법적으로 제한되어서 일부러 설치하지 않은 것인가요?

A:ⓔ네.「개인정보 보호법」에 따르면 녹음 기능은 사용할 수 없습니다. 또한 영상정보처리기기 운영자는 영상정보처리기기의 설치 목적과 다른 목적으로 영상정보처리기기를 임의로 조작하거나 다른 곳을 비춰서도 안 됩니다.

B:제가 개인정보에 대해 공부할 때「개인정보 보호법」제37조에서 정보주체는 개인정보 처리자에 대해 자신의 개인정보 처리의 정지를 요구할 수 있다고 배웠는데요, 그렇다면 CCTV에 촬영된 고객 개인의 영상 역시 개인정보이므로 고객이 CCTV에 찍힌 모습에 대해 개인정보 처리의 정지를 요구하면 CCTV를 운영할 수 없는 것인가요?

A:ⓜ아닙니다. 공개된 장소에 영상정보처리기기를 설치·운영하여 처리되는 개인정보에 대해서는 해당 규정이 적용되지 않습니다.

① ㉠
② ㉡
③ ㉢
④ ㉣
⑤ ㉤

8. 맞춤형화장품을 사용하고 있는 한 고객이 맞춤형화장품의 성분이 궁금하여 인터넷 백과사전에서 궁금한 성분에 대해 검색하였다. 〈보기〉는 해당 맞춤형화장품에 대한 구체적인 정보이다. 다음 중 (ㄱ)~(ㅁ)에 대해 검색한 내용으로 적절하지 <u>않은</u> 것은?(10점)

──── 〈보기〉 ────

· 제품명:모이스춰 로션
· 제품의 유형:액상 에멀전류
· 내용량:100g
· 전성분:(ㄱ)정제수, 1,3-부틸렌글라이콜, (ㄴ)글리세린, 스쿠알란, 호호바씨오일, 모노스테아린산글리세린, (ㄷ)피이지-40솔비탄스테아레이트, 1,2-헥산다이올, (ㄹ)소듐시트레이트, 다이소듐코코암포디아세테이트, 녹차추출물, 황금추출물, 참나무이끼추출물, (ㅁ)토코페롤, 잔탄검, 수산화칼륨, 벤질알코올

① (ㄱ):이 원료는 수돗물을 증류하거나 이온 교환 수지를 써서 양이온과 음이온을 모두 제거한 물을 말한다.

② (ㄴ):수성원료 중 하나인 이 원료는 2가 알코올로서 무색의 맑은 점성액이고 무취, 단맛이 있는 흡습성 액체로 물, 알코올에 녹고 에테르에는 녹지 않는다.

③ (ㄷ):이 원료는 계면에 흡착하여 계면의 성질을 변화시키는 물질이며 그 종류 중 세정력과 자극성이 제일 낮다.

④ (ㄹ):이 원료는 금속이온에 의한 침전 방지, pH 완충제, 착향제, pH 조절제 등으로 사용된다.

⑤ (ㅁ):지용성 비타민인 이 원료는 식물성 기름에서 분리되는 천연 산화방지제이며 8가지 이성체를 가진다.

9. 〈보기1〉은 화장품학과 교수와 제자 미영 간의 대화이고, 〈보기2〉는 어떤 화장품의 전성분이다. 다음 중 〈보기1〉에서 설명하는 (   )에 해당하는 성분을 〈보기2〉에서 모두 찾아 이를 구성하는 탄소의 수를 더한 값을 고르시오. (14점)

─── 〈보기 1〉 ───

미영:교수님, 정말 화장품 원료의 세계는 참 복잡한 것 같습니다.

교수:쉽지는 않지만 열심히 공부하시다보면 다 이해하실 것입니다.

미영:공부하는 중에 궁금한 것이 있습니다. (   )은(는) 무엇인가요?

교수:(   )은(는) 화장품에서 정말 많이 사용되는 원료입니다. (   )은(는) 분자 속에 탄소 원자가 많이 들어 있는 지방족 카복실산을 말합니다. 보통 탄소 원자가 6개 이상인 것들을 말하죠. 탄소수에 대한 명확한 규정은 없지만, 11개 이상으로 하는 것이 적당하다고 여기는 학자들도 있더군요. (   )은(는) 유지·밀랍의 구성 성분으로 동식물계에 널리 분포하며, 비누·계면 활성제의 원료로도 사용됩니다.

미영:그렇군요, 궁금증이 해결되었어요. 교수님, 감사합니다!

─── 〈보기 2〉 ───

실리카다이메티콘실릴레이트, 세틸에틸헥사노에이트, 사이클로펜타실록세인, 메탄올, 다이메티콘, 올레익애씨드, 에탄올, 나이아신아마이드, 글라이콜릭애씨드, 세틸알코올, 마데카식애씨드, 스테아릴알코올, 아시아틱애씨드, 리모넨, 프로필렌글라이콜, 살리실릭애씨드, 페녹시에탄올, 꿀추출물, 라벤더추출물, 사포닌, 알지닌, 미리스틱애씨드, 베헤닐알코올, 아이소스테아릭애씨드

① 42

② 48

③ 50

④ 54

⑤ 56

10. 다음 중 「맞춤형화장품조제관리사 교수·학습 가이드」에 따른 화장품 성분이 가져야 할 기본적인 조건 중 유효성에 관한 설명에 의거하여 <보기>의 밑줄 친 부분에 부합하는 유효성의 종류로 가장 적절한 것은?(6점)

── <보기> ──

화장품책임판매업자 A는 알부틴과 나이아신아마이드를 함유한 기능성화장품을 식품의약품안전처에 심사받아 유통·판매하고 있다. 현재 이 기능성화장품의 효능이 잘 알려져 절찬리에 판매되고 있다.

① 물리적 유효성

② 화학적 유효성

③ 생물학적 유효성

④ 미적 유효성

⑤ 심리적 유효성

11. 다음 중 「화장품의 안전기준 등에 관한 규정」[별표 1] 사용할 수 없는 원료 및 <보기>의 규정과 관련 있는 실제 주요 사례로 적절한 것은?(8점)

── <보기> ──

식품의약품안전처장은 화장품의 제조 등에 사용할 수 없는 원료를 지정하여 고시하여야 한다.
「화장품법 시행규칙」 제8조(화장품 안전기준 등)

① 자체 위해평가 결과 안전역이 확보되지 않은 것으로 평가되고 유럽에서 사용을 금지한 착향제 성분인 '클로로아트라놀'의 사용을 금지함.

② 자체 안전성평가를 반영하여 일본에서 사용을 금지한 '글루타랄'의 사용을 금지함.

③ 위험 보존제 성분으로 분류된 '2, 4-디클로로벤질알코올'에 대한 위해평가 결과 심각한 위해요소를 수반한다고 판단하여 사용을 전면 금지함.

④ 두발용 제품류에서 질산염을 발생시키는 현상이 확인되어 브롬화세트리모늄을 포함한 '알킬(C_{12}-C_{22})트리메칠암모늄 브로마이드 및 클로라이드'의 사용을 전면 금지함.

⑤ 염모제에 사용되던 중 두피에 치명적인 화상을 초래할 위험이 감지되어 '황산 N,N-비스(2-히드록시에칠)-p-페닐렌디아민'의 사용을 금지함.

12. 맞춤형화장품판매업소에서 근무해오던 A는 개인사정으로 인해 이달 말까지만 일하게 되었다. 〈보기〉는 A가 새로 채용된 맞춤형화장품조제관리사 B에게 조제관리사 업무에 대해 인수인계를 하던 중 나눈 대화이다. 다음 중 〈보기〉에서 A가 <u>잘못</u> 인계한 사항은?(10점)

━━━━━ 〈보기〉 ━━━━━

A:저희 업소는 화장품 내용물과 원료의 특성에 따라 취급 및 보관 방법을 다르게 하고 있습니다. 따라서 이를 잘 숙지하셔야 해요.

B:네, 알겠습니다. 어떻게 취급 및 보관을 하고 있나요?

A:우선, ㉠화장품에 사용되는 정제수는 투명, 무취, 무색으로 오염되지 않아야 하고 부패, 변질되지 않는 물을 사용해야 합니다. 금속이온이 없는 고순도 물을 사용해야 하지요. 그리고 정제수는 이미 금속이온을 없앤 고순도의 물이므로 금속이온봉쇄제를 첨가하여 보관하시면 안 됩니다.

B:네. 명심할게요. 그런데 원료의 미생물 오염을 방지하기 위해서는 어떻게 해야 하나요?

A:㉡원료의 미생물 오염을 방지하기 위해 원료 보관 시 건조한 곳에 보관하여야 합니다. 수분은 미생물의 성장에 필요한 물질이기 때문이지요. 그리고 당연한 말이지만 원료는 그 제조사로부터 품질성적서를 요구하여 품질을 꼭 확인하셔야 합니다. 또, 원료 보관 시 외부의 물질이 침투되지 않도록 밀폐 혹은 밀봉을 하는 등의 만전을 기해주세요.

B:원료 보관 시 습기를 주의하는 것 말고도 다른 주의사항이 있을까요?

A:㉢음, 밍크오일이나 라놀린 같은 유성성분은 특히 산화안정성에 유념하여야 해요. 유성 성분의 경우 공기 중의 산소와 접촉하여 산화되는 특성이 나타날 수 있으므로, 공기 중에 노출되지 않도록 관리하여야 하고 유성 성분을 제품 내 배합할 때에는 항산화 기능을 가지는 성분을 같이 배합하세요. 토코페롤은 우리가 혼합할 수 없으므로 토코페릴아세테이트를 혼합하면 되겠네요.

B:토코페롤이라는 말이 나와서 갑자기 생각난 것인데요, 이 업소에서는 비타민 원료를 많이 사용한다고 들었습니다. 비타민은 어떻게 보관하고 계신가요?

A:와, 우리 업소에 대해 공부를 많이 하셨군요! 우리 업소에서 유념하셔야 할 비타민은 비타민 A와 C입니다. ㉣비타민 A는 빛에 의해 불안정한 물질로 변질되기 쉬워 유도체화하여 상대적으로 안정화한 레티닐팔미테이트가 사용되죠. 따라서 이것들을 포함한 내용물이 입고되면 암소에서 보관하셔야 해요. 비타민 C는 항산화 작용으로 인해 쉽게 산화되므로 사용 후 꼭 밀봉하셔야 해요. 저희 업소에서는 유도체가 아닌 순수 비타민 C를 혼합하여 고객님들의 미백에 도움을 드리고 있어요.

B:와, 정말 감사합니다. 진짜 꼼꼼히 알려주시네요!

A:아, 추가적으로 ㉤에탄올과 같은 화기성 및 가연성이 있거나 위험한 물질은 반드시 저희 매장 안에 지정된 인화성 물질 보관함에 밀봉하여 보관하여 주세요.

① ㉠
② ㉡
③ ㉢
④ ㉣
⑤ ㉤

13. <보기>는 맞춤형화장품 조제 실습 수업에서 강사가 화장품 성분의 구분에 대해 가르치는 상황이다. 다음 중 강사의 말을 참고하여 ( ) 안에 들어갈 알맞은 단어는?(6점)

--- <보기> ---

[맞춤형화장품 조제 실습 교실]

강사:오늘은 제품 내 화장품 성분의 구분을 학습하겠습니다. 화장품에 사용되는 주요 성분은 기능적으로 4가지로 분류할 수 있습니다. 그 중 ( )은/는 유탁액을 만드는 데 쓰이며 주로 물, 오일, 왁스, 유화제로 제품에서 가장 많은 부피를 차지하죠. 대표적인 종류로는 수성원료, 유성원료, 계면활성제, 색재, 분체, 고분자화합물, 용제 등이 있습니다.

① 부형제

② 유효성분

③ 첨가제

④ 착향제

⑤ 현탁제

14. <보기>는 「맞춤형화장품조제관리사 교수·학습 가이드」에 따른 분산제의 개념 및 사용 목적에 대한 설명이다. 다음 중 ( ) 안에 들어갈 말로 적절한 것을 차례대로 나열한 것은?(8점)

--- <보기> ---

분산(dispersion)이란 넓은 의미로 분산매가 분산상에 퍼져있는 현상을 말한다. 액체가 액체 속에 분산된 경우를 (㉠)(이)라 하며 기체가 액체 속에 분산된 경우를 (㉡)(이)라고 한다. 좁은 의미의 분산은 고체가 액체 속에 퍼져있는 현상에 국한하여 사용된다. 화장품에서 고체 입자를 액체에 분산시킨 것으로는 파운데이션, 마스카라, 아이라이너, 네일에나멜 등이 있다. 이러한 제품의 제조 시 고체 입자의 침전 및 고체입자 간의 응집을 막기 위해 분산제를 사용하는데, 이는 고체 입자를 액체 속에 균일하게 혼합하기 위함이다.

	㉠	㉡
①	유화	가용화
②	가용화	다중유화
③	가용화	유화
④	유화	거품
⑤	세정	활성

15. 맞춤형화장품판매업소를 찾은 고객 영란 씨는 해당 업소에서 바디워시 100ml를 구매하였다. 영란씨가 맞춤형 바디워시의 포장 용기에 부착된 전성분을 보고 조제관리사에게 상담을 요청하였을 때, 다음 중 조제관리사의 상담 내용으로 적절한 것은?(단, 바디워시에 기재된 전성분은 「화장품법」 제10조에 따른 기준에 맞게 표시된 것이며 사용상의 제한이 필요한 원료가 최대 사용 한도로 사용되었다.)(12점)

〈바디워시의 전성분〉

정제수, 부틸렌글라이콜, 올리브오일, 스위트아몬드오일, 글리세린, 폴리솔베이트20, 라우릴글루코사이드, 포타슘하이드록사이드, 1,2-헥산다이올, 녹차추출물, 알로에베라추출물, 시어버터, 세테아릴알코올, 마이카, 페녹시이소프로판올, 라벤더추출물, 미국풍나무오일, 향료, 시트랄, 소듐하이알루로네이트, 페루발삼추출물, 다이소듐이디티에이

---

① 목욕용 제품류인 이 제품은 비타민 A와 E가 풍부한 유성원료가 함유되어 있어 샤워 후에도 촉촉한 피부를 가꾸실 수 있습니다.

② 이 제품에는 천연 유래 계면활성제와 비이온성 계면활성제가 사용되었으며 제품의 전연성 등 사용 감촉의 개선을 위해 미네랄 유래 원료인 백색 안료 성분이 함유되어 있습니다.

③ 이 제품은 보존제가 사용된 것으로 보이며 이 제품의 pH는 11 이하이어야 합니다.

④ 이 제품의 소듐하이알루로네이트는 0.4 ~ 0.6% 정도 함유된 것으로 보입니다.

⑤ 이 제품에는 식품의약품안전처장이 고시한 사용상의 제한이 필요한 원료가 3개 포함되어 있습니다.

16. 다음 중 「맞춤형화장품조제관리사 교수·학습 가이드」에 따른 기초화장품의 종류와 그 세부 유형별 효과가 바르게 연결된 것은?(8점)

	종류	세부 유형별 효과
①	팩	피막제나 분만의 건조과정에서 피부에 적당한 긴장감을 주고 건조 후 일시적으로 피부 온도를 높여 혈행을 원활하게 한다.
②	클렌징 오일	액상 타입으로 사용하기 간편하며 빠른 거품 생성으로 사용성이 뛰어나고 보습제 등을 다량으로 배합할 수 있다.
③	클렌징 로션	O/W형과 W/O형의 유화 타입으로 나눌 수 있으며 O/W형의 경우 물로 씻을 수 있다.
④	다중 유화 크림	W/O/W형, O/W/O형이 대표적이며 제형으로서 매력이 있고 안정성과 제조가 용이하여 상품성이 높다.
⑤	마사지 크림	각질층에 수분·보습 성분을 공급하며 주로 수렴 효과, 피지분비 억제 효과를 부여한다.

17. 화장품판매업소를 찾은 지혜씨는 어떤 제품을 구매하기 위해 해당 제품 포장에 적힌 주의사항인 〈보기〉를 살펴보았다. 〈보기〉의 주의사항이 적힌 제품에 대해 지혜씨가 매장 직원에게 설명을 요구하였다면 매장 직원이 해당 제품에 대해 할 수 있는 설명으로 적절하지 <u>않은</u> 것을 고르시오. (12점)

─────── 〈보기〉 ───────

1. 화장품 사용 시 또는 사용 후 직사광선에 의하여 사용 부위가 붉은 반점, 부어오름 또는 가려움증 등의 이상 증상이나 부작용이 있는 경우 전문의 등과 상담할 것

2. 상처가 있는 부위 등에는 사용을 자제할 것

3. 보관 및 취급 시의 주의사항
- 어린이의 손이 닿지 않는 곳에 보관할 것
- 직사광선을 피해서 보관할 것

4. 두피·얼굴·눈·목·손 등에 약액이 묻지 않도록 유의하고, 얼굴 등에 약액이 묻었을 때는 즉시 물로 씻어낼 것

5. 특이체질, 생리 또는 출산 전후이거나 질환이 있는 사람 등은 사용을 피할 것

6. 머리카락의 손상 등을 피하기 위하여 용법·용량을 지켜야 하며, 가능하면 일부에 시험적으로 사용하여 볼 것

7. 섭씨 15도 이하의 어두운 장소에 보존하고, 색이 변하거나 침전된 경우에는 사용하지 말 것

8. 개봉한 제품은 7일 이내에 사용할 것

(이하 생략)

① 해당 제품은 두발의 케라틴 단백질 간 공유 결합인 이황화결합(disulfide bond, -S-S-)을 환원제로 끊어 준 후 틀을 이용하여 원하는 두발의 모양을 고정화하고 산화제로 재결합시켜서 두발의 웨이브를 만들어 변형시키는 원리로 작용합니다.

② 환원제에 사용되는 주요 성분의 종류에 따라 치오글라이콜릭애씨드 제품, 시스테인 제품, 브롬산나트륨 제품으로 구분할 수 있습니다.

③ 산화·환원 반응을 통해 두발에 웨이브를 주어 두발을 일정한 형으로 유지 시켜주기 위해 사용됩니다.

④ 주로 치오글라이콜릭애씨드 퍼머제와 동일하나 환원제 및 산화제의 제형이 크림 형태를 가집니다.

⑤ 해당 제품은 산화·환원 반응을 통해 곱슬머리를 직모로 펴 주기 위해 사용됩니다.

18. 맞춤형화장품조제관리사 자격증 취득 후 맞춤형화장품판매업소를 개업한 혜선씨는 맞춤형화장품 조제에 필요한 내용물과 원료를 화장품책임판매업자로부터 납품받았다. 이번에 혜선씨가 납품받은 내용물과 원료에 대한 정보가 다음과 같을 때 혜선씨가 판매 가능한 맞춤형화장품의 구성으로 옳은 것은?(12점)

〈맞춤형화장품 조제를 위해 납품받은 내용물의 정보〉

내용물 종류	A
주요 성분	정제수, 글리세린, 네오스티그민브로마이드, 폴리소르베이트60, 세틸알코올, 다이메티콘, 세테아릴올리베이트 소듐하이드록사이드, 살리실릭애씨드

내용물 종류	B
주요 성분	정제수, 화이트윌로우껍질추출물, 다이바나듐펜타옥사이드, 소듐하이알루로네이트, 스테아릭애씨드, 락토바실러스, 피이지-100 스테아레이트, 글리세릴스테아레이트

내용물 종류	C
주요 성분	정제수, 프로필렌글라이콜, 카프릴릭/카프릭트리글리세라이드, 티타늄디옥사이드, 글라이코리피드, 파파베린, 이소헥사데칸, 메칠파라벤, 페녹시에탄올

〈구비한 원료의 종류〉

히드로코르티손, 미네랄오일, 벤조일퍼옥사이드

〈원료의 품질성적서〉

1. 히드로코르티손의 품질성적서

항목	시험결과
분자량	404.5g/mol
CAS 등록번호	50-03-3
비소	5mg/g

2. 미네랄오일의 품질성적서

항목	시험결과
성상	무색의 태운 윤활류 같은 냄새가 나는 투명한 액상
CAS 등록번호	8042-47-5
부타디엔	0.15%

3. 벤조일퍼옥사이드의 품질성적서

항목	시험결과
분자량	242.23g/mol
녹는점	104~105℃
화학식	$C_{14}H_{10}O_4$

① 내용물 A와 내용물 B 혼합 후 벤조일퍼옥사이드를 혼합한 맞춤형화장품

② 내용물 B와 내용물 C 혼합 후 히드로코르티손을 혼합한 맞춤형화장품

③ 내용물 B에 미네랄오일을 혼합한 맞춤형화장품

④ 내용물 C에 미네랄오일을 혼합한 맞춤형화장품

⑤ 맞춤형화장품에 조제 가능한 내용물과 원료가 없어 판매 가능한 맞춤형화장품을 구성할 수 없다.

19. 다음 중 「화장품의 안전기준 등에 관한 규정」 [별표 2]에 따라 사용상의 제한이 필요한 원료와 그 사용 한도가 옳게 짝지어진 것은?(10점)

	사용상의 제한이 필요한 원료	사용 한도
①	이미다졸리딘-2-치온	사용 후 씻어내는 제품에 한해 0.6%
②	톨루엔-3,4-디아민	산화염모제에 한해 3.2%
③	톨루엔-2,5-디아민	산화염모제에 한해 2.0%
④	1,3-비스이미다졸리딘-2-치온	두발용 제품류에 한해 2.5%
⑤	오포파낙스	인체 세정용 제품류에 한해 산으로서 0.2%

20. 맞춤형화장품조제관리사 안지씨는 고객을 위한 클렌징 폼을 조제하고 있다. 아래 표는 클렌징 폼 조제를 위해 쓰이는 내용물들의 전성분과 성분 비율이다. 안지씨가 A 내용물 40%, B 내용물 35%, C 내용물 25%로 구성된 클렌징 폼을 조제한다고 할 때 「화장품의 안전 기준 등에 관한 규정」 [별표 2] 사용상의 제한이 필요한 원료에 따라 최종 클렌징 폼에 한도가 초과된 성분을 고르시오. (단, 화장품책임판매업자로부터 납품받은 내용물인 A, B, C는 그 자체로서 이미 사용상의 제한이 필요한 원료가 그 사용한도를 초과하여 함유되어 있으면 안 되나 이를 무시한다.)(18점)

〈A 내용물의 전성분과 각 성분 비율〉

성분명	비율
소합향나무 추출물	1.48%
아밀시클로펜테논	0.15%
알란토인클로로하이드록시알루미늄	2%
글리세린	75.37%
토코페릴아세테이트	21%

〈B 내용물의 전성분과 각 성분 비율〉

성분명	비율
정제수	72.73%
엠디엠하이단토인	0.57%
병풀추출물	15%
포타슘소르베이트	1.7%
부틸렌글라이콜	10%

〈C 내용물의 전성분과 각 성분 비율〉

성분명	비율
정제수	70.6235%
글리세린	29.18%
메틸이소치아졸리논	0.005%
소합향나무 추출물	0.02%
아밀시클로펜테논	0.17%
엠디엠하이단토인	0.0015%

① 메틸이소치아졸리논

② 소합향나무 추출물

③ 아밀시클로펜테논

④ 엠디엠하이단토인

⑤ 알란토인클로로하이드록시알루미늄

21. 「화장품의 안전 기준 등에 관한 규정」 [별표 2]에 명시된 사용상의 제한이 필요한 성분 중에서 포름알데하이드를 방출할 수 있는 보존제 성분이 <u>아닌</u> 것은?(10점)

① 메텐아민

② 쿼터늄-15

③ 이미다졸리디닐우레아

④ 소듐하이드록시메틸글리시네이트

⑤ 알킬이소퀴놀리늄브로마이드

22. 〈보기〉는 「화장품의 안전기준 등에 관한 규정」 [별표1] 사용할 수 <u>없는</u> 원료에 명시된 성분과 그에 대한 설명이다. 다음 중 ( )안에 들어갈 알맞은 숫자를 차례대로 나열한 것은?(8점)

─── 〈보기〉 ───
화장품에 사용할 수 없는 원료 중 일부
· 메탄올:에탄올 및 이소프로필알코올의 변성제로서만 알코올 중 (㉠)%까지 사용 가능
· 미세플라스틱:세정, 각질제거 등의 제품에 남아있는 (㉡)mm 크기 이하의 고체 플라스틱

	㉠	㉡
①	1	5
②	2.5	1
③	2.5	10
④	5	1
⑤	5	5

23. 맞춤형화장품판매업소를 방문한 고객 지니씨는 바디미스트에 혼합할 향으로 다음 표의 조성을 가진 착향제를 선택하였다. 맞춤형화장품조제관리사는 해당 착향제를 제품에 혼합하여 맞춤형화장품을 조제하였다.

〈착향제의 구성성분 및 함량〉

성분명	시성식	함량(%)
글리세린	$C_3H_8O_3$	10
하이드록시 시트로넬알	$C_{10}H_{20}O_2$	0.7
아이소유제놀	$C_{10}H_{12}O_2$	0.2
메틸2-옥티노에이트	$C_9H_{14}O_2$	0.05
다이에틸아미노 메틸쿠마린	$C_{14}H_{17}NO_2$	0.9
1,2-헥산다이올	$C_6H_{14}O_2$	9
에틸리날룰	$C_{11}H_{20}O$	1
올리브오일	-	20
에탄올	C_2H_6O	58.15

이 착향제를 0.3% 혼합하여 바디미스트를 조제하였을 때, 「화장품 사용 시의 주의사항 및 알레르기 유발성분 표시에 관한 규정」에 따라 착향제의 구성 성분 중 해당 성분의 명칭을 기재·표시하여야 하는 알레르기 유발성분의 총 개수는?(12점)

① 0개

② 1개

③ 2개

④ 3개

⑤ 4개

24. 착향제 성분 중 알레르기 유발물질과 관련된 내용이 궁금한 민원인 A와 식품의약품안전처 민원인 담당 공무원 B가 다음과 같이 대화를 나누고 있다. 다음 중 「화장품 착향제 중 알레르기 유발물질 표시 지침」에 따른 민원인 A의 질문에 대한 공무원 B의 답변으로 적절하지 <u>않은</u> 것을 고르시오. (12점)

①	A:내용량 10mL(g) 초과 50mL(g) 이하인 소용량 화장품의 경우 착향제 구성 성분 중 알레르기 유발성분을 따로 기재해야 하나요? B:표시·기재를 위한 면적이 부족하다면 생략이 가능합니다. 그러나 해당 정보는 홈페이지 등에서 확인할 수 있도록 해야 합니다. 표시 면적이 확보되는 경우 해당 알레르기 유발 성분을 기재하는 것을 권장합니다.
②	A:고의로 넣은 것이 아니라 천연 식물 추출물에 자연스럽게 함유되어 최종 제품에 들어가게 된 성분도 따로 기재해야 하나요? B:착향의 목적으로 사용된 식물의 꽃·잎·줄기 등에서 추출한 에센셜오일이나 추출물에 한해 최종제품에 자연에서 존재하는 양 미만을 함유하는 경우 '향료'로 일괄 표시할 수 있습니다.
③	A:맞춤형화장품판매업자 홈페이지, 온라인 판매처 사이트에서도 알레르기 유발성분을 따로 기재해야 하나요? B:온라인 상에 전성분을 표시하여야 하는 경우 전성분 표시사항에 향료 중 알레르기 유발성분을 따로 기재하여야 합니다.

④	A:원료목록 보고 시 알레르기 유발성분 정보를 포함하여야 하나요? B:해당 알레르기 유발성분을 제품에 표시하는 경우 원료목록 보고에도 포함하여야 합니다.
⑤	A:알레르기 유발성분에 대한 증빙자료에는 무엇이 있나요? B:화장품책임판매업자는 알레르기 유발성분이 기재된 '제조증명서'나 '제품표준서'를 구비하거나 알레르기 유발성분이 제품에 포함되어 있음을 입증하는 제조사에서 제공한 시험 성적서나 원료규격서 등을 보관하여야 합니다.

25. 〈보기1〉은 맞춤형화장품판매업소를 방문한 고객 A와 맞춤형화장품조제관리사 B와의 대화 내용이다. 다음 중 〈보기1〉을 보고 〈보기2〉의 ( ) 안에 들어갈 말로 적절한 것을 차례대로 나열한 것은?(12점)

─────── 〈보기 1〉 ───────

A:제 피부 측정 결과를 바로 맞춤형화장품에 반영하여 조제 해주시니 참 좋네요.

B:그렇죠? 맞춤형화장품은 고객님만을 위한 세계에서 단 하나밖에 없는 화장품이랍니다.

A:피부 측정도 하고 원료도 선택하였으니 이제 향만 선택하면 되나요?

B:네, 고객님께서 향과 농도를 선택하여 주시면 바로 혼합하여 고객님만의 에센스를 조제해 드리겠습니다.

A:어떤 향이 있나요?

B:'힘찬 하루', '봄볕 햇살', '시나브로' 향이 있으며 고객님께서 직접 시향하시어 선택하실 수 있어요.

A:각 향료의 조성 목록을 확인할 수 있을까요?

B:당연하죠! 여기 있습니다.

<각 향료의 조성 목록>

힘찬 하루

성분명	조성 비율
아이소프로필 벤질살리실레이트	0.1
메틸벤질알코올	0.05
쿠마린	0.25
레몬껍질오일	53
비터오렌지잎오일	46.6

봄볕 햇살

성분명	조성 비율
시트릭애씨드	3.5
라벤더오일	45
비터오렌지즙추출물	50
페닐아세트알데하이드	0.5
다이하이드로쿠마린	1.0

시나브로

성분명	조성 비율
아르간커넬오일	47
다이하이드로시트로넬올	1.5
베타-피넨-3-올	0.4
클로로신남알	0.35
에탄올	50.75

B:음, 조성 목록을 확인하여 보니 (㉠) 은/는 반품을 시켜야 하겠어요. (㉠) 을/를 제외하고 골라주세요.

A:네, 알겠습니다. 오, (㉡) 을/를 시향하여 보니 상쾌한 향이 나네요.

B:역시, 안목이 있으십니다. (㉡)안에는 소나무 향을 나게 하는 성분이 있습니다. 숲의 나무가 배출하는 화합물 중 그 양이 풍부한 편에 속하는 화합물이지요. 이 향료로 조제하여 드릴까요?

A:네, 부탁드립니다!

B:향료의 농도도 선택하실 수 있습니다. 1%, 2.5%, 5%가 준비되어 있는데, 어느 농도를 선택하시겠습니까?

A:5%로 선택할게요.

─── <보기 2> ───

위 향료들 중 반품을 시켜야 하는 향료는 (㉠)이고, 고객 A가 선택한 향료는 (㉡) 이다. 또한 향료 중 식품의약품안전처장이 고시한「화장품 사용 시의 주의사항 및 알레르기 유발성분 표시에 관한 규정」에 따라 A의 맞춤형화장품에 추가로 기재하여야 하는 향료 성분은 (㉢) (이)다.

	㉠	㉡	㉢
①	힘찬 하루	시나브로	다이하이드로시트로넬올
②	봄볕 햇살	힘찬 하루	쿠마린
③	봄볕 햇살	시나브로	없다.
④	시나브로	봄볕 햇살	다이하이드로쿠마린
⑤	시나브로	힘찬 하루	아이소프로필벤질살리실레이트, 메틸벤질알코올, 쿠마린

26. 다음 중 「화장품법 시행규칙」 제18조 및 「어린이보호포장대상공산품의 안전기준」에 따른 안전용기·포장에 대한 설명으로 적절하지 <u>않은</u> 것은?(12점)

① '재봉함 포장(reclosable package)'이란 처음 개봉한 뒤 내용물을 흘리지 않고 충분한 횟수의 개봉 및 봉함 작업에도 처음과 같은 안전도를 제공할 정도로 다시 봉함할 수 있는 포장을 말한다.

② 안전용기·포장 시험은 어린이의 접근을 제한하는 포장의 효율성을 측정하는 것과 어린이를 보호할 수 있는지에 대한 여부를 측정하는 것으로 구성되어 있다.

③ 어린이 보호 포장(child-resistant package)이란 「어린이보호포장대상공산품의 안전기준」의 요구조건에 따라 성인이 개봉하기는 어렵지 않지만 52개월 미만의 어린이가 내용물을 꺼내기 어렵게 설계·고안된 포장·용기를 말한다.

④ 안전용기·포장 시험을 위한 어린이 패널 참가자의 연령분포는 남녀 10% 이상의 편차가 나지 않는 범위에서 42~44개월 30%, 45~48개월 40%, 49~51개월 30%로 하여 50명씩 4그룹으로 나누어 실시하여야 한다.

⑤ 안전용기·포장 시험에 참가한 어린이 200명 중에서 최소 85%가 시범 없이 5분 이내에 포장을 개봉할 수 없어야 하며 시범 없이 5분 내에 포장을 열지 못한 어린이 중에서 최소 80%가 시범 후 또 다른 5분 내에 포장을 열 수 없어야 한다.

27. 다음 중 「화장품법 시행규칙」 제14조의 2, 제14조의 3, 제14조의 4에 따른 위해화장품의 회수계획 및 회수절차에 의거하여 현행법에 위촉되지 <u>않는</u> 설명을 <보기>에서 모두 고른 것은?(12점)

―――― <보기> ――――

ㄱ. 자신의 화장품이 회수 대상 화장품이라는 사실을 깨달은 화장품제조업자 A는 해당 화장품에 대해 3일 뒤에 판매 중지 조치를 취하였으나 회수계획서의 제출이 곤란하여 식품의약품안전처장에게 그 사유를 밝히고 제출기한을 연장받았다.

ㄴ. 회수 대상 화장품인 미백에센스를 회수하려는 화장품책임판매업자 B는 회수 계획 보고 시 미백에센스에 대한 제조기록서 사본과 품질관리기록서, 회수 사유를 기재한 서류를 챙겨 회수계획서와 함께 제출하였다.

ㄷ. 식품의약품안전처의 공무원 C는 민원인에게 글리세린, 페녹시에탄올, 페닐파라벤이 함유된 화장품은 회수를 시작한 날로부터 15일 이내에, 납, 니켈, 비소가 함유된 화장품은 회수를 시작한 날로부터 30일 이내에 회수가 완료되어야 한다고 설명하였다.

ㄹ. 화장품책임판매업자 D는 회수 대상 화장품을 납품한 소매상에게 이메일로 회수 계획을 통보한 후 본인이 이메일을 보냈다는 사실을 밝힐 수 있게 보낸 일시를 기록한 자료를 회수종료일로부터 3년간 보관하였다.

ㅁ. 화장품제조업자 E는 회수한 화장품의 폐
기를 위해 폐기 신청서에 회수 계획서, 회
수확인서 사본, 평가보고서 사본을 제출한
후 관계 공무원의 참관 하에 환경 관련 법
령에 따라 폐기하였다.

ㅂ. 회수계획량의 27%를 회수한 화장품책임
판매업자 F는 원래 행정처분기준이 등록
취소였으나 업무정지 4개월의 처분을 받
았다.

① ㄱ, ㄹ

② ㄴ, ㄷ

③ ㄴ, ㅁ

④ ㄷ, ㅁ

⑤ ㄹ, ㅂ

28. 다음 중 〈보기〉에서 「우수화장품 제조 및
품질관리기준(CGMP)」 제2조에 따른 용어의
정의로 옳은 것을 모두 고른 것은?(8점)

─── 〈보기〉 ───

ㄱ. '품질관리'란 제품이 적합 판정 기준에 충족
될 것이라는 신뢰를 제공하는데 필수적인
모든 계획되고 체계적인 활동을 말한다.

ㄴ. '일탈'이란 규정된 합격 판정 기준에 일치
하지 않는 검사, 측정 또는 시험결과를 말
한다.

ㄷ. '불만'이란 제품이 규정된 적합판정기준을
충족시키지 못한다고 주장하는 내·외부 정
보를 말한다.

ㄹ. '변경관리'란 제조공정 중 적합판정기준의
충족을 보증하기 위하여 공정을 모니터링
하거나 조정하는 모든 작업을 말한다.

ㅁ. '시장출하'란 주문 준비와 관련된 일련의
작업과 운송 수단에 적재하는 활동으로 제
조소 외로 제품을 운반하는 것을 말한다.

ㅂ. '관리'란 적합 판정 기준을 충족시키는 검
증을 말한다.

ㅅ. '원자재'란 벌크 제품의 제조에 투입하거나
포함되는 물질을 말한다.

① ㅂ

② ㄱ, ㅂ

③ ㄴ, ㅁ, ㅅ

④ ㄷ, ㄹ, ㅁ

⑤ ㄱ, ㅁ, ㅂ, ㅅ

29. 다음 중 「우수화장품 제조 및 품질관리기준(CGMP) 해설서」와 「맞춤형화장품조제관리사 교수·학습 가이드」에 명시된 작업장의 위생상태에 관한 내용 중 차압 및 에어 필터에 대한 설명으로 적절한 것을 <보기>에서 모두 고른 것은?(10점)

─────── <보기> ───────

ㄱ. Pre-Filter는 필터 입자가 5㎛이고 세척 후 3~4회 재사용할 수 있으며 청정도 등급 3 등급인 포장실에 설치되어야 한다.

ㄴ. HEPA-Filter는 산업공장, B/D공기정화 등에 사용되며 Clean Bench에 설치되어야 한다.

ㄷ. Med-Filter는 HEPA-Filter의 전처리용으로서 압력손실은 16mmAq이하이고 제조실, 내용물보관소, 미생물시험실에 설치되어야 한다.

ㄹ. 제조시설에는 고성능 필터의 설치를 권장하며 고도의 환경관리가 필요한 특수한 시설의 경우 초고성능 필터의 설치가 요구된다.

ㅁ. 청정 등급의 경우 각 등급 간의 공기의 품질이 다르므로 등급이 높은 작업실의 공기가 낮은 등급으로 흐르지 못하도록 어느정도의 공기압차가 있어야 한다.

ㅂ. 공기 처리란 공기의 온도, 습도, 공중미립자, 풍량, 풍향, 기류의 전부 또는 일부를 자동적으로 제어하는 일을 말하며 CGMP 지정을 받기 위해서는 청정도 기준에 제시된 청정도 등급 이상으로 설정하여야 한다.

① ㅂ

② ㄱ, ㄷ

③ ㄱ, ㄴ, ㅁ

④ ㄴ, ㄹ, ㅂ

⑤ ㄷ, ㄹ, ㅁ, ㅂ

30. 다음 중 「우수화장품 제조 및 품질관리기준(CGMP) 해설서」와 「맞춤형화장품조제관리사 교수·학습 가이드」에 따른 작업장의 위생 유지 관리 활동에 대한 설명으로 옳은 것을 <보기>에서 모두 고른 것은?(8점)

─────── <보기> ───────

ㄱ. 제조실의 바닥을 청소할 때에는 대청소를 제외하고는 세제 청소를 금지하며 부득이하게 세제 청소를 실시하였을 경우 즉시 물기를 완전히 제거하여 유지한다.

ㄴ. 제조 작업실 내에 설치되어 있는 배수로 및 배수구는 일주일에 1회 락스로 소독 후 내용물 잔류물, 기타 이물 등을 완전히 제거하여 깨끗이 청소한다.

ㄷ. 충전실의 바닥, 작업대 등은 수시로 청소를 실시하여 공정 중 혹은 공정 간 오염을 방지하여야 한다.

ㄹ. 원료보관소의 입고 장소 및 각 저장통은 작업 후 걸레로 쓸어내고, 오염물 유출 시 물걸레로 제거하며 필요시 연성 세제나 락스를 이용하여 오염물을 제거한다.

ㅁ. 원료보관소 중 위험물 창고는 작업 후 빗자루로 쓸어내고, 오염이 발생한 경우 특수 화학처리된 약품을 묻힌 헝겊으로 오염물을 제거한다.

ㅂ. 화장실은 바닥에 잔존하는 이물을 완전히 제거하여야 하며 바닥을 청소할 때에는 잔류에 대한 문제가 제기될 수 있으므로 소독제를 사용하지 말고 세정제를 사용히여야 한다.

① ㄱ, ㅁ

② ㄱ, ㅂ

③ ㄴ, ㄷ

④ ㄷ, ㄹ

⑤ ㄹ, ㅁ

31. 다음 중 「맞춤형화장품조제관리사 교수·학습 가이드」에 명시된 작업장의 위생 유지관리를 위해 실시하는 낙하균 측정법에 대한 설명으로 적절하지 <u>않은</u> 것은?(10점)

① koch법이라고도 하며 실내외를 불문하고 대상 작업장에서 오염된 부유 미생물을 직접 한천평판배지 위에 일정 시간 자연 낙하시켜 낙하된 미생물을 배양하여 증식된 집락 수를 측정하고 단위시간 당의 생균수로서 산출하는 방법이다.

② 세균용 배지로서는 대두카제인 소화한천배지(tryptic soy agar), 진균용 배지로서는 사부로포도당 한천배지(sabouraud dextrose agar) 또는 포테이토덱스트로즈한천배지(potato dextrose agar)를 이용한다.

③ 일반적으로 작은 장소를 측정하는 경우에는 약 5개소를 측정하고, 비교적 큰 장소일 경우에는 측정소를 증가시킨다. 5개소 이하로 측정하면 올바른 평가를 얻기가 어려우며 측정위치도 벽에서 30cm 떨어진 곳이 좋다.

④ 측정 높이는 바닥에서 1m 정도 떨어진 곳에서 측정하는 것이 원칙이지만 부득이한 경우 바닥으로부터 20~30cm 정도 떨어진 위치에서 측정한다.

⑤ 위치별로 정해진 노출시간이 지나면 배양접시의 뚜껑을 닫아 배양기에서 배양시키는데, 일반적으로 세균용 배지는 30~35℃에서 48시간 이상, 진균용 배지는 20~25℃에서 5일 이상 배양한다.

32. 〈보기〉는 「우수화장품 제조 및 품질관리기준(CGMP) 해설서」에 따른 작업장의 위생 유지관리를 위한 물동선과 인동선의 흐름에 대한 설명이다. 다음 중 (   )안에 들어갈 말로 적절한 것을 차례대로 나열한 것은?(8점)

─── 〈보기〉 ───

시설의 설계는 물동선 및 인동선의 흐름을 고려하고 청소와 유지관리가 용이하게 되어야 한다. 흐름은 사람과 물건의 움직임을 의미하며 이 움직임의 설계는 혼동 방지와 오염 방지를 목적으로 한다. 인동선과 물동선의 흐름경로는 교차 오염의 우려가 없도록 적절히 설정하여야 하며 교차가 불가피할 경우 작업에 (㉠)을/를 만든다. 사람과 대차가 교차하는 경우 (㉡)을/를 충분히 확보하며 공기의 흐름을 고려한다.

	㉠	㉡
①	유효폭	효율성
②	중요도	시간차
③	효율성	효용성
④	시간차	유효폭
⑤	효용성	대류공간

33. 다음 중 「맞춤형화장품조제관리사 교수·학습 가이드」에 따른 작업장 위생 유지를 위한 세제의 주요 구성 성분과 특성에 대한 설명으로 옳은 것은?(10점)

① 살균제는 미생물을 살균하며 대표적 성분으로는 4급 암모늄 화합물, 알코올류, 산화물, 알데히드류, 양이온성 계면활성제 등이 있다.

② 계면활성제는 세정제의 주요성분이고 다양한 세정 작용으로 이물을 제거하며 대표적인 성분으로는 알킬벤젠설포네이트(ABS), 알킬베테인(AB)/알킬설포베테인(ASB), 칼슘카보네이트(Calcium Carbonate) 등이 있다.

③ 금속이온봉쇄제는 세정효과를 증가시키고 입자오염에 효과적이며 대표적인 성분으로는 소듐트리포스페이트(Sodium Triphosphate), 벤질알코올(Benzyl Alcohol), 소듐시트레이트(Sodium Citrate) 등이 있다.

④ 유기폴리머는 세정효과를 강화하고 세정제의 잔류성을 약화시키며 대표적인 성분으로는 셀룰로오스 유도체(Cellulose derivative), 폴리올(Polyol) 등이 있다.

⑤ 표백성분은 살균작용과 기계적 작용에 의한 세정효과를 증대시키며 대표적인 성분으로는 석영, 페놀유도체, 지방산알칸올아미드(FAA), 활성염소 또는 활성염소 생성 물질이 있다.

34. 다음 중 「우수화장품 제조 및 품질관리기준(CGMP) 해설서」에 따라 적절하지 <u>않은</u> 행동을 한 사람은?(8점)

① 피부에 외상이 있으나 의사의 소견이 있어 화장품과 직접적으로 접촉하는 일을 다시 하러 간 민지씨

② 화장품제조업자와 친분이 있어 제조 시설에 놀러 왔다가 원료 보관 구역을 구경하고 싶어 위생에 관한 교육을 받고 규정된 복장 규정을 따른 후 홀로 원료 보관 구역에 출입한 지혜씨

③ 병원성 질병에 감염되어 건강 회복 전까지 영업자에게 허가를 받은 후 맞춤형화장품판매업소에 출근하지 않은 현경씨

④ 작업 중의 위생관리상 문제가 되지 않도록 작업복, 모자와 신발에 마스크, 장갑까지 착용한 후 작업을 하는 유미씨

⑤ 제조 시 참고하기 위해 서적을 작업소로 들고 온 직원에게 작업소에는 서적 유입도 허가될 수 없다며 가지고 나가라고 지시한 가영씨

35. 다음 중 「맞춤형화장품조제관리사 교수·학습 가이드」에 따라 작업자 소독을 위한 소독제 선택 시 고려할 사항으로 적절한 것을 모두 고른 것은?(8점)

─── 〈보기〉 ───

ㄱ. 알코올에 대한 용해성 및 사용 방법의 간편성

ㄴ. 적용 장치의 설치 장소 및 사용하는 내부의 상태

ㄷ. 소독제가 야기할 수 있는 물리적 반응

ㄹ. 법 규제 및 소요 비용

ㅁ. 소독제의 납품 업체

ㅂ. 내성균의 출현 빈도

① ㄱ, ㄹ

② ㄱ, ㅁ

③ ㄴ, ㄷ

④ ㄷ, ㅂ

⑤ ㄹ, ㅂ

36. 다음 중 「맞춤형화장품조제관리사 교수·학습 가이드」에 명시된 작업자 위생관리를 위한 각 작업장별 복장 기준으로 적절하지 <u>않은</u> 것은?(8점)

	구분	복장 기준	출입 작업장
①	제조 칭량	- 방진복, 위생모, 안전화 - 마스크 및 보호안경은 필요시에만 착용	제조실 칭량실
②	생산	- 작업복, 위생모, 작업화	포장실
③	품질 관리	- 방진복, 위생모, 안전화, 보호안경	실험실
④	관리자	- 평상복(상·하의), 슬리퍼	사무실
⑤	견학 방문자	- 각 출입 작업소의 규정에 따라 착용	-

37. 화장품제조업자 현경씨는 일반 제품인 제조탱크가 사용하지 않은 지 72시간이 경과하여 세척하고자 한다. 「맞춤형화장품조제관리사 교수·학습 가이드」에 명시된 제조 설비·기구 세척 및 소독 관리 표준서에 따라 세척하고자 할 때 ( )안에 들어갈 알맞은 말과 숫자를 차례대로 나열한 것은?(10점)

─── 〈보기〉 ───

1. 제조 탱크, 저장 탱크를 스팀 세척기로 깨끗이 세척
2. 상수를 탱크의 80%까지 채우고 80℃로 가온
3. 페달 (㉠)rpm, 호모 (㉡)rpm으로 10분간 교반 후 배출
4. 탱크 벽과 뚜껑을 스펀지와 세척제로 닦아 잔류하는 반제품이 없도록 제거 후 상수 세척
5. 정제수로 2차 세척한 후 UV로 처리한 깨끗한 수건이나 부직포 등을 이용하여 물기를 완전히 제거
- 잔류하는 제품이 있는지 확인하고, 필요에 따라 위의 방법을 반복한다.
- 세척 판정 방법:점검 책임자의 (㉢)판정

	㉠	㉡	㉢
①	15	3,000	린스 정량
②	25	2,000	육안
③	25	1,500	린스 정량
④	35	1,000	육안
⑤	35	500	표면 균 측정

38. 다음 중 「우수화장품 제조 및 품질관리기준(CGMP) 해설서」 및 「맞춤형화장품조제관리사 교수·학습 가이드」에 따른 설비·기구의 위생 상태 판정에 대한 설명으로 적절한 것을 모두 고른 것은?(10점)

─── 〈보기〉 ───

ㄱ. 세척 후 판정의 제1 선택지는 육안판정으로 하며 육안 판정 시 육안 판정의 장소는 미리 정해 놓고 판정 결과를 기록서에 기재한다. 판정 장소는 말로 표현하는 것이 아니라 그림으로 제시해 놓는 것이 바람직하다.

ㄴ. 닦아내기 판정을 할 시에는 전회 제조물의 종류에 따라 흰 천 혹은 검은 천을 사용하며 천은 무진포(無塵布)가 바람직하다. 천의 크기 및 닦아내기 판정의 방법은 대상 설비에 따른 CGMP 기준에 의거하여 결정하는 것을 권장한다.

ㄷ. 린스 정량법은 상대적으로 복잡한 방법이지만 수치로 결과를 확인할 수 있으며 잔존하는 불용물 정량이 가능하다는 점이 큰 장점이다. 호스나 틈새기의 세척 판정에 적합하므로 반드시 절차를 준비해 두고 필요할 때에 실시한다.

ㄹ. 린스 액의 최적 정량 방법은 HPLC법이며 잔존물의 유무 판정을 위해 박층크로마토그래피(TLC)에 의한 간편 정량을 실시하기도 한다. 또한 TOC 측정기로 린스액 중의 총유기탄소를 측정해서 세척 판정하는 것도 좋다.

ㅁ. 표면 균 측정법은 면봉 시험법과 콘택트 플레이트법으로 구분되며 콘택트 플레이트법은 면봉 시험법과는 달리 한천 평판 배지에 도말하거나 배지를 부어 미생물 배양 조건에 맞춰 배양 후 CFU의 수를 측정하는 방법을 택한다.

① ㄱ, ㄹ
② ㄱ, ㅁ
③ ㄴ, ㄷ
④ ㄴ, ㄹ
⑤ ㄷ, ㅁ

39. 다음 중 「맞춤형화장품조제관리사 교수·학습 가이드」에 따른 오염물질 제거를 위한 설비 세척제의 유형과 그 특징에 대한 설명으로 적절한 것을 <보기>에서 모두 고른 것은?(10점)

─── <보기> ───

ㄱ. 무기산과 약산성 세척제는 무기염, 지용성 금속 복합체의 제거에 효과가 좋으며 pH는 0.2~5.5이고 금속 산화물 제거에 효과적이지만 환경을 오염시킬 수 있다는 단점이 있다.

ㄴ. 중성 세척제는 pH가 약 5.5~8.5이고 그 예로는 알코올과 같은 수용성 용매를 포함할 수 있는 약한 계면활성제 용액이 있으며 용해나 유화에 의한 제거, 낮은 독성, 부식성이 그 특징이다.

ㄷ. 약알칼리 세척제는 기름, 지방제거 시 용이하며 그 예시로는 수산화나트륨, 인산나트륨, 탄산나트륨 등이 있고 비누화와 가수분해를 촉진한다.

ㄹ. 부식성 알칼리 세척제는 pH가 11~14이며 그 예로는 규산나트륨, 수산화칼륨이 있고 찌든 기름 제거에 탁월하지만 독성에 주의하여야 한다.

ㅁ. 알칼리 세척제는 스테인리스 세척에 좋고 바이오 필름을 파괴한다는 장점이 있으나 포자에 효과가 없고 유기물에 효과성이 떨어진다는 단점이 있다.

① ㄴ
② ㄱ, ㄹ
③ ㄴ, ㄷ
④ ㄱ, ㄷ, ㅁ
⑤ ㄴ, ㄷ, ㄹ

40. 다음 중 「우수화장품 제조 및 품질관리기준(CGMP) 해설서」에 따른 제조설비별 세척과 위생처리에 대한 설명으로 옳은 것을 〈보기〉에서 모두 고른 것은?(10점)

─── 〈보기〉 ───

ㄱ. 탱크에 지나치게 굵은 관을 연결하여 사용하는 것은 물리적 또는 교차오염 문제를 일으킬 수 있으므로 적당한 크기의 관을 설치하여 세척을 용이하게 하여야 한다.

ㄴ. 펌프 설계는 펌핑 시 생성되는 압력을 고려해야 하며 필요한 경우 적합한 위생적인 압력 해소 장치를 설치한다.

ㄷ. 혼합과 교반장치는 다양한 작업으로 인해 혼합기와 구성 설비에 대한 빈번한 청소가 요구되므로 쉽게 제거될 수 있는 혼합기를 선택하여 청소를 철저하게 한다.

ㄹ. 짧은 호스의 경우 청소와 건조 등이 쉽고 제품이 축적되지 않게 하기 때문에 선호되며 투명한 재질의 호스는 제품에 대한 확인이 용이하나 소독제 및 세척제로 인한 부식이 야기되므로 선호되지 않는다.

ㅁ. 이송 파이프의 경우 파이프 시스템은 정상적으로 가동하는 동안 가득 차도록 하고 가동하지 않을 때는 배출하도록 고안되어야 한다. 또한 파이프 시스템은 축소와 확장을 최소화하도록 고안되어야 한다.

ㅂ. 이송 파이프 구성 중 메인 파이프에서 두 번째 라인으로 흘러가도록 밸브를 사용할 때 밸브는 데드렉(dead leg)을 방지하기 위해 주 흐름에 가능한 한 멀리 위치해야 한다.

① ㄹ
② ㄷ, ㅁ
③ ㄴ, ㄹ, ㅂ
④ ㄱ, ㄷ, ㅁ
⑤ ㄴ, ㄷ, ㄹ, ㅂ

41. 다음 중 「우수화장품 제조 및 품질관리기준(CGMP) 해설서」에 따른 설비 및 기구의 구성 재질 구분에 대한 설명으로 옳은 것을 〈보기〉에서 모두 고른 것은?(12점)

─────── 〈보기〉 ───────

ㄱ. 탱크는 공정 단계 및 완성된 포뮬레이션 과정에서 공정 중인 또는 보관용 원료를 저장하기 위해 사용되는 용기로서 가열과 냉각을 하도록 또는 압력과 진공 조작을 할 수 있도록 만들어질 수 있으며 그 재질로는 스테인리스, 주형물질 등이 선호된다.

ㄴ. 펌프는 다양한 점도의 액체를 한 지점에서 다른 지점으로 이동하기 위해 혹은 제품을 혼합(재순환 및 또는 균질화)하기 위해 사용되며 널리 사용되는 두 가지 형태는 원심력을 이용하는 것과 Positive displacement(양극적인 이동)이 있다. 원심력을 이용하는 것은 주로 높은 점도의 액체에 사용하며 Positive displacement(양극적인 이동)은 주로 점도가 낮은 액체에 사용한다.

ㄷ. 혼합과 교반 장치는 제품의 균일성을 얻기 위해 혹은 희망하는 물리적 성상을 얻기 위해 사용되며 믹서를 고르는 방법 중 일반적인 접근은 실제 생산 크기의 뱃치 생산 전에 시험적인 정률증가(scale-up) 기준을 사용하는 뱃치들을 제조하는 것이다.

ㄹ. 배플(baffles)과 호모게나이저로 이루어진 조합믹서(combination mixer)는 희망하는 최종 제품 및 공정의 효율성을 제공하기 위해 다양한 속도의 모터와 함께 사용될 수 있다.

ㅁ. 호스는 화장품 생산 작업에 훌륭한 유연성을 제공하기 때문에 한 위치에서 또 다른 위치로 제품의 전달을 위해 화장품 산업에서 광범위하게 사용되며 호스의 일반 건조 제재는 강화된 화장품 등급의 고무 또는 네오프렌, TYGON 또는 강화된 TYGON, 폴리에틸렌 또는 폴리프로필렌 등이 있다.

ㅂ. 라벨기기는 용기 또는 다른 종류의 포장에 라벨 또는 포장의 손상 없이 라벨을 붙이는데 이용되며 접착제나 유출된 제품에 노출되는 라벨기기의 구역은 용기의 오염을 유발할 수 있는 제품의 축적을 방지하기 위해 육안으로 볼 수 있고 청소가 용이하도록 설계되어야 한다. 라벨호퍼 등은 변경 시 같은 코드 또는 같은 제품의 라벨의 혼입 가능성을 막기 위하여 검사가 쉽도록 설계되어야 한다.

① ㄱ, ㄹ

② ㄱ, ㅂ

③ ㄴ, ㄷ

④ ㄷ, ㄹ

⑤ ㅁ, ㅂ

42. 다음 중 「우수화장품 제조 및 품질관리기준(CGMP) 해설서」에 따른 설비의 유지관리 주요사항으로 가장 적절하지 <u>않은</u> 설명은?(8점)

① 설비의 유지관리 원칙은 유지보수(maintenance)를 통해 제품의 품질에 영향을 줄 수 있는 생산설비를 검사·교정하여 제조의 정확성을 확보하는 것이다.

② 설비의 유지관리는 계획을 가지고 실행하며 연간계획이 일반적이다.

③ 유지하는 '기준'(유지관리 기준)은 절차서에 포함시킨다.

④ 설비마다 절차서를 작성하여야 하며 책임 내용을 명확하게 한다.

⑤ 주요 점검항목으로는 외관검사(더러움, 녹, 이상소음, 이취 등), 작동점검(스위치, 연동성 등), 기능측정(회전수, 전압, 투과율, 감도 등), 청소(외부표면, 내부), 부품교환, 기타 개선사항 등이 있다.

43. 다음 중 「우수화장품 제조 및 품질관리기준(CGMP) 해설서」에 따른 내용물 및 원료의 입고 기준에 대한 설명으로 적절하지 <u>않은</u> 것은?(8점)

① 입고된 원료와 포장재는 '적합', '부적합', '보류'에 따라 각각의 구분된 공간에 별도로 보관되어야 하며 필요한 경우 '부적합' 판정된 원료와 포장재를 보관하는 공간은 잠금장치를 추가하여야 하나 자동화창고와 같이 확실하게 구분하여 혼동을 방지할 수 있는 경우에는 해당 시스템을 통해 관리 할 수 있다.

② 입고 시 구매요구서, 원자재 공급업체 성적서, 현물이 서로 일치해야 한다. 원료 및 포장재 선적 용기에 대하여 확실한 표기 오류, 용기 손상, 봉인 파손, 오염 등에 대해 육안으로 검사하며 필요한 경우에 한해 운송 관련 자료에 대한 추가적인 검사를 수행한다.

③ 외부로부터 반입되는 모든 원료와 포장재는 관리를 위해 표시를 하여야 하며, 필요한 경우 포장 외부를 깨끗이 청소한다. 한 번에 입고된 원료와 포장재는 제조단위 별로 각각 구분하여 관리하여야 한다.

④ 적합판정이 내려지면 원료와 포장재는 생산 장소로 이송되며 품질이 '부적합'하지 않도록 수취와 이송 중의 관리 등의 사전 관리를 해야 한다.

⑤ 확인, 검체채취, 규정 기준에 대한 검사 및 시험 및 그에 따른 승인된 자에 의한 불출 전까지는 어떠한 물질도 사용되어서는 안 된다는 것을 명시하는 원료 수령에 대한 절차서를 수립하여야 한다.

44. 다음 중 「우수화장품 제조 및 품질관리기준(CGMP) 해설서」에 따른 물의 품질에 대한 설명으로 적절하지 <u>않은</u> 것은?(10점)

① 탈이온화(deionization), 증류 또는 역삼투압 처리 유무에 상관없이 화장품 제조에 사용되는 물에 대한 절차서는 미생물의 오염을 방지하기 위해 고안되고 적절한 주기와 방법에 따라 청결과 위생관리가 이루어지는 시스템을 통한 물의 공급과 화학적, 물리적, 미생물학적 규격서에 대한 적합성 검증을 위한 모니터링과 시험이 보장되어야 한다.

② 수돗물과 달리 정제수 중에는 염소이온 등의 살균성분이 들어 있지 않아 미생물 번식이 쉬우므로 한 번 사용한 정제수 용기의 물을 재사용하거나 장기간 보존한 정제수를 사용해서는 안 되며 정제수를 사용할 때에는 그 품질기준을 정해 놓고 사용할 때마다 품질을 측정해서 사용한다.

③ 정제수를 사용할 때는 통상 자사에서 제조하며 일반적으로는 정제수는 상수를 이온교환수지통을 통과시키거나 증류하거나 역삼투(R/O) 처리를 해서 제조한다.

④ 정제수의 품질관리를 위한 시험항목 및 규격은 화장품의 원료로 사용하는 물로서 위생적인 측면과 다른 원료들의 용해도, 경시변화에 따른 침전, 탈색/변색에 대한 영향, 피부에 대한 작용 등을 고려할 때 필요한 정도의 순도를 규정하기 위한 것이다.

⑤ 정제수의 정제를 위하여 금속이온봉쇄제의 전구물질인 Salt(염)을 소량 첨가하면 금속이온의 침적을 방지하고 약간의 살균효과를 기대할 수 있어 제품의 향, 안정성, 투명도에 긍정적인 영향을 미친다.

45. 다음 중 「우수화장품 제조 및 품질관리기준(CGMP) 해설서」에 따른 원료와 포장재에 대한 설명으로 적절한 것을 <보기>에서 모두 고른 것은?(8점)

──── <보기> ────

ㄱ. 원료와 포장재가 재포장될 때 새로운 용기에는 재포장됨을 기재한 라벨링이 있어야 한다. 원료의 경우 원래 용기와 같은 물질 혹은 적용할 수 있는 다른 대체 물질로 만들어진 용기를 사용하는 것이 중요하다.

ㄴ. 보관 조건은 각각의 원료와 포장재에 적합하여야 하고 과도한 열기, 추위, 햇빛 또는 습기에 노출되어 변질되는 것을 방지할 수 있어야 하며 원료와 포장재의 용기는 밀폐되어 청소와 검사가 용이하도록 바닥에 충분한 간격으로 구획하여 보관되어야 한다.

ㄷ. 원료 및 포장재를 관리할 때에는 물리적 격리(quarantine)나 수동 컴퓨터 위치 제어 등의 방법을 통해 허가되지 않거나 불합격 판정을 받거나 의심스러운 물질의 허가되지 않은 사용을 방지할 수 있어야 한다.

ㄹ. 원료 및 포장재의 재고 회전을 보증하기 위한 방법이 확립되어 있어야 하며 특별한 경우를 제외하고 사용기한이 짧은 재고가 제일 먼저 불출되도록 한다.

ㅁ. 원료의 허용 가능한 보관 기한을 결정하기 위한 문서화된 시스템을 확립해야 한다. 보관기한이 규정되어 있지 않은 원료는 품질부문에서 자체적으로 적절한 보관기한을 정할 수 있다. 이러한 시스템은 물질의

정해진 보관 기한이 지나면 해당 물질을 재평가하여 사용 적합성을 결정하는 단계들을 포함해야 한다.

ㅂ. 원료의 보관기한을 설정할 때에는 원칙적으로 원료공급처의 사용기한을 준수하여 보관기한을 설정하여야 하며 사용기한 내에서 자체적인 재시험 기간과 최소 보관기한을 설정·준수해야 한다.

① ㄱ, ㄷ

② ㄱ, ㅁ

③ ㄴ, ㄹ

④ ㄴ, ㅂ

⑤ ㄷ, ㅁ

46. 맞춤형화장품판매업자 연경씨는 화장품책임판매업자로부터 〈보기1〉과 같은 전성분을 가진 '피니쉬 팩트 파우더'를 납품받는다. 이번에 납품받은 이 페이스 파우더는 총 5개의 뱃치로 각각의 시험성적표가 내용물과 함께 제공되었다. 연경씨는 이 시험성적서를 꼼꼼히 살펴본 후 유통화장품 안전관리 기준에 따라 하나의 뱃치를 제외한 나머지 뱃치를 모두 부적합으로 처리하고 반품 요청을 하였다. 〈보기2〉가 각 뱃치별 시험성적서일 때 다음 중 부적합으로 처리하지 <u>않은</u> 뱃치는?(단, 퍼센트(%) 계산 시 v/v, w/v 등은 고려하지 <u>않는다</u>.)(16점)

─── 〈보기 1〉 ───

벤토나이트, 탤크, 마이카, 실리카, 다이메티콘, 토코페롤, 티타늄디옥사이드, 적색 산화철, 황색 산화철, 흑색 산화철, 적색 201호, 적색 202호, 적색 218호, 황색 4호, 황색 5호, 청색 1호, 망가니즈바이올렛, 크로뮴하이드록사이드 그린

＜보기 2＞

① 뱃치번호 2021-0507-01

납:18ppm, 니켈:0.0031%,
비소:0.005mg/g, 수은:0.00001%

② 뱃치번호 2021-0507-02

납:0.0035%, 니켈:0.028mg/g, 안티
몬:7ppm, 포름알데하이드:0.18%

③ 뱃치번호 2021-0507-03

니켈:0.025mg/g, 카드뮴:8ppm, 메탄
올:1500㎍/g, 디옥산:0.00985%

④ 뱃치번호 2021-0507-04

메탄올:2100㎍/g,
포름알데하이드:0.01%,
디옥산:58ppm,
세균수(890개/g), 진균수(100개/g)

⑤ 뱃치번호 2021-0507-05

수은:0.0009mg/g, 안티몬:0.0008%, 카드
뮴:4ppm, 메탄올:5000㎍/g

① 뱃치번호 2021-0507-01

② 뱃치번호 2021-0507-02

③ 뱃치번호 2021-0507-03

④ 뱃치번호 2021-0507-04

⑤ 뱃치번호 2021-0507-05

47. 화장품책임판매업자 은애씨는 210g 크림을 판매하기 전에 유통화장품 안전관리기준에 따라 내용량 시험을 하고자 한다. 은애씨가 「화장품 안전기준 등에 관한 규정」 제6조 유통화장품의 안전관리 기준 중 내용량 기준에 따라 ＜보기＞와 같이 시험하였다고 할 때 다음 중 ( ) 안에 들어갈 숫자를 모두 더한 값은?(12점)

＜보기＞

은애씨는 제품 (㉠)개 시험 결과 평균 내용량이 (㉡)g 미만이어서 (㉢)개를 추가하여 시험하였다.

① 208.5

② 211.5

③ 212.7

④ 214.8

⑤ 215.7

48. 맞춤형화장품조제관리사 지설씨는 자신이 조제한 맞춤형화장품에 대해 유통화장품 안전관리 기준에 따라 세균수와 진균수를 검사하고 있다. 다음 중 지설씨가 고객에게 유통·판매할 수 <u>없는</u> 맞춤형화장품은?(단, 검액은 20배로 희석되었으며 검액 0.1ml로 2개의 평판에 검사하였다.)(14점)

①	바디 워시		
	배지	각 배지에서 검출된 집락수	
		평판 1	평판 2
	세균용 배지	5	1
	진균용 배지	1	2

②	외음부 세정제		
	배지	각 배지에서 검출된 집락수	
		평판 1	평판 2
	세균용 배지	3	2
	진균용 배지	1	2

③	선크림		
	배지	각 배지에서 검출된 집락수	
		평판 1	평판 2
	세균용 배지	2	3
	진균용 배지	3	2

④	물휴지		
	배지	각 배지에서 검출된 집락수	
		평판 1	평판 2
	세균용 배지	1	2
	진균용 배지	1	1

⑤	아이 세도우		
	배지	각 배지에서 검출된 집락수	
		평판 1	평판 2
	세균용 배지	2	1
	진균용 배지	1	1

49. 다음 중 「화장품 안전기준 등에 관한 규정」 제6조 유통화장품의 안전관리 기준에 따른 치오글라이콜릭애씨드 또는 그 염류를 주성분으로 하는 가온2욕식 헤어스트레이트너 제1제 제품의 적합 기준으로 적절하지 <u>않은</u> 것은?(10점)

① 비소:5㎍/g이하, 알칼리:0.1N 염산의 소비량은 검체 1mL에 대하여 5.0mL이하

② 산성에서 끓인 후의 환원성물질(치오글라이콜릭애씨드):1.0 ~ 5.0%

③ 철:2㎍/g이하, 환원 후의 환원성물질(디치오디글라이콜릭애씨드):4.0%이하

④ 산성에서 끓인 후의 환원성물질 이외의 환원성물질(아황산염, 황화물 등):검체 1mL중의 산성에서 끓인 후의 환원성물질 이외의 환원성물질에 대한 0.1N 요오드액의 소비량은 0.8mL이하

⑤ 중금속:20㎍/g이하, pH:4.5 ~ 9.3

50. 〈보기〉는 원자흡광광도법을 통한 비소의 검출 시험 중 시험조작에 관한 설명이다. 다음 중 「화장품 안전기준 등에 관한 규정」[별표 4] 유통화장품 안전관리 시험방법에 따라 빈칸에 들어갈 알맞은 숫자는?(12점)

〈보기〉

시험조작:각각의 표준액을 다음의 조작조건에 따라 수소화물발생장치 및 가열흡수셀을 사용하여 원자흡광광도기에 주입하고 여기서 얻은 비소의 검량선을 가지고 검액 중 비소의 양을 측정한다.

〈조작조건〉
- 사용가스:가연성가스(아세칠렌 또는 수소), 지연성가스(공기)
- 램프:비소중공음극램프 또는 무전극방전램프
- 파장:( )nm

---

① 110

② 123

③ 193.7

④ 253.7

⑤ 283.3

51. 〈보기〉는 「화장품 안전기준 등에 관한 규정」 제6조 유통화장품 안전관리 기준에 따라 대장균을 검출하는 시험 과정에 관한 설명이다. 다음 중 ( ) 안에 들어갈 말을 순서대로 바르게 나열한 것은?(14점)

〈보기〉

대장균 시험법	
시험 순서	시험 내용
①	검체 1g을 유당액체배지를 사용하여 10mL로 하여 30~35℃에서 24~72시간 배양한다.
②	배양액을 가볍게 흔든 다음 백금이 등으로 취하여 (㉠) 위에 도말하고 30~35℃에서 18~24시간 배양한다.
③	주위에 적색의 침강선 띠를 갖는 적갈색의 그람음성균의 집락이 검출되지 않으면 대장균 음성으로 판정한다.
④	특정을 나타내는 집락이 검출되는 경우 (㉡)에서 각각의 집락을 도말하고 30~35℃에서 18~24시간 배양한다.
⑤	금속 광택을 나타내는 집락 또는 투과광선하에서 (㉢)을/를 나타내는 집락이 검출되면 백금이등으로 취하여 발효시험관이 든 유당액체배지에 넣어 44.3~44.7℃의 항온수조 중에서 22~26시간 배양한다.
동정 시험	가스발생이 나타나는 경우에는 대장균 양성으로 의심하고 동정시험으로 확인한다.

	㉠	㉡	㉢
①	세트리미드 한천배지	항생물질첨가 포테이토 덱스트로즈 한천배지	금적색
②	맥콘키 한천배지	에오신메칠렌 블루한천배지	흑청색
③	NAC 한천배지	보겔존슨 한천배지	황록색
④	카제인소화 액체배지	대두카제인 소화한천배지	청록색
⑤	에오신메칠렌 블루한천배지	맥콘키 한천배지	백갈색

52. 다음 중 「우수화장품 제조 및 품질관리기준(CGMP) 해설서」에 따라 (   ) 안에 들어갈 알맞은 말을 차례대로 나열한 것은?(8점)

<보기>

제품 검체채취는 (㉠)(이)가 실시하는 것이 일반적이다. 제품 시험을 책임지고 실시하기 위해서도 검체 채취를 (㉠)담당자가 실시한다. 불가피한 사정이 있으면 타 부서에 의뢰할 수는 있다.

보관용 검체를 보관하는 목적은 제품의 사용 중에 발생할지도 모르는 (㉡)에 대비하기 위해서다. (㉡)은/는 품질상에 문제가 발생한 경우 해결을 위해 또는 발생한 불만에 대처하기 위하여 품질 이외의 사항에 대한 확인이 필요한 경우에 실시한다.

	㉠	㉡
①	품질보증부서	회수 작업
②	품질관리부서	재시험 작업
③	품질보증부서	재평가 작업
④	품질관리부서	재검토 작업
⑤	품질보증부서	출고 작업

53. 다음 중 「맞춤형화장품조제관리사 교수·학습가이드」에 명시된 화장품의 유형별 특성에 대한 설명으로 적절하지 <u>않은</u> 것은?(8점)

① 버블 배스란 목욕 시 욕조에 투입하여 거품을 내어 피부를 청결하게 하는 것으로서 목욕용 제품류에 속하는 제품이다.

② 콜롱이란 방향효과를 주기 위하여 사용되는 것으로 향수보다 비교적 부향률이 적은 방향용 제품류에 속하는 제품이다.

③ 염모제란 두발 내에 멜라닌색소를 분해하여 두발의 색을 밝게 하는 것으로서 두발 염색용 제품류에 속하는 제품이다.

④ 그림이나 이미지 등을 삽입한 스티커형 또는 피부에 침습적으로 작용하는 문신용 염료는 색조화장용 제품류에서 제외된다.

⑤ 제모제는 체모의 시스틴 결합을 환원제로 화학적으로 절단하여 제거하는 것으로서 체모 제거용 제품류에 속하는 제품이다.

54. 맞춤형화장품조제관리사 자격증을 취득하여 맞춤형화장품조제관리사로 선임된 지한씨는 〈보기〉와 같은 화장품을 조제하였다. 다음 중 맞춤형화장품의 정의에 따라 가장 적절한 설명을 고르시오. (10점)

〈보기〉

(ㄱ) 러시아에서 수입된 크림의 벌크에 프랑스에서 수입된 크림의 벌크를 혼합한 화장품

(ㄴ) 1L의 데오도란트를 20ml씩 소분한 화장품

(ㄷ) 미네랄 오일이 15% 함유된 어린이용 오일 50ml에 고객 개인의 취향에 맞게 리날룰을 0.01g 혼합한 화장품(단, 이 화장품의 1ml는 1g과 같다.)

---

① 수입된 화장품은 화장품책임판매업자만 취급할 수 있으므로 (ㄱ)은 맞춤형화장품이 아니다.

② 데오도란트는 맞춤형화장품의 내용물이 될 수 없으므로 (ㄴ)은 맞춤형화장품이 아니다.

③ (ㄷ)은 안전용기·포장 대상 화장품이자 「화장품 사용 시의 주의사항 및 알레르기 유발성분 표시에 관한 규정」에 따라 착향제의 구성 성분 중 알레르기 유발성분이 포함된 화장품이므로 지한씨가 해당 화장품에 안전용기·포장을 하고 '리날룰'을 향료와 구별하여 기재한다면 맞춤형화장품으로 인정받을 수 있다.

④ (ㄱ)~(ㄷ) 중 「화장품법」 제2조에 따라 맞춤형화장품의 정의에 부합하는 화장품은 2가지이다.

⑤ 맞춤형화장품판매업소에서 조제된 것만이 맞춤형화장품이므로 지한씨가 맞춤형화장품판매업소에서 혼합 혹은 소분하지 않았다면 (ㄱ)~(ㄷ) 모두 맞춤형화장품이라고 할 수 없다.

55. 맞춤형화장품판매업자 A는 자신의 맞춤형화장품판매업소에 맞춤형화장품조제관리사를 추가로 더 선임하고자 한다. <보기>를 참고하여 다음 중 옳은 설명은?(12점)

───── <보기> ─────

> 맞춤형화장품판매업자 A와 맞춤형화장품조제관리사의 자격을 취득한 B의 면접
> (면접일:2021.04.28)

A:맞춤형화장품조제관리사 자격증은 언제 취득하셨지요?

B:올해 3월 6일에 취득하였습니다.

A:취득 후에 화장품의 안전성 확보 및 품질관리에 관한 교육을 받은 적이 있습니까?

B:저는 자격증을 취득한 후에 한 번도 교육을 받은 적이 없습니다.

A:(ㄱ)자격증 취득 후 관련 교육을 받으셔야 맞춤형화장품판매업소에 선임될 수 있습니다. 교육을 받으신 후에 다시 지원하여 주세요.

> 맞춤형화장품판매업자 A와 맞춤형화장품조제관리사의 자격을 취득한 C의 면접
> (면접일:2021.04.28)

A:맞춤형화장품조제관리사 자격증은 언제 취득하셨나요?

C:작년 10월에 자격증을 취득하였어요.

A:취득 후에 화장품의 안전성 확보 및 품질관리에 관한 교육을 받은 적이 있습니까?

> C:(ㄴ)제가 작년에 자격증을 취득했기 때문에 올해 이 맞춤형화장품판매업소에 선임된다면 선임된 날로부터 6개월 이내에만 5시간 이상의 교육을 받으면 된다고 알고 있는데, 아닌가요?

① B는 A의 업소에 선임된 후 6개월 이내에만 교육을 받으면 되므로 (ㄱ)은 틀린 설명이다.

② 만약 B가 A의 업소에 선임된다면 B는 2021년 3월 6일부터 1년이 되는 날을 기준으로 매년 1회 보수 교육을 받아야 한다.

③ 만약 B가 A의 업소에 2021년 4월 28일에 선임된다면 B는 선임일로부터 1년이 되는 날까지 최초 교육을 받으면 된다.

④ (ㄴ)은 '6개월 이내'를 '1년 이내'로 바꾸어야 옳은 설명이다.

⑤ C가 A의 맞춤형화장품판매업소에 선임되어 2021년 6월 24일에 최초 교육을 받았다면 그 다음 해인 2022년 1월 1일부터 2022년 12월 31일 사이에 보수 교육을 받아야 한다.

56. 〈보기〉는 맞춤형화장품판매업소를 운영하는 지한씨가 처한 상황에 대한 설명이다. 다음 중 「화장품법 시행령」에 의거하여 적절하지 <u>않</u>은 설명은?(12점)

〈보기〉

　　대구에서 맞춤형화장품판매업소를 운영 중인 지한씨는 개인사정으로 인해 대전으로 업소를 이전하였다. 그런데 지한씨는 이전 사실을 제때 신고하지 않아 행정처분을 받게 되었다. 이에 지방식품의약품안전청장은 「화장품법」 제28조 및 「화장품법 시행령」 제11조에 따라 행정처분을 갈음하여 과징금으로 부과하였다. 단, 지한씨의 위반행위는 2021년 5월에 발생함.

---

① 지한씨에 대한 과징금 산정은 2020년의 모든 품목의 1년간 총생산금액 및 총수입금액을 기준으로 하며 업무정지 1개월은 집행되는 해당 월의 실제 일수는 무시하고 일괄적으로 30일을 기준으로 처분한다.

② 지한씨가 2020년에 휴업을 한 적이 있다면 지방식품의약품안전청장은 월별 생산금액을 기준으로 과징금을 산정하는 것이 가능하다.

③ 지한씨의 2020년 총생산액 및 총수입액이 3천만원이었다면 지한씨가 부과받은 과징금은 630,000원이다.

④ 지한씨의 2020년 총생산액 및 총수입액이 1억 5천 5백만원이었다면 지한씨가 부과받은 과징금은 3,150,000원이다.

⑤ 지한씨의 2020년 총생산액 및 총수입액이 2천만원 미만이고 「자연재해대책법」 제2조 제1호에 따른 재해 등으로 재산에 현저한 손실을 입은 경우라면 과징금 전액을 한꺼번에 내기 어렵다고 인정하여 그 납부기한을 연기하거나 과징금을 분할 납부할 수 있다.

57. 다음 중 피부에 대한 설명으로 적절하지 <u>않</u>은 것은?(10점)

① 성인의 피부 무게는 약 5kg 이상(전체 몸무게의 약 15% 차지)이며, 피부는 평균 표면적이 약 2㎡로 가장 큰 신체 기관 중 하나이다.

② 대부분 피부 두께는 6mm 이하에 불과하지만 탄탄한 보호막 역할을 하며 피부 최외각 표면을 구성하는 주요성분은 거친 섬유성 단백질인 케라틴이고, 털과 손톱에도 이 성분이 포함되어 있다.

③ 피부에 분비되는 피지는 피지선에서 분비되는 기름기 있는 액체로, 피부를 유연하게 해주며 방수 기능을 한다.

④ 피부의 체온은 피부 내 모세혈관의 확장과 수축에 의한 피부 혈류량의 변화 및 발한작용에 의해 조절되며 피부 혈관은 주로 아포크린선과 함께 자율신경에 의해 지배된다.

⑤ 피부는 흡수작용을 하는데, 흡수 경로는 표피를 통한 흡수와 모낭의 피지선으로의 흡수가 있으며 지용성 물질과 수용성 물질에 있어 피부 흡수에 대한 차이가 발생한다.

58. 맞춤형화장품조제관리사 명건씨는 〈보기〉에서 설명하는 '이것'이 함유된 맞춤형화장품을 조제하였다. 다음 중 명건씨가 이를 구매하고자 하는 고객에게 해야 할 설명으로 가장 적절한 것은?(12점)

——— 〈보기〉 ———

'이것'은 천연색소의 일종으로 연지벌레에게서 얻어낸 동물성 색소이다. 연지벌레는 남미에서 자라는 선인장의 액즙을 빨아먹는 벌레인데, 이 벌레의 몸에는 화학물질인 '이것'이 17~24%나 포함되어 있다. 고대 남미에서는 이 벌레를 붉은 색을 내는 데 오래도록 사용하였으며 '이것'이 유럽에 전해져 현재 전 세계에서 우유, 사탕, 립스틱 등에서 붉은 색을 낼 때 사용되고 있다.

① 이 화장품에는 '이것'이 함유되어 있으므로 '이것'에 과민하거나 알레르기가 있으시다면 신중히 사용하셔야 합니다.

② 이 화장품에는 '이것'이 함유되어 있으므로 영유아 및 어린이가 사용하면 안 됩니다.

③ 이 화장품에는 '이것'이 함유되어 있으므로 사용할 시 구진 및 경미한 발적이 일어날 수 있습니다.

④ 이 화장품에는 '이것'이 함유되어 있으므로 사용 시 눈 주위는 피하여 사용하여 주십시오.

⑤ 이 화장품에는 '이것'이 함유되어 있으므로 사용 중 피부에 색소 성분이 침착되는 경우에는 비눗물로 살살 문질러 주십시오.

59. 다음 중 〈보기〉의 (   ) 안에 들어갈 알맞은 단어는?(10점)

——— 〈보기〉 ———

(   )은/는 식물, 조류, 박테리아 및 균류가 지방과 기본 유기대사 물질로 합성하는 유기 색소로서, 테트라테르페노이드(tetraterpenoid)로도 불린다. (   )은/는 이소프레노이드 화합물(isoprenoid compounds)로서 유용한 생리활성 물질로 알려져 있고, 현재 600여 종 이상이 밝혀져 있다. 비타민A의 전구물질로서 역할도 하며 산업 시장에서 주로 루테인, 아스타잔틴(astaxanthin), 라이코펜(lycopene), 제아크산틴(zeaxanthin) 등으로 이용된다. 인간의 신체 피부 색을 결정짓는 색소 중 하나이다.

① 헤모글로빈

② 카로티노이드

③ 멜라닌 색소

④ 안토시아노사이드

⑤ 플라보노이드

60. 다음 중 〈보기〉에서 설명하는 탈모를 유발하는 남성형 호르몬은?(10점)

〈보기〉

( )을/를 생성하는 데 필수적인 5AR(5 - 알파 - 리덕타아제)는 인체의 전립선, 간, 피부, 모낭에 분포하며 이 기관에서 ( )(이)가 만들어진다. 수염, 저음, 근육 성장과 같은 남성 성징을 유지하기 위해 필요한 호르몬이고 태아의 생식기계의 발달에 필수적인 호르몬이지만 탈모와 전립선비대증에 연관되어 있는 것으로 밝혀졌다. 남성형 탈모증의 큰 원인으로 알려지기도 하였다.

---

① DHT

② MSH

③ TSH

④ ACTH

⑤ ADH

61. 다음 중 모발의 생리구조에 대한 설명으로 적절한 것은?(12점)

① 내모근초는 내측의 두발 주머니로서 외피에 접하고 있는 표피의 각질층인 초표피(sheath cuticle)와 과립층의 헉슬리층(huxley's layer), 유극층의 헨레층(henle's layer)으로 구성되고 외모근초는 표피층의 가장 안쪽인 기저층에 접하고 있다. 내모근초와 외모근초는 모구부에서 발생한 두발을 완전히 각화가 종결될 때까지 보호하고 표피까지 운송하는 역할을 하고 있다.

② 모모세포는 모낭 조직 내에 있으면서 두발을 만들어 내는 세포이며 모세 혈관으로부터 영양분을 흡수하고 분열·증식하여 두발을 형성한다. 모수질이 된 세포가 분열하고 그 아래 부분으로부터는 모피질이 된 세포가, 가장 아래 외측으로는 모표피가 된 세포가 분열하여 위로 밀리게 하는 것을 돕는다.

③ 모표피는 모간의 가장 외측 부분으로 비늘 형태로 겹쳐져 있으며 두발 내부의 모피질을 감싸고 있는 화학적 저항성이 강한 층이다. 모표피는 판상으로 둘러싸인 형태의 세포로 되어 있으며, 이 각 세포는 두께 약 0.5 ~ 1.0mm, 길이 80 ~ 100μm이다.

④ 모표피 중 엔도큐티클(endoicuticle)은 가장 안쪽에 있는 층으로 아미노산 중 시스틴 함유량이 많으며 친수성이고 알칼리에 약하다. 이 층의 내측면은 양면접착 테이프와 같은 세포막복합체(CMC, cell membrane complex)로 인접한 모표피를 밀착시키고 있다.

⑤ 모수질은 두발의 중심 부근에 속이 차 있는 상태의 부위로, 핵이 존재하는 세포들이 두발의 길이 방향으로 불연속적으로 다각형의 세포들의 형상으로 존재한다. 수질세포는 핵의 잔사인 둥근 점들을 간혹 포함하고 있으나 이의 기능은 잘 알려져 있지 않다. 굵은 두발은 수질이 있으나 가는 두발은 수질이 없는 것도 있다.

62. 다음 중 〈보기〉에서 맞춤형화장품 관능평가에 사용되는 표준품을 모두 고른 것은?(10점)

> **〈보기〉**
>
> ㄱ. 제품 표준견본
>
> ㄴ. 보존제 표준견본
>
> ㄷ. 색소원료 한도견본
>
> ㄹ. 향료 표준견본
>
> ㅁ. 기능성 주성분 표준견본
>
> ㅂ. 충진 위치견본
>
> ㅅ. 물성 한도견본
>
> ㅇ. 용기·포장재 한도견본
>
> ㅈ. 원료 한도견본

① ㄱ, ㄷ, ㅁ, ㅅ

② ㄱ, ㄷ, ㅂ, ㅈ

③ ㄱ, ㄹ, ㅂ, ㅇ

④ ㄴ, ㄹ, ㅁ, ㅈ

⑤ ㄷ, ㄹ, ㅅ, ㅇ

63. 맞춤형화장품판매업소에 근무 중인 맞춤형화장품조제관리사 미정씨는 비수용성 원료의 유기농 함량을 계산하고 있다. 이 원료가 〈보기〉와 같이 제조되었다고 할 때, 다음 중 이 원료의 유기농 함량으로 옳은 것은?(단, 최종 함량 계산 후 소수 셋째 자리에서 반올림할 것)(14점)

> **〈보기〉**
>
> 1. 건조된 유기농 원물
> - 오렌지 3kg
>
> - 녹차잎 2kg
>
> 2. 신선한 유기농 원물
> - 포도 5kg
>
> 3. 용매에 대한 정보
> - 100kg(단, 사용된 용매에서 비유기농 용매는 40kg, 유기농 용매는 60kg이다.)

① 63.64%

② 66.67%

③ 69.92%

④ 71.01%

⑤ 85.51%

64. 다음 중 「기능성화장품 심사에 관한 규정」 [별표 3] 자외선 차단효과 측정방법 및 기준에 따른 자외선 차단 지수(SPF) 측정 방법으로 적절한 설명은?(12점)

① 시험은 피험자의 등에 하고 시험부위는 피부 손상이 없는 평범한 피부와 피부손상, 과도한 털, 또는 색조에 특별히 차이가 있는 부분을 대조하여 실시하며 시험 피부는 깨끗하고 마른 상태이어야 한다.

② 자외선을 조사하는 동안 피험자가 움직이지 않도록 하며 조사가 끝난 후 2~24시간 범위 내의 일정시간에 피험자의 홍반상태를 판정한다. 홍반은 충분히 밝은 광원 하에서 두 명 이상의 숙련된 사람이 판정한다.

③ 제품 무도포 및 도포부위의 최소홍반량 측정을 위해 손가락에 비닐 재질의 커버를 씌우고 표준시료와 제품을 해당량만큼 도포한 후 상온에서 15분간 방치하여 건조한 다음 제품 무도포부위의 최소홍반량 측정과 동일하게 측정한다.

④ 광원 선정 시 태양광과 유사한 연속적인 방사스펙트럼을 갖고 자외선을 측정하고자 하는 특정 피크를 나타내는 제논 아크 램프(Xenon arc lamp)를 장착한 인공태양광조사기(solar simulator) 또는 이와 유사한 광원을 사용한다. 이때 290㎚ 이하의 파장은 적절한 필터를 이용하여 제거한다.

⑤ 제품 시험 시 도포량은 2.0mg/cm²으로 하며 제품 도포면적을 24cm² 이상으로 하여 0.5cm² 이상의 면적을 갖는 5개 이상의 조사부위를 구획한다. 측정 후 이를 근거로 자외선차단화장품의 자외선차단지수(SPF)를 표시할 때에는 자외선차단지수 계산 방법에 따라 얻어진 자외선차단지수(SPF) 값의 소수점 이하는 버리고 정수로 표시한다.

65. 맞춤형화장품판매업자 미정씨는 유통화장품 안전관리 기준에 따라 맞춤형화장품에 대한 비의도적 유래 성분 검사를 하고자 한다. 다음 중 납, 비소, 니켈, 안티몬, 카드뮴을 공통적으로 시험할 수 있는 방법을 〈보기〉에서 모두 고른 것은?(8점)

─────〈보기〉─────

ㄱ. 원자흡광광도법

ㄴ. 디티존법

ㄷ. 유도결합플라즈마-질량분석기를 이용한 방법

ㄹ. 액체크로마토그래프-절대검량선법

ㅁ. 기체크로마토그래프-헤드스페이스법

ㅂ. 기체크로마토그래프-수소염이온화검출기법

ㅅ. 푹신아황산법

① ㄱ, ㄷ

② ㄱ, ㅂ

③ ㄴ, ㄹ

④ ㄷ, ㅁ

⑤ ㄹ, ㅅ

66. 다음 중 「화장품 안전기준 등에 관한 규정」 [별표 3] 인체 세포·조직 배양액 안전기준에 따라 적절한 설명을 <보기>에서 모두 고른 것은?(12점)

<보기>

ㄱ. "인체 세포·조직 배양액"은 인체에서 유래된 세포 또는 조직 배양 후 배양된 세포와 조직 및 남은 액을 말한다.

ㄴ. "공여자"는 인체T림프 영양성 바이러스(HTLV), 파보 바이러스 B19, 사이토 메가로 바이러스(CMV), 엡스타인-바 바이러스(EBV) 감염증으로 진단받지 않아야 한다.

ㄷ. 인체 세포·조직 배양액을 제조하는 배양시설은 청정등급 1A 이상의 구역에 설치하여야 한다.

ㄹ. 인체 세포·조직 배양액의 품질을 확보하기 위하여 무균시험, 마이코플라스마 부정시험, 외래성 바이러스 부정시험 등을 포함한 인체 세포·조직 배양액 품질관리 기준서를 작성하고 이에 따라 품질검사를 하여야 한다.

ㅁ. "윈도우 피리어드(window period)"란 감염 직전에 세균, 진균, 바이러스 및 그 항원·항체·유전자 등을 검출할 수 없는 기간을 말한다.

① ㄱ, ㄴ

② ㄱ, ㄹ

③ ㄴ, ㄹ

④ ㄷ, ㅁ

⑤ ㄹ, ㅁ

67. 다음 중 「천연화장품 및 유기농화장품의 기준에 관한 규정」에 따라 천연 및 유기농화장품에 허용되는 화학적·생물학적 공정 중 최종적으로 회수되거나 제거되어도 사용할 수 없는 유래 용제가 아닌 것은?(8점)

① 방향족 유래 용제

② DMSO(Dimethyl sulfoxide) 유래 용제

③ 알콕실레이트화 유래 용제

④ 니트로젠 유래 용제

⑤ 할로겐화 유래 용제

68. 맞춤형화장품판매업자 유미씨는 이번에 화장품책임판매업자로부터 두 화장품 내용물을 공급받았다. '베이비 썬제품'(A 내용물)과 '센서티브 제모제'(B 내용물)의 내용물 성적서의 일부가 〈보기〉와 같을 때 다음 중 적절하지 <u>않은</u> 설명은?(단, A와 B 모두 미네랄 오일을 20% 함유하고 있다.)(12점)

〈보기〉

A 내용물의 성적서	
점도	15cst(40℃기준)
pH	5.7±1.0
기능성 주성분의 함량	티타늄디옥사이드 90%
B 내용물의 성적서	
점도	150,000cst(40℃기준)
pH	(㉠)
기능성 주성분의 함량	치오글리콜산 (㉡)%

① 각 내용물을 소분하여 판매한다고 할 때 A는 B와 달리 안전용기·포장을 해야 한다.

② B에 리튬하이드록사이드가 pH 조절목적으로 사용된 경우 B가 사용 후 씻어내는 제품이어도 ㉠은 12.7이하여야 한다.

③ B가 식품의약품안전처장이 고시한 기준 및 시험방법을 따른 기능성화장품이라면 ㉡의 범위는 「기능성화장품 기준 및 시험방법」[별표 7] 체모를 제거하는 데 도움을 주는 기능성화장품 각조에 의거하여 90~100%이어야 한다.

④ 위 내용물의 성적서에 기재된 점도는 절대점도를 같은 온도의 그 액체의 밀도로 나눈 값이다.

⑤ A 제품을 소분하여 판매하고자 할 때에는 각 소분 용기에 사용된 보존제의 함량을 기재하여야 한다.

69. 다음 중 제시된 〈작용기전〉과 연관이 있는 〈기능성화장품 고시 원료〉를 연결한 것으로 옳은 것은?(10점)

〈작용기전〉

ㄱ. 산화반응을 억제하여 미백에 도움을 준다.

ㄴ. 멜라노좀의 전이를 억제하여 미백에 도움을 준다.

ㄷ. 티로시나아제를 억제하여 미백에 도움을 준다.

〈기능성화장품 고시 원료〉

ⓐ 알부틴

ⓑ 나이아신아마이드

ⓒ 아스코빌글루코사이드

ⓓ 닥나무추출물

ⓔ 알파-비사보롤

	〈작용기전〉	〈기능성화장품 고시 원료〉
①	ㄱ	ⓐ
②	ㄴ	ⓑ
③	ㄷ	ⓒ
④	ㄱ	ⓓ
⑤	ㄴ	ⓔ

70. <보기>는 맞춤형화장품판매업소를 찾아온 단골 고객 A와 맞춤형화장품조제관리사 B의 대화이다. <보기>에서 B가 A에게 한 상담 내용 중 옳은 것은?(12점)

───── <보기> ─────

A:저는 화장품을 사용할 때 보습을 정말 중요하게 생각해요. 보습이 아름다운 피부관리의 첫 걸음이죠.

B:맞습니다. 고객님, 그렇다면 이번에도 보습 효과가 좋은 페트롤라툼이 들어간 크림으로 조제해드릴까요?

A:네. 그런데 이번에는 온 가족이 사용할 수 있는 대용량 크림이 필요해요.

B:㉠그렇다면 페트롤라툼이 들어간 내용물 말고 다른 천연 유성성분이 함유된 화장품 내용물을 선택해보시는 것은 어떠세요? 페트롤라툼은 폐색막을 형성해 피부 호흡이 많은 아이들에게 사용할 수 없는 성분이랍니다.

A:오, 그렇군요. 다른 내용물을 보여주세요.

B:이 내용물은 어떠신가요?

───── <내용물 전성분> ─────

정제수, 올리브오일, 자작나무수액, 코카미도프로필베타인, 1,2-헥산다이올, 포타슘코코일글리시네이트, 부틸렌글라이콜, 아이소스테아릭애씨드, 귤껍질추출물, 펜틸렌글라이콜, 테트라소듐이디티에이, 시트릭애씨드, 황색 201호, 라즈베리추출물, 카카오추출물, 글리세린, 덱스트린, 포타슘하이드록사이드, 살리실릭애씨드

B:㉡이 내용물에는 보존제 성분이 들어있지 않아 아이들이 사용하여도 피부 자극 걱정이 다른 화장품에 비해 적습니다. 그러나 그 대신 사용기한이 짧답니다.

A:아이들을 위해서라면 사용기한이 짧아도 괜찮습니다. 빨리 사용하면 되죠. 이 내용물은 어디에 좋나요?

B:㉢이 내용물은 화장품책임판매업자가 기능성화장품으로 심사받은 제품으로서 살리실릭애씨드가 함유되어 있죠.

A:오, 좋군요! TV에서 들어본 것 같아요. 이 내용물로 주세요.

B:더 추가하고 싶으신 원료나 향료가 있으신가요?

A:더 추가하고 싶은 건 없고 요즘 문제가 되고 있는 타르색소가 들어있는지 확인해주세요.

B:㉣이 제품에는 타르색소가 포함되어 있기는 하지만 이 화장품에 포함된 타르색소는 그 사용한도가 6%로 지정되어 있기에 많이 넣어봤자 6%일 것입니다. 크게 걱정 안 하셔도 돼요.

A:역시 조제관리사께서 계시니 너무 좋네요. 더 설명해주셔야 하는 주의사항이 있을까요?

B:㉤이 제품은 실온에 보관하여 주시고 눈 주위를 피해서 사용하여 주세요. 고객님, 다음에 또 뵙겠습니다.

① ㉠

② ㉡

③ ㉢

④ ㉣

⑤ ㉤

71. 다음 중 「화장품 안전기준 등에 관한 규정」 [별표 2] 사용상의 제한이 필요한 원료에 따라 메틸옥틴카보네이트와 병용하여 사용 시 최종 제품에서 메틸옥틴카보네이트와의 성분 합이 0.01%이어야 하고 메틸옥틴카보네이트는 0.002%에 해당하는 배합한도를 가져야 하는 성분은?(8점)

① 메틸 2-옥티노에이트

② 1,3-비스이미다졸리딘-2-치온

③ 메틸헵타디에논

④ p-메틸하이드로신나믹알데하이드

⑤ 4-tert-부틸디하이드로신남알데하이드

72. 맞춤형화장품판매업소에 납품된 내용물의 성적서가 〈보기〉와 같고 A 내용물과 B 내용물을 3:2로 혼합하여 맞춤형화장품을 조제하였을 때, 다음 중 해당 맞춤형화장품 포장에 기재하여야 하는 주의사항으로 옳은 것을 〈보기2〉에서 모두 고른 것은?(12점)

〈보기 1〉

A 내용물(50g)	
시험 항목	시험 결과
포름알데하이드	0.05g 검출
알부틴	1,500mg 검출
B 내용물(50g)	
시험 항목	시험 결과
폴리에톡실레이티드 레틴아마이드	0.3g 검출
티타늄디옥사이드	15g 검출

〈보기 2〉

ㄱ. 눈에 접촉을 피하고 눈에 들어갔을 때는 즉시 씻어낼 것

ㄴ. 알부틴은 「인체적용시험자료」에서 구진과 경미한 가려움이 보고된 예가 있음

ㄷ. 포름알데하이드 성분에 과민한 사람은 신중히 사용할 것

ㄹ. 폴리에톡실레이티드레틴아마이드는 「인체적용시험자료」에서 경미한 발적, 피부건조, 화끈감, 가려움, 구진이 보고된 예가 있음

ㅁ. 만 3세 이하 어린이의 기저귀가 닿는 부위에는 사용하지 말 것

ㅂ. 영유아 및 어린이는 사용하지 말 것

① ㄴ, ㄷ

② ㄷ, ㄹ

③ ㄴ, ㄹ

④ ㄱ, ㅁ, ㅂ

⑤ ㄴ, ㄷ, ㄹ

73. 다음 중 현행법에 의거하여 문제가 없는 말 혹은 행동을 한 사람은?(8점)

① 납품받은 화장품 내용물의 사용기한이 지났으나 합리적이고 과학적인 재평가 과정을 통해 새로운 사용기한을 부여하여 사용한 맞춤형화장품조제관리사

② 고객이 방문할 것을 미리 알고 맞춤형화장품을 미리 혼합하여 조제하여 놓은 맞춤형화장품조제관리사

③ 약국에서 맞춤형화장품판매업 영업을 신고하여 맞춤형화장품판매업을 영위하는 맞춤형화장품판매업자

④ 맞춤형화장품조제관리사 자격증 없이 고객에게 염색약을 판매하기 위해 염모제를 소분한 미용사

⑤ 소비자가 본인의 맞춤형화장품 포장을 위한 용기를 매장으로 가져와 현행법상 맞춤형화장품에 사용되는 포장용기는 오염 방지를 위해 맞춤형화장품판매업소에서 제공하는 것을 사용해야 한다고 안내한 맞춤형화장품조제관리사

74. 〈보기〉는 맞춤형화장품조제관리사 A와 B가 오랜만에 모임에서 만나 대화를 나누는 상황이다. 〈보기〉의 내용 중 옳은 설명은?(12점)

───── 〈보기〉 ─────

A:B님, 잘 지내셨나요?

B:오랜만에 모임에 나오셨네요. 잘 지내고 있습니다. 요즘 근무는 어때요?

A:나름 적응해서 열심히 하고 있어요. 그런데 요즘 「화장품법 시행규칙」에서 정하는 13가지 화장품의 유형 중 헷갈리는 것들이 몇 개 있어요.

B:맞아요. ㉠폼 클렌저는 인체 세정용 제품류인데 클렌징 워터나 클렌징 로션, 클렌징 크림은 색조화장용 제품류인 것이 제일 헷갈렸어요.

A:저는 ㉡염모제는 두발염색용 제품류이지만 흑채는 두발염색용 제품류가 아닌 것이 참 의아했어요. 흑채는 일시적으로 두발의 색을 변하게 만들어서 두발용 제품류에 속해 있는 것 같아요.

B:저는 ㉢립글로스가 색조 화장용 제품류에 포함되어 있는 것도 의아해요. 특히 「맞춤형화장품조제관리사 교수·학습 가이드」에 보면 립글로스나 립밤은 색조효과 보다는 입술에 윤기를 주며 촉촉하게 보이게 하기 위해 사용된다고 정확히 명시되어 있는데 그렇다면 색조 화장용 제품류가 아니라 기초 화장용 제품류에 포함되어야 하는 것이 아닌가 개인적으로 생각합니다.

A:그런데 맞춤형화장품조제관리사가 이러한 모든 화장품의 유형을 조제할 수 있나요?

B:ⓔ맞춤형화장품조제관리사는 두발염색용 제품류를 제외한 모든 화장품의 유형을 다 조제할 수 있습니다.

A:인체 세정용 제품류 중 액체비누 및 고체 화장 비누는 맞춤형화장품조제관리사가 소분하여 맞춤형화장품으로서 조제할 수 있나요?

B:ⓜ안 됩니다. 「화장품법 시행규칙」에서 이러한 비누를 단순 소분하는 행위는 맞춤형화장품의 범위에 포함되지 않는다고 명확히 밝히고 있어요.

① ㉠

② ㉡

③ ㉢

④ ㉣

⑤ ㉤

75. 〈보기〉는 온라인 카페 '맞춤형화장품판매업자들의 모임'에 올라온 맞춤형화장품판매업자 '토코'님의 게시물이다. 「화장품법」 및 「화장품법 시행규칙」에 따라 이 게시물에 대한 답변 중 틀린 것은?(10점)

─── 〈보기〉 ───

〈맞춤형화장품판매업자들의 모임〉

- 게시물 작성자:울산업소 토코

- 제목:폐업을 해 보신 분들! 도와주세요!

- 내용:저는 현재 울산에서 맞춤형화장품판매업소를 운영 중입니다. 그런데 코로나19로 인하여 최근 2년간 매출이 심각하게 급감했어요. 다들 코로나19로 인해 고생 많으시죠? 정말 너무 힘드네요. 그래서 폐업을 할까 합니다. 정말 너무 어려운 결정이었어요. 그런데 제가 폐업은 처음이라 어떤 절차를 거쳐야 하는지 잘 모릅니다. 예전에 업소의 소재지가 바뀌어서 소재지 변경 신고를 한 경험은 있는데... 폐업 경험이 있으신 분들, 폐업 신고 절차를 알려주세요!

	닉네임	댓글
①	희망	아이고, 정말 안타까워요. 저는 휴업을 신고한 적이 있었는데 폐업 역시 휴업 신고와 같은 곳에서 신고한다고 들었어요.
②	테스	울산에서 맞춤형화장품판매업을 영위하시고 계시니 부산지방식품의약품안전청에 폐업 신고를 하셔야겠네요!

	닉네임	댓글
③	보가	폐업 신고는 변경 사유 발생 시 맞춤형화장품판매업 변경 신고 기한과는 다르므로 꼭 잘 알아보시고 신고하세요. 기한 내에 폐업 신고를 안 하시면 과태료를 청구 당하실지도 몰라요.
④	로즈	폐업을 하기 위해서는 폐업신고서를 지방식품의약품안전청에 제출한 후 「부가가치세법 시행규칙」에 따른 폐업신고서를 관할 세무서에 제출하여야 해요.
⑤	보경	폐업 신고 역시 휴업하거나 휴업 후 재개 신고와 그 절차가 같아요. 휴업이나 휴업 후 업 재개 신고 절차를 알아보시는 건 어떨까요?

76. 다음 중 〈보기〉에서 설명하는 포장재의 종류로 적절한 것은?(8점)

───── 〈보기〉 ─────

- 강도가 낮아 단단하지는 않지만 신축성이 있는 소재로 수분을 견디거나 보온력이 좋으며 반투명하고 광택성이 있으며 유연성이 우수하다.
- 내외부 응력이 걸린 상태에서 알코올, 계면활성제와 접촉 시 균열이 발생할 수 있다.
- 튜브, 마개, 패킹에 주로 사용된다.

① 저밀도 폴리에틸렌(LDPE)

② 폴리스티렌(PS)

③ ABS 수지

④ PVC

⑤ 폴리프로필렌(PP)

77. 다음 중 마스카라, 아이라이너 또는 내용물 일부가 쉽게 휘발되는 제품에 적용하는 화장품 용기 시험법은?(8점)

① 유리병 표면 알칼리 용출량 시험법

② 내용물에 의한 용기의 변형 시험법

③ 내용물 감량 시험법

④ 크로스컷트 시험법

⑤ 용기의 내열성 및 내한성 시험법

78. 다음 중 「화장품 표시·광고 관리 가이드라인」과 화장품법령에 따라 화장품에 표시·광고하여도 문제가 없는 것을 〈보기〉에서 찾아 모두 고른 것은?(12점)

───── 〈보기〉 ─────

ㄱ. 이 화장품은 ○○ 아토피 협회 인증 화장품입니다!

ㄴ. 이 화장품은 무(無) 스테로이드 화장품입니다! 스테로이드를 사용하지 않았습니다.

ㄷ. 인체 유래 줄기세포 화장품으로 피부를 관리해보세요.

ㄹ. 이 로션을 사용하면 뾰루지가 개선됩니다.

ㅁ. 탈모 방지 샴푸! 발모 촉진! 저희 제품은 식품의약품안전처에서 심사받은 기능성화장품입니다.

① 없음.

② ㅁ

③ ㄴ, ㄷ

④ ㄴ, ㄷ, ㅁ

⑤ ㄱ, ㄴ, ㄷ, ㄹ

79. 다음 중 「맞춤형화장품조제관리사 교수·학습 가이드」에 따라 〈보기〉에서 설명하는 혼합·소분 기구는?(8점)

─── 〈보기〉 ───

아지 믹서(agi-mixer), 프로펠러믹서(propeller mixer), 분산기(disper mixer)라고도 하며 봉(shaft)의 끝부분에 다양한 모양의 회전 날개가 붙어있다.

내용물에 내용물 또는 내용물에 특정 성분을 혼합 및 분산 시에 사용하며 점증제를 물에 분산할 때에도 사용된다.

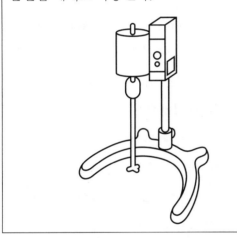

① 오버헤드스터러(Over head stirrer)

② 호모믹서(Homomixer)

③ 호퍼(Hopper)

④ 밴드실러(Band sealer)

⑤ 밴딩머신(bending machine)

80. 맞춤형화장품조제관리사 A와 매장을 찾은 고객 B가 〈보기〉와 같이 대화하고 있다. 다음 중 A가 B에게 추천하였을 화장품의 주요 성분과 그 성분에 대한 「기능성화장품 심사에 관한 규정」[별표 4]에 따른 고시 함량으로 적절한 것은?(10점)

─── 〈보기〉 ───

A:고객님, 어떤 화장품을 찾으시나요?

B:저는 주름 개선과 미백 기능성 화장품을 원합니다.

A:잘 찾아오셨습니다. 식품의약품안전처장이 고시한 기능성 원료가 다양한데요, 특히 찾고 계신 원료가 있으신가요?

B:제가 예전에 화장품 관련 업종에서 일을 하여 그런 원료들에 대해 잘 알고 있습니다. 저는 미백과 주름 개선 기능성 고시 원료 둘 다 지용성 성분들이었으면 좋겠어요.

A:예, 마침 저희 매장에 방금 말씀하신 성분들로 구성된 화장품이 납품되어 있네요.

	〈성분명과 고시된 성분 함량〉
①	감초 추출물(0.05%), 아데노신(0.04%)
②	알파-비사보롤(0.05%), 폴리에톡실레이티드레틴아마이드 (0.05%~0.2%)
③	아스코빌글루코사이드(2%), 레티놀(0.1%)
④	아스코빌테트라이소팔미테이트(2%), 레티닐팔미테이트(10,000IU/g)
⑤	알부틴(5%), 아데노신(0.04%)

[단답형] 제시된 지문과 문항을 읽고 알맞은 답안을 작성하시오.

제 1과목 화장품법의 이해

81. ⟨보기⟩는 「화장품법」 제1조와 식품의약품안전처고시 「우수화장품 제조 및 품질관리기준」의 제1조에 규정된 입법 취지이다. ( ) 안에 들어갈 알맞은 단어를 **정확한 용어**로 차례대로 쓰시오. (6점)

⟨보기⟩

「화장품법」 제1조(목적)

　이 법은 화장품의 제조·수입·판매 및 수출 등에 관한 사항을 규정함으로써 (㉠)와/과 (㉡)의 발전에 기여함을 목적으로 한다.

「우수화장품 제조 및 품질관리기준」 제1조(목적)

　이 고시는 「화장품법」 제5조 제2항 및 같은 법 시행규칙 제12조 제2항에 따라 우수화장품 제조 및 품질관리 기준에 관한 세부사항을 정하고, 이를 이행하도록 권장함으로써 우수한 화장품을 제조·공급하여 소비자보호 및 (㉠)에 기여함을 목적으로 한다.

답

82. 화장품제조업 창업 컨설팅에서 만난 A와 B가 ⟨보기⟩와 같이 대화하고 있다. ⟨보기⟩를 참고하여 ( ) 안에 들어갈 알맞은 말을 「화장품법 시행규칙」 제11조에 명시된 **정확한 용어**로 쓰시오. (8점)

⟨보기⟩

[제 ○회 화장품제조업 창업 컨설팅]

A: 화장품제조업을 등록하려는데 화장품제조업자의 준수사항이 너무 많아 고민입니다. 법에 명시된 주요한 사항은 무엇이 있을까요?

B: 화장품제조업자는 제조관리기준서·제품표준서·제조관리기록서 및 품질관리기록서를 작성·보관하여야 합니다. 그리고 이 서류 중 품질관리를 위하여 필요한 사항을 화장품책임판매업자에게 제출하여야 하죠.

A: 혹시 서류를 화장품책임판매업자에게 제출하지 않아도 되는 경우가 있나요?

B: 네, 화장품제조업자와 화장품책임판매업자가 동일하다면 제출할 필요가 없겠지요. 또 화장품제조업자가 제품을 설계·개발·생산하는 방식으로 제조하여 화장품제조업자와 화장품책임판매업자 간 상호 계약에 따라 ( )에 해당하는 경우 역시 제출하지 않아도 됩니다. 그러나 이 경우에도 품질 및 안전관리에 영향이 없는 범위이어야 합니다.

답

83. <보기>는 「화장품법」 제4조의 2 영유아 및 어린이 사용 화장품의 관리에 대한 내용 중 일부이다. ( ) 안에 들어갈 알맞은 말을 명시된 **정확한 용어**로 차례대로 쓰시오. (10점)

─── <보기> ───

화장품책임판매업자는 영유아 또는 어린이가 사용할 수 있는 화장품임을 표시 · 광고하려는 경우 제품별로 안전과 품질을 입증할 수 있는 다음의 자료를 작성 및 보관하여야 한다.
1. 제품 및 (㉠)에 대한 설명 자료
2. 화장품의 (㉡) 평가 자료
3. 제품의 (㉢)에 대한 증명 자료

답

---

84. <보기>는 계면활성제의 가용화의 원리에 대한 설명이다. <보기>의 ( ) 안에 들어갈 **정확한 용어**를 차례대로 한글로 쓰시오. (8점)

─── <보기> ───

물에 계면활성제를 용해하였을 때 계면활성제의 소수성 부분은 가능한 한 물과 접촉을 최소화하며 희석 용액에서 계면활성제는 주로 물과 공기의 표면에 단분자막 형태로 존재한다. 그러나 계면활성제의 농도가 증가하면 계면활성제의 소수성 부분끼리 서로 모이게 되고 집합체를 형성한다. 이러한 집합체를 (㉠)(이)라 하며 (㉠)(이)가 형성되기 시작하는 농도를 (㉡)(이)라고 한다.

답

85. 〈보기〉는 「맞춤형화장품조제관리사 교수·학습 가이드」에 따른 화장품 성분이 가져야 할 기본적인 조건 중 안정성에 관한 설명의 일부이다. (   )안에 들어갈 알맞은 말을 **정확한 용어**로 쓰시오. (6점)

─────〈보기〉─────

- 성분 안정성 평가:다양한 물리·화학적 조건에서 화장품 성분의 변색, 변취, 상태변화 및 (   )의 함량변화를 통해 화장품 성분의 변화정도를 평가함.
- (   ):원료에 함유된 화학적으로 규명된 성분 중 품질관리 목적으로 정한 성분

답

86. 〈보기〉는 내용물 및 원료의 품질성적서 작성 시 숙지하여야 할 개념에 대한 설명이다. (   )안에 들어갈 알맞은 말을 **정확한 용어**로 차례대로 쓰시오. (10점)

─────〈보기〉─────

·(㉠)(이)란 화학물질에 대하여 유해위험성, 응급조치요령, 취급방법 등 16가지 항목에 대해 상세하게 설명해주는 자료를 말한다. 산업안전보건법 제110조의 규정에 의하여 화학물질을 제조, 수입, 사용, 저장, 운반하고자 하는 자는 이를 작성, 비치 또는 게시하고, 화학물질을 양도 또는 제공하는 자는 이를 함께 제공토록 하고 있다. 이는 화학 물질을 취급하는 근로자에게 유해성과 위험성을 알림으로써 근로자 스스로가 자신을 보호하고 불의의 화학 사고에 신속히 대응하게 하는 데 목표가 있다.

·(㉡)(은)는 이제까지 알려진 모든 화합물, 중합체 등을 기록하는 번호이다. 미국 화학회에서 운영하는 서비스이며, 모든 화학 물질을 중복 없이 찾을 수 있도록 한다.

답

87. 〈보기〉의 (   ) 안에 공통으로 들어갈 알맞은 말을 「화장품법 시행규칙」에 명시된 **정확한 용어**로 쓰시오. (6점)

─── 〈보기〉 ───

A: 「화장품법 시행규칙」 제18조에 따라 안전용기·포장을 해야 하는 품목이지만 예외적으로 안전용기·포장을 하지 않아도 되는 경우가 있을까요?

B: 네, 시행규칙에 따르면 일회용 제품, 용기 입구 부분이 펌프 또는 방아쇠로 작동되는 (   )용기 제품, 압축 (   )용기 제품의 경우 요건을 충족해도 안전용기·포장을 하지 않아도 된답니다.

답

88. 「제품의 포장재질·포장방법에 관한 기준 등에 관한 규칙」 제4조 및 제11조에 따라 〈보기〉의 (   ) 안에 들어갈 숫자를 차례대로 쓰시오. (8점)

─── 〈보기〉 ───

- 종합제품으로서 복합합성수지 재질 및 폴리비닐클로라이드 재질 또는 합성섬유 재질로 제조된 받침 접시 또는 포장용 완충재를 사용한 제품의 포장공간비율은 (㉠)% 이내로 한다.
- 제품의 제조 또는 수입하는 자, 대규모점포 및 면적이 (㉡)제곱미터 이상인 매장에서 포장된 제품을 판매하는 자는 포장되어 생산된 제품을 재포장하여 제조·수입·판매해서는 안 된다.

답

89. 〈보기〉는 「기능성화장품 심사에 관한 규정」에 따라 어떤 기능성 화장품에 대한 효과 측정의 시행 과정이다. 효과 측정을 위해 〈보기〉의 과정을 거치는 기능성 화장품이 무엇인지 해당 규정에 명시된 **정확한 용어**로 쓰시오. (10점)

〈보기〉

㉠ 20분간 입수한다.

㉡ 20분간 물 밖에 나와 쉰다. 이때 자연 건조되도록 하고 제품의 도포부위에 타월 사용은 금지한다.

㉢ 20분간 입수한다.

㉣ 20분간 물 밖에 나와 쉰다. 이때 자연 건조되도록 하고 제품의 도포 부위에 타월사용은 금지한다.

㉤ 20분간 입수한다.

㉥ 20분간 물 밖에 나와 쉰다. 이때 자연 건조되도록 하고 제품의 도포부위에 타월사용은 금지한다.

㉦ 20분간 입수한다.

㉧ 물 밖에 나와 완전히 마를 때까지 15분 이상 자연 건조한다.

답

---

90. 〈보기1〉에서 설명하는 '이것'이 무엇인지 〈보기2〉에서 찾아 쓰시오. (10점)

〈보기 1〉

'이것'은 피티로스포룸(Pityrosporum)이라고도 하며 모낭염(毛囊炎)의 원인균으로서 환부에서 분리되지만 건강인의 두부(頭部) 또는 체부피부에서도 상재균으로서 생식하는 경우가 많다. 개개의 세포의 크기는 2~7μm이고, 단극성(單極性)출아를 하는 것으로서 증식한다. 이 균을 배양하는 경우 배지에는 올리브유 등과 같은 지질을 첨가해야만 한다. 최근에는 지루성 피부염의 일종인 비듬, 아토피 피부염, 심상성 여드름, 탈모, 건선에 이르기까지 그 원인 진균으로서 '이것'에 대한 관심이 점차 대두되고 있다.

〈보기 2〉

케라토히알린, 티루브럼, 클라미디아, 말라세지아, 비브리오, 플랑크토마이세스 젬마타, 스트렙토코쿠스, 살모넬라, 플라스미드, 펩티도글리칸, 스피로헤타, 슈도모나스, 헬리코박터, 스트렙토마이세스, 코리네박테리움, 클로스트리듐, 박테로이데스, 사이토파가, 렙토스피라, 다이노코커스 액티노스클레루스, 베루코미크로비움, 락토바실러스

답

91. 〈보기1〉의 (   ) 안에 공통으로 들어갈 말로 적절한 것을 〈보기2〉에서 찾아 쓰시오. (8점)

― 〈보기 1〉 ―

(   )은/는 생체 내의 산화환원반응에 중요한 역할을 하는 항산화 물질이다. (   )은/는 기본적으로 세 개의 아미노산인 글루탐산, 시스테인, 글리신이 결합하여 생성된 폴리펩타이드 구조로 체내 모든 세포에서 합성될 수 있다. (   )은/는 환원된 상태와 산화된 상태로 존재하여, 거의 모든 생체 내의 산화-환원반응에 중요한 역할을 한다. 분자 내 티올기(-SH)를 포함하여 환원형 (   )은/는 항산화 효과로 멜라닌 합성을 억제하고 유멜라닌 대신 페오멜라닌으로 합성을 유도하여 미백작용을 하는 것으로 알려져 있다.

― 〈보기 2〉 ―

노긴펩타이드, 키닌, 콜라게나아제, 알파리포익애씨드, 아스코빅애씨드, 토코페롤, 글루타메이트, 글루타민, 플라보노이드, 아연, 감마리놀렌산, 스피룰리나, 코엔자임Q10, 셀레늄, 글루타치온, 글루코사민, 갈락토사민, 아르기닌, 베타글루칸, 알기닌, 로이신, 라이신, 트레오닌, 발린, 알라닌, 메티오닌, 히스티딘, 타우린, 폴리페놀, 라이코펜, 카페인

답

92. 〈보기〉는 「화장품 안전기준 등에 관한 규정」 [별표 4] 유통화장품 안전관리 시험방법에 따른 연성 칼륨 비누의 시험법에 대한 설명이다. 다음 중 (   ) 안에 공통으로 들어갈 알맞은 말을 **정확한 용어**로 쓰시오. (8점)

― 〈보기〉 ―

연성 비누 약 4.0g을 정밀하게 달아 플라스크에 넣은 후 60% 에탄올 용액 200mL를 넣고 환류 하에서 10분 동안 끓인다. 중화된 (   ) 용액 15mL를 끓는 용액에 조금씩 넣고 충분히 섞는다. 흐르는 물로 실온까지 냉각시키고 지시약 1mL를 넣은 다음 즉시 0.1N 염산 표준용액으로 녹색이 될 때까지 적정한다.
* (   ) 용액: (   ) 10g을 이산화탄소를 제거한 증류수 90mL에 용해 시키고, 지시약을 사용하여 0.1N 수산화칼륨 용액으로 보라색이 나타날 때까지 중화시킨다.

답

93. 평소 화장품 원료에 대해 궁금증이 많은 A는 궁금증을 풀기 위해 맞춤형화장품판매업소를 찾았다. 〈보기1〉은 A와 맞춤형화장품조제관리사 B의 대화이고, 〈보기2〉는 A가 사용하는 화장품의 전성분이다. 〈보기1〉과 〈보기2〉를 참고하여 ㉠과 ㉡에 해당하는 성분을 〈보기2〉에서 각각 찾아 차례대로 쓰시오. (12점)

───── 〈보기 1〉 ─────

A:요즘 고분자화합물에 관심이 많습니다. 분자량이 큰 수용성 물질로서 세균에 대한 오염도가 높다고 해서요.

B:고분자화합물은 점도 향상에 이바지하여 안정성과 사용감을 높이는 긍정적인 측면도 있어요. 고분자화합물에는 히알루론산, 점증제, 필름 형성제 등이 있습니다.

A:그렇군요. 제가 사용하는 화장품에도 고분자화합물이 있는지 확인해주실 수 있으신가요?

B:많이 들어있네요. 히알루론산과 더불어 천연, 합성, 반합성 점증제, 필름 형성제까지 모두 들어 있습니다.

A:제 화장품의 전성분 중 ㉠반합성 점증제와 ㉡필름 형성제는 무엇인가요?

───── 〈보기 2〉 ─────

정제수, 사이클로헥사실록세인, 카라기난, 프로필렌글라이콜, 티타늄디옥사이드, 마이카, 다이메티콘, 카복시메틸셀룰로오스, 구아검, 알부틴, 글리세린, 실리카, 솔비탄올리베이트, 솔비탄아이소스테아레이트, 나이트로셀룰로오스, 황색 산화철, 클로페네신, 적색 산화철, 메틸파라벤, 트라이에톡시카프릴릴실레인, 카복시비닐폴리머, 알란토인, 잔탄검, 바이오사카라이드검, 폴리쿼터늄-80, 벤질알코올, 아라비아고무나무검, 레시틴, 장미추출물, 소듐하이알루로네이트, 세라마이드

답

94. 〈보기〉는 화장품 법령에 명시된 맞춤형화장품판매업자의 혼합·소분 시 준수사항 중 일부이다. ()안에 들어갈 말을 정확한 용어로 차례대로 기입하시오. (10점)

───── 〈보기〉 ─────

- 혼합·소분 전에 혼합·소분에 사용되는 내용물 또는 원료에 대한 (㉠)을/를 확인할 것
- 혼합·소분 전에 혼합·소분된 제품을 담을 포장용기의 (㉡) 여부를 확인할 것
- 혼합·소분에 사용되는 장비 또는 기구 등은 사용 전에 그 위생 상태를 점검하고, 사용 후에는 (㉢) 이/가 없도록 세척할 것

답

95. 「맞춤형화장품판매업 가이드라인」에 따라 〈보기〉의 ( )에 들어갈 알맞은 말을 **정확한 용어**로 차례대로 쓰시오. (8점)

───── 〈보기〉 ─────

(㉠):선, 그물망, 줄 등으로 충분한 간격을 두어 착오나 혼동이 일어나지 않도록 되어 있는 상태

(㉡):동일 건물 내에서 벽, 칸막이, 에어커튼 등으로 교차오염 및 외부오염물질의 혼입이 방지될 수 있도록 되어 있는 상태

답

96. 「화장품 바코드 표시 및 관리요령」에 따라 ( )안에 공통으로 들어갈 알맞은 숫자를 기입하시오. (6점)

───── 〈보기〉 ─────

맞춤형화장품 및 내용량이 ( )밀리리터 이하 또는 ( )그램 이하인 제품의 용기 또는 포장이나 견본품, 시공품 등 비매품에 대하여는 화장품바코드 표시를 생략할 수 있다.

답

97. 〈보기〉는 위해성 평가의 수행 중 일부에 대한 설명과 안전성 판정 기준에 대한 설명이다. ( )안에 공통으로 들어갈 알맞은 말을 쓰시오. (8점)

───── 〈보기〉 ─────

화학적 위해요소에 대한 위해성은 물질의 특성에 따라 위해 지수, ( )등으로 표현하고 국내·외 위해성 평가 결과 등을 종합적으로 비교·분석하여 최종 판단한다.

( )은/는 약물의 안전성을 판정하는 기준을 말한다. 안전 계수, 치료계수라고도 한다. 일반적으로는 50% 치사량(LD50)과 50% 유효량(ED50)과의 비로 표시한다. 이것이 큰 것일수록 안전성이 높고 작은 것일수록 독성이 나타날 위험이 큰 약물이다. 치료약으로서는 이것이 큰 것이 바람직하다고 할 수 있다.

답

98. 〈보기〉는 「기능성화장품 기준 및 시험방법」 [별표 9]의 일부로서 '탈모 증상의 완화에 도움을 주는 기능성 화장품'의 원료 규격의 신설을 주요 내용으로 고시한 일부 원료에 대한 설명이다. 설명에 해당하는 원료명을 **한글**로 쓰시오. (8점)

─── 〈보기〉 ───

* 분자식(분자량):C10H16N2O3S(244.3)
* 이 원료를 정량할 때 환산한 건조물에 대하여 98.5 ~ 101.0%를 함유한다.
* 이 원료는 흰색 또는 거의 흰색의 결정의 가루이거나 무색의 결정이다. 비타민 B7인 이 원료는 물과 에탄올에 매우 녹기 어려우며, 아세톤에 거의 녹지 않고 묽은 알칼리 용액에는 녹는다.

답

99. 〈보기〉는 「화장품 표시·광고 실증에 관한 규정」의 일부이다. (   )안에 공통으로 들어갈 알맞은 말을 **정확한 용어**로 기입하시오. (8점)

─── 〈보기〉 ───

「화장품법 시행규칙」 제23조 제2항에 따라 합리적인 근거로 인정될 수 있는 실증자료는 다음 중 어느 하나에 해당하여야 한다.
* 시험 결과:인체 적용시험 자료, (   ) 자료, 같은 수준 이상의 조사 자료
　(   )은/는 실험실의 배양접시, 분리된 모발 및 피부, 인공피부 등 인위적 환경에서 시험물질과 대조물질 처리 후 결과를 측정하는 것을 말한다.

답

100. 맞춤형화장품조제관리사 A와 맞춤형화장품판매업소를 찾은 고객 B가 〈보기1〉와 같이 대화를 나누고 있다. 밑줄 친 성분들에 해당하는 자외선 차단 성분을 〈보기2〉에서 찾아 쓰고 「화장품 안전기준 등에 관한 규정」 [별표 2] 사용상의 제한이 필요한 원료에 고시된 밑줄 친 성분들 각각의 최대 사용 한도를 더한 값을 쓰시오. (14점)

─────── 〈보기 1〉 ───────

A:고객님, 어떤 화장품을 찾으시나요?

B:저는 자외선 차단제를 보고 있습니다. 요즘 어떤 자외선 차단제가 잘 나가나요?

A:요즘은 피부에 자극이 낮은 무기적 자외선 차단제가 유행입니다.

B:오, 그렇군요. 피부에 자극이 적다니 매력적이네요. 저는 자외선 차단제를 바른 후에 화장이 잘 먹었으면 좋겠어요.

A:음, 무기적 자외선 차단제는 피부에 바르면 다소 뜨고 건조해지는 경향이 있어요. 텁텁한 느낌이 드실 수도 있고요.

B:화장이 잘 되려면 베이스가 촉촉해야 하는데... 촉촉한 자외선 차단제는 없나요?

A:무기적 자외선 차단제가 아니어도 상관없으신가요?

B:네. 촉촉했으면 좋겠어요.

A:특별히 찾으시는 성분이 있으신가요?

B:환경에 나쁜 영향을 미치는 성분이 아니었으면 좋겠어요. 하나를 생각해도 환경을 생각하는 시대잖아요.

A:한때 자외선 차단제가 산호초를 파괴한다고 뉴스에 난리가 났던 적이 있었죠.

B:네, 저도 본 것 같아요! 미국의 하와이에서는 산호초를 지키기 위해 어떤 성분들이 함유된 자외선 차단제는 아예 판매할 수 없게 법으로 정했다고 들었어요.

A:맞습니다. 뿐만 아니라 그러한 성분들은 바다로 유입되면 해양 생물의 내분비 교란 가능성을 증가시켜 해양 환경과 생태계에 악영향을 준다고 밝혀졌죠.

B:저는 그러한 성분들이 들어가지 않은 자외선 차단제를 사용하고 싶습니다.

─────── 〈보기 2〉 ───────

드로메트리졸, 디갈로일트리올리에이트, 4-메틸벤질리덴캠퍼, 멘틸안트라닐레이트, 벤조페논-3, 벤조페논-4, 벤조페논-8, 부틸메톡시디벤조일메탄, 시녹세이트, 에틸헥실트리아존, 옥토크릴렌, 에틸헥실디메틸파바, 에틸헥실메톡시신나메이트, 에틸헥실살리실레이트, 페닐벤즈이미다졸설포닉애씨드, 호모살레이트, 징크옥사이드, 티타늄디옥사이드, 드로메트리졸트리실록세인, 폴리실리콘-15, 티이에이-살리실레이트

답

지한쌤 최적화 봉투모의고사
맞춤형화장품조제관리사 자격시험 채점 방법 안내

단원	단원명		문항수	배점	
1단원	화장품 관련 법령 및 제도 등에 관한 사항	객관식	7	100점	
		주관식	3		
	객관식 1번 ~ 7번, 주관식 81번 ~ 83번까지 취득한 점수 기입 ⇨				A
	*1단원의 취득 점수인 A가 40점 미만인 경우 탈락				
2단원	화장품의 제조 및 품질관리와 원료의 사용기준 등에 관한 사항	객관식	20	250점	
		주관식	5		
	객관식 8번 ~ 27번, 주관식 84번 ~ 88번까지 취득한 점수 기입 ⇨				B
	*2단원의 취득 점수인 B가 100점 미만인 경우 탈락				
3단원	화장품의 유통 및 안전관리 등에 관한 사항	객관식	25	250점	
		주관식	0		
	객관식 28번 ~ 52번까지 취득한 점수 기입 ⇨				C
	*3단원의 취득 점수인 C가 100점 미만인 경우 탈락				
4단원	맞춤형 화장품의 특성·내용 및 관리 등에 관한 사항	객관식	28	400점	
		주관식	12		
	객관식 53번 ~ 80번, 주관식 89번~100번까지 취득한 점수 기입 ⇨				D
	*4단원의 취득 점수인 D가 160점 미만인 경우 탈락				
총합	총 4단원	객관식	80	총점 1000점	
		주관식	20		
	A + B + C + D ⇨				
	*A부터 D까지의 총합이 600점 미만인 경우 탈락				

〈채점요령〉

화장품법 시행규칙 제8조의 4에 따르면 맞춤형화장품조제관리사 자격시험은 전 과목 총점의 60 퍼센트 이상의 점수와 매 과목 만점의 40퍼센트 이상의 점수를 모두 득점한 사람을 합격자로 합니다. 따라서 위의 각 A(1단원 취득 점수), B(2단원 취득 점수), C(3단원 취득 점수), D(4단원 취득 점수)가 각 과목의 총점의 40% 이상이어야 하며 A+B+C+D는 600점 이상 취득하셔야 합격입니다. 각 과목별 과락기준은 위의 표에 기재하였습니다.

[참고] '미만'의 뜻은 그 수를 포함하지 않고 그 수보다 아래의 수들을 말합니다. 따라서 내 점수 총점이 딱 600점이면 탈락 기준인 600점 미만이 아니므로 합격입니다.

맞춤형화장품조제관리사 자격시험 답안지

※ 단답형(81번~100번) 문항은 뒷면의 단답에 기입하시오.

선다형 답란

1	① ② ③ ④ ⑤	21	① ② ③ ④ ⑤	41	① ② ③ ④ ⑤	61	① ② ③ ④ ⑤
2	① ② ③ ④ ⑤	22	① ② ③ ④ ⑤	42	① ② ③ ④ ⑤	62	① ② ③ ④ ⑤
3	① ② ③ ④ ⑤	23	① ② ③ ④ ⑤	43	① ② ③ ④ ⑤	63	① ② ③ ④ ⑤
4	① ② ③ ④ ⑤	24	① ② ③ ④ ⑤	44	① ② ③ ④ ⑤	64	① ② ③ ④ ⑤
5	① ② ③ ④ ⑤	25	① ② ③ ④ ⑤	45	① ② ③ ④ ⑤	65	① ② ③ ④ ⑤
6	① ② ③ ④ ⑤	26	① ② ③ ④ ⑤	46	① ② ③ ④ ⑤	66	① ② ③ ④ ⑤
7	① ② ③ ④ ⑤	27	① ② ③ ④ ⑤	47	① ② ③ ④ ⑤	67	① ② ③ ④ ⑤
8	① ② ③ ④ ⑤	28	① ② ③ ④ ⑤	48	① ② ③ ④ ⑤	68	① ② ③ ④ ⑤
9	① ② ③ ④ ⑤	29	① ② ③ ④ ⑤	49	① ② ③ ④ ⑤	69	① ② ③ ④ ⑤
10	① ② ③ ④ ⑤	30	① ② ③ ④ ⑤	50	① ② ③ ④ ⑤	70	① ② ③ ④ ⑤
11	① ② ③ ④ ⑤	31	① ② ③ ④ ⑤	51	① ② ③ ④ ⑤	71	① ② ③ ④ ⑤
12	① ② ③ ④ ⑤	32	① ② ③ ④ ⑤	52	① ② ③ ④ ⑤	72	① ② ③ ④ ⑤
13	① ② ③ ④ ⑤	33	① ② ③ ④ ⑤	53	① ② ③ ④ ⑤	73	① ② ③ ④ ⑤
14	① ② ③ ④ ⑤	34	① ② ③ ④ ⑤	54	① ② ③ ④ ⑤	74	① ② ③ ④ ⑤
15	① ② ③ ④ ⑤	35	① ② ③ ④ ⑤	55	① ② ③ ④ ⑤	75	① ② ③ ④ ⑤
16	① ② ③ ④ ⑤	36	① ② ③ ④ ⑤	56	① ② ③ ④ ⑤	76	① ② ③ ④ ⑤
17	① ② ③ ④ ⑤	37	① ② ③ ④ ⑤	57	① ② ③ ④ ⑤	77	① ② ③ ④ ⑤
18	① ② ③ ④ ⑤	38	① ② ③ ④ ⑤	58	① ② ③ ④ ⑤	78	① ② ③ ④ ⑤
19	① ② ③ ④ ⑤	39	① ② ③ ④ ⑤	59	① ② ③ ④ ⑤	79	① ② ③ ④ ⑤
20	① ② ③ ④ ⑤	40	① ② ③ ④ ⑤	60	① ② ③ ④ ⑤	80	① ② ③ ④ ⑤

(뒷면에 계속)

응시일 / 교시장 / 교시실

응시일 : 년 월 일
교사장
교사실

수험번호

성명

(좌측부터 성명 기재, 5자리 이상시 앞자리 4자리만 기재,
영문이름은 외래어표기법에 따라 앞자리 4자리만 기재)

답안 작성시 유의사항

답안 작성방법

<공통 작성방법>

1. 답안지에 낙서를 하거나 구기지 마세요.
2. 답안지를 잘못작성하여 발생한 책임은 응시자에게 있습니다.

<선다형 작성방법>

1. 답안은 반드시 컴퓨터용 수성사인펜만을 사용하여 다음과 같이 1문제에 1개만 표기해야 합니다.
   예시 : ● (O) ◑ (X) ◉ (X)
2. 예비마킹으로 빨간색 수성사인펜만 기재해야 합니다.
   (검정색 볼펜, 파란색 볼펜, 연필 금지)
3. 수정테이프(액)등을 사용했을 경우 체점상의 불이익을 받을 수 있으므로 사용을 지양합니다.

<단답형 작성방법>

1. 답안작성을 정자로 작성해야하며, 검정색 볼펜을 사용하여 작성해야 합니다.
2. 오타의 경우 오답처리됩니다.
3. 답안정정시 정정부분을 두 줄(=)로 긋고 다시 기재하시기 바라며, 수정테이프(액)등을 사용했을 경우 체점상의 불이익을 받을 수 있으므로 사용을 지양합니다.

부정행위 처리규정

다음행위를 하는 경우 부정행위로 간주하여 퇴실조치 및 해당시험은 무효처리합니다.

- 대리시험을 치른 행위 또는 치르게 하는 행위
- 시험중 다른 응시자와 시험과 관련대화를 하거나 손동작, 소리등으로 신호하는 행위
- 시험중 다른 응시자의 답안지 또는 문제지를 보고 자신의 답안지를 작성하는 행위
- 시험중 다른 응시자를 위하여 답안 등을 알려주거나 보여주는 행위 및 교사실 내외의 자로부터 도움을 받아 답안지를 작성하는 행위
- 다른 응시자와 답안지를 교환하는 행위
- 시험중 자신의 답안지를 다른 응시자와 교환하거나 다른 응시자의 성명 또는 응시번호를 바꾸어 기재하는 행위
- 시험중 시험문제 내용과 관련된 물품을 휴대하거나 이를 주고 받는 행위
- 시험표 또는 응시자의 신분을 증명하는 서류를 위조 또는 변조하여 시험을 치르거나 치르게 하는 행위
- 수정표 또는 응시자의 신분을 증명하는 서류를 위조 또는 변조하여 시험을 치르거나 치르게 하는 행위
- 통신기기 및 전자기기를 휴대하거나 이를 사용하여 답안지를 작성하거나 다른 응시자를 위하여 답안을 전송하는 행위
- 감독위원의 본인 확인 및 검정장소에 보관하지 않고 휴대한 행위
- 그 밖에 부정한 방법으로 본인 또는 다른 응시자의 시험결과에 영향을 미치는 행위

신실하게 시험에 임할 것을 서약합니다.

성명 : (서명)

감독관 표기란

※ 응시생은 절대 표기하지 말 것

정자로 이름 기입		
감독관 확인	정자로 이름 기입	
결시	○	중도 포기 ○	부정 행위 ○

※채점자 기입란

81	⓪	①
82	⓪	①
83	⓪	①
84	⓪	①
85	⓪	①
86	⓪	①
87	⓪	①
88	⓪	①
89	⓪	①
90	⓪	①
91	⓪	①
92	⓪	①
93	⓪	①
94	⓪	①
95	⓪	①
96	⓪	①
97	⓪	①
98	⓪	①
99	⓪	①
100	⓪	①

답란

96	97	98	99	100
91	92	93	94	95
86	87	88	89	90
81	82	83	84	85

맞춤형화장품조제관리사 자격시험 2회

성명		수험번호										

○ 시험 도중 포기하거나 답안지를 제출하지 않은 응시자는 시험 무효 처리됩니다.

○ 시험 시간 중에는 화장실에 갈 수 없고 종료 시까지 퇴실할 수 없으므로 과다한 수분 섭취를 자제 하는 등 건강관리에 유의하시기 바랍니다.

○ 응시자는 감독위원의 지시에 따라야 하며, 부정한 행위를 한 응시자에게는 해당 시험을 무효로 합 니다.

○ 답안지는 문제번호가 1번부터 100번까지 양면으로 인쇄되어 있습니다. 답안 작성 시에는 반드시 시험문제지의 문제번호와 동일한 번호에 작성하여야 합니다.

○ 선다형 답안 마킹은 반드시 컴퓨터용 사인펜으로 작성하여야 합니다. 답안 수정이 필요할 경우 감 독관에게 답안지 교체를 요청해야 하며, 수정테이프(액) 등을 사용했을 경우 채점상의 불이익을 받을 수 있으므로 사용하지 마시기 바랍니다.

○ 올바른 답안 마킹방법 및 주의사항

> • 매 문항마다 반드시 하나의 답만을 골라 그 숫자에 "●"로 정확하게 표기하여야 하며, 이를 준수 하지 않아 발생하는 불이익(득점 불인정 등)은 응시자 본인이 감수해야 함
>
> • 답안 마킹이 흐리거나, 답란을 전부 채우지 않고 작게 점만 찍어 마킹할 경우 OMR 판독이 되지 않을 수 있으니 유의하여야 함
>
> • 두 개 이상의 답을 마킹한 경우 오답처리 됨
>
> [예시] 올바른 표기: ● 잘못된 표기: ⊙⊗⊖⦀⑪⊘⊙Ⓥ⌒

○ 단답형 답안 작성은 반드시 검정색 볼펜으로 작성하여야 합니다. 답안 정정 시에는 반드시 정정 부분을 두 줄(=)로 긋고 해당 답안 칸에 다시 기재하여야 하며, 수정테이프(액) 등을 사용했을 경 우 채점상의 불이익을 받을 수 있으므로 사용하지 마시기 바랍니다.

○ 문항별 배점은 시험 문제에 표기되어 있습니다.

○ 시험 문제 및 답안은 비공개이며, 이에 따라 시험 당일 문제지 반출이 불가합니다.

※ 시험이 시작되기 전까지 표지를 넘기지 마시오.

지한쌤 최적화 봉투모의고사
맞춤형화장품조제관리사 자격시험 2회
정답 및 해설·출제근거표

───── 〈알려두기〉 ─────

이 모의고사는 실제 시험보다 어렵게 출제되었으며 식품의약품안전처에서 발표한 맞춤형화장품 조제관리사 자격시험 공고문을 준수하여 체계적으로 출제되었습니다. 실제 시험의 선다형(객관식) 및 단답형(주관식)의 출제 비율 및 각 단원별 배점 기준 준수, 세부 출제 주제에 대한 균형 있는 출제, 명확한 출제 근거 명시 등을 통해 여러분들의 안정적인 합격을 도모하였습니다. 특히 이번 모의 고사는 「화장품 법령(화장품법 + 화장품법 시행령 + 화장품법 시행규칙 + 식약처장의 행정고시 + 각 종 민원인 해설서 + 규정을 토대로 제작한 자체 규정 등)」 80%, 화장품 관련 법령 5%, 「맞춤형화장 품조제관리사 교수·학습 가이드」 15%로 구성되어 실제 시험장에서 시험지를 받아보셨을 때 최대한 당황하지 않고 사전에 미리 준비할 수 있게 제작되었습니다. 다양한 단원의 통합 문제가 실제 시험 에서 다출제되므로 이 모의고사에서도 통합적 문제를 다양하게 구성함으로써 전체적인 난이도를 높 였습니다. 구체적인 출제 기준과 출제 세부사항은 아래와 같습니다.

[시험 과목별 문항 및 배점 기준]

단원	단원명	문항수		배점
1단원	화장품 관련 법령 및 제도 등에 관한 사항	객관식	7	100점
		주관식	3	
2단원	화장품의 제조 및 품질관리와 원료의 사용기준 등에 관한 사항	객관식	20	250점
		주관식	5	
3단원	화장품의 유통 및 안전관리 등에 관한 사항	객관식	25	250점
		주관식	0	
4단원	맞춤형 화장품의 특성·내용 및 관리 등에 관한 사항	객관식	28	400점
		주관식	12	
총합	총 4단원	객관식	80	총점 1000점
		주관식	20	

[세부 출제 주제별 모의고사 문항 배정]

교과목	주요 항목	★세부 출제 주제[출제빈도]★	연계된 모의고사 문항
1. 화장품 관련 법령 및 제도 등에 관한 사항 10문항/100점 10% 출제 비중 선다형 7문항 단답형 3문항	1.1. 화장품법	1. 화장품법의 입법 취지	1회 모의고사에 출제함
		2. 화장품의 정의 및 유형[다출제 영역]	4단원 연계 문제(57)
		3. 화장품의 유형별 특성[타 단원 연계 다출제 영역]	4단원 연계 문제(55, 56, 58)
		4. 화장품법에 따른 영업의 종류[다출제 영역]	4단원 연계 문제(53, 61)
		5. 화장품의 품질 요소(안전성, 안정성, 유효성)	1 4단원 연계 문제(60, 63)
		6. 화장품의 사후관리 기준	2, 3, 81, 82, 83
	1.2. 개인정보 보호법	7. 고객 관리 프로그램 운용	6, 7
		8. 개인정보 보호법에 근거한 고객정보 입력	6
		9. 개인정보 보호법에 근거한 고객정보 관리	4, 5
		10. 개인정보 보호법에 근거한 고객 상담	1회 모의고사에 출제함
2. 화장품의 제조 및 품질관리와 원료의 사용기준 등에 관한 사항 25문항/250점 25% 출제 비중 선다형 20문항 단답형 5문항	2.1. 화장품 원료의 종류와 특성	11. 화장품 원료의 종류	20, 21
		12. 화장품에 사용된 성분의 특성[다출제 영역]	20, 21, 22, 23 4단원 연계 문제(68, 76, 78, 97, 100)
		13. 원료 및 제품의 성분 정보	12, 24 4단원 연계 문제(54, 58, 62, 79)
	2.2. 화장품의 기능과 품질	14. 화장품의 효과	4단원 연계 문제(54, 55, 56, 68)
		15. 판매 가능한 맞춤형화장품 구성[다출제 영역]	4단원 연계 문제(57, 62)
		16. 내용물 및 원료의 품질성적서 구비	26, 27
	2.3. 화장품 사용 제한 원료	17. 화장품에 사용되는 사용 제한 원료의 종류 및 사용 한도[다출제 영역/고난이도]	19 4단원 연계 문제(57, 62, 63, 65, 77, 78, 79, 80, 84, 88, 100)
		18. 착향제(향료) 성분 중 알레르기 유발물질[다출제 영역/숫자 계산 영역]	18 4단원 연계 문제(79, 94)
	2.4. 화장품 관리	19. 화장품의 취급 방법	11, 13, 14, 15, 16, 17
		20. 화장품의 보관 방법	11, 13, 14, 15, 16, 17, 87
		21. 화장품의 사용 방법	9, 10, 85, 87
		22. 화장품의 사용상 주의사항[다출제 영역]	9, 10 4단원 연계 문제(58, 78, 79, 95)
	2.5. 위해 사례 판단 및 보고	23. 위해 여부 판단	8, 25, 86
		24. 위해 사례 보고	4단원 연계 문제(59, 100)

교과목	주요 항목	★세부 출제 주제[출제빈도]★	연계된 모의고사 문항
3. 화장품의 유통 및 안전관리 등에 관한 사항 25문항/250점 25% 출제 비중 선다형 25문항 단답형 0문항	3.1. 작업장 위생관리	25. 작업장의 위생 기준	28, 29
		26. 작업장의 위생 상태	30, 31
		27. 작업장의 위생 유지관리 활동[다출제 영역]	1회 모의고사에 출제함
		28. 작업장 위생 유지를 위한 세제의 종류와 사용법	32
		29. 작업장 소독을 위한 소독제의 종류와 사용법	1회 모의고사에 출제함
	3.2. 작업자 위생관리	30. 작업장 내 직원의 위생 기준 설정	33, 34
		31. 작업장 내 직원의 위생 상태 판정	34
		32. 혼합 · 소분 시 위생관리 규정[다출제 영역]	4단원 연계 문제(99)
		33. 작업자 위생 유지를 위한 세제의 종류와 사용법	33
		34. 작업자 소독을 위한 소독제의 종류와 사용법	33
		35. 작업자 위생관리를 위한 복장 청결 상태 판단	34
	3.3. 설비 및 기구 관리	36. 설비 · 기구의 위생 기준 설정	35
		37. 설비 · 기구의 위생 상태 판정	36
		38. 오염물질 제거 및 소독 방법	37
		39. 설비 · 기구의 구성 재질 구분	38
		40. 설비 · 기구의 폐기 기준	39, 40
	3.4. 내용물 원료 관리	41. 내용물 및 원료의 입고 기준	41, 42
		42. 유통화장품의 안전관리 기준[다출제 영역/고난이도]	49, 50, 51, 52
		43. 입고된 원료 및 내용물 관리기준	43, 44
		44. 보관 중인 원료 및 내용물 출고기준	48
		45. 내용물 및 원료의 폐기 기준	47
		46. 내용물 및 원료의 사용기한 확인 · 판정	1회 모의고사에 출제함
		47. 내용물 및 원료의 개봉 후 사용기한 확인 · 판정	45, 46
		48. 내용물 및 원료의 변질 상태(변색, 변취 등) 확인	1회 모의고사에 출제함
		49. 내용물 및 원료의 폐기 절차	47
	3.5. 포장재의 관리	50. 포장재의 입고 기준	42
		51. 입고된 포장재 관리기준	42, 46
		52. 보관 중인 포장재 출고기준	42
		53. 포장재의 폐기 기준	42, 46
		54. 포장재의 사용기한 확인 · 판정	46
		55. 포장재의 개봉 후 사용기한 확인 · 판정	46
		56. 포장재의 변질상태 확인	46
		57. 포장재의 폐기 절차	46

교과목	주요 항목	★세부 출제 주제[출제빈도]★	연계된 모의고사 문항
4. 맞춤형 화장품의 특성·내용 및 관리 등에 관한 사항 40문항/400점 40% 출제 비중 선다형 28문항 단답형 12문항	4.1. 맞춤형 화장품 개요	58. 맞춤형화장품 정의[다출제 영역]	57, 61, 75
		59. 맞춤형화장품 주요 규정[다출제 영역]	53, 61, 63, 64, 75, 76 ,90, 94, 96, 99
		60. 맞춤형화장품의 안전성[다출제 영역]	57, 58, 59, 60, 64, 66 ,69, 78, 94, 95, 100
		61. 맞춤형화장품의 유효성[다출제 영역]	62, 66, 69, 70, 80, 91
		62. 맞춤형화장품의 안정성	75, 76
	4.2. 피부 및 모발 생리 구조	63. 피부의 생리 구조[다출제 영역]	2단원 연계 문제(22), 62, 67, 89, 91, 93
		64. 모발의 생리 구조	92
		65. 피부 모발 상태 분석	71, 93
	4.3. 관능 평가 방법과 절차	66. 관능 평가 방법과 절차	72
	4.4. 제품 상담	67. 맞춤형 화장품의 효과[다출제 영역]	54, 55, 56, 68, 76
		68. 맞춤형 화장품의 부작용의 종류와 현상[다출제 영역]	54, 62, 94, 95
		69. 배합금지 사항 확인 · 배합[다출제 영역]	62, 63, 65, 77, 78, 79, 80, 100
		70. 내용물 및 원료의 사용 제한 사항[다출제 영역]	62, 63, 77, 78, 79, 80, 100
	4.5. 제품 안내	71. 맞춤형 화장품 표시사항[다출제 영역]	2단원 연계 문제(12) 64, 74, 79, 94, 98
		72. 맞춤형 화장품 안전 기준의 주요 사항[다출제 영역]	58, 63, 75, 76, 79, 100
		73. 맞춤형 화장품의 특징	55, 56, 68, 79
		74. 맞춤형 화장품의 사용법	54, 55, 56, 58, 68, 79
	4.6. 혼합 및 소분	75. 원료 및 제형의 물리적 특성	54, 62, 76, 97, 100
		76. 화장품 배합 한도 및 금지원료[다출제 영역]	2단원 연계 문제(19, 84, 88) 63, 78, 80, 100
		77. 원료 및 내용물의 유효성[다출제 영역]	62
		78. 원료 및 내용물의 규격(pH, 점도, 색상, 냄새 등)	62
		79. 혼합 · 소분에 필요한 도구 · 기기 리스트 선택	2단원 연계 문제(85) 99
		80. 혼합 · 소분에 필요한 기구 사용	99
		81. 맞춤형화장품 판매업 준수사항에 맞는 혼합 · 소분 활동[다출제 영역]	96, 97, 99
	4.7. 충진 및 포장	82. 제품에 맞는 충진 방법	–
		83. 제품에 적합한 포장 방법	2단원 연계 문제(16, 17, 85) 73
		84. 용기 기재사항[다출제 영역]	2단원 연계 문제(12) 74, 98
	4.8. 재고관리	85. 원료 및 내용물의 재고 파악	3단원에 연계하여 출제함.
		86. 적정 재고를 유지하기 위한 발주	

2회 모의고사 배점 배정						
6점	8점	10점	12점	14점	16점	18점
5문제	35문제	25문제	29문제	3문제	2문제	1문제
* 보다 정확하고 확실한 실력 점검을 위해 실제 시험의 배점보다 세밀화하여 구성하였습니다.						

[빠른 정답]

객관식																			
1	②	2	⑤	3	⑤	4	③	5	①	6	④	7	②	8	⑤	9	④	10	①
11	②	12	③	13	③	14	④	15	①	16	⑤	17	⑤	18	④	19	⑤	20	②
21	②	22	②	23	②	24	④	25	④	26	①	27	③	28	⑤	29	②	30	①
31	④	32	④	33	①	34	⑤	35	②	36	③	37	⑤	38	②	39	②	40	⑤
41	⑤	42	③	43	①	44	②	45	⑤	46	②	47	③	48	①	49	④	50	③
51	②	52	④	53	④	54	②	55	⑤	56	②	57	②	58	⑤	59	⑤	60	②
61	⑤	62	⑤	63	⑤	64	⑤	65	③	66	①	67	①	68	④	69	③	70	③
71	④	72	③	73	②	74	②	75	②	76	⑤	77	③	78	②	79	⑤	80	④

주관식(부분점수 없음. 하나라도 틀리면 오답)			
81	제조연월일	82	표준통관 예정보고
83	제품표준서, 품질관리기록서	84	이소베르가메이트, 0.2%
85	㉠ 기밀용기, ㉡ 밀봉용기	86	㉠ 통과, ㉡ 침투, ㉢ 흡수
87	미생물	88	㉠ 0.0015, ㉡ 3, ㉢ 1, ㉣ 메틸이소치아졸리논
89	㉠ 활성산소(유해산소), ㉡ 티로신	90	알콕실레이트화
91	아데노신	92	㉠ 엔도큐티클, ㉡ CMC(세포막 복합체)
93	혈색소(헤모글로빈)	94	㉠ 착향제, ㉡ 0.001, ㉢ 0.01
95	㉠프로필파라벤, ㉡ 이소프로필파라벤, ㉢기저귀	96	㉠ 범위, ㉡ 안전성, ㉢ 품질
97	포타슘바이카보네이트	98	㉠ 10, ㉡ 50, ㉢ 인산염
99	㉠일회용장갑, ㉡식별번호	100	㉠ 트라이에탄올아민, ㉡ 이미다졸리디닐우레아, ㉢ 가, ㉣ 15

객관식 정답 및 해설			
1번 문항			
정답	②	출제단원	1단원
출제근거	화장품 법령 맞춤형화장품조제관리사 교수학습가이드	배점	12점
해설			

C가 말한 개념은 '안전성'과 관련된 발표가 아니라 '안정성'과 관련된 발표 내용이다. 사용기한은 화장품이 제조된 날로부터 적절한 보관상태에서 제품이 고유의 특성을 간직한 채 소비자가 안전하게 사용할 수 있는 최소한의 기한이 아니라 '안정적'으로 사용할 수 있는 기한을 의미한다. 또한 화장품책임판매업자는 레티놀, 토코페롤, 과산화화합물 등이 0.5% 이상 함유된 제품에 안전성 시험자료를 작성·보관하여야 하는 의무가 있는 것이 아니라 '안정성 시험자료'를 작성 및 보관하여야 한다.

2번 문항			
정답	⑤	출제단원	1단원
출제근거	화장품법	배점	8점
해설			

화장품법 제30조(수출용 제품의 예외)에 의거하면 국내에서 판매되지 아니하고 수출만을 목적으로 하는 제품은 **제4조, 제8조부터 제12조까지, 제14조, 제15조 제1호·제5호, 제16조 제1항 제2호·제3호 및 같은 조 제2항을** 적용하지 아니하고 수입국의 규정에 따를 수 있다.
제13조는 해당이 없다.

3번 문항			
정답	⑤	출제단원	1단원
출제근거	화장품법	배점	10점
해설			

맞춤형화장품의 부작용 사례 보고 역시「화장품 안전성 정보관리 규정」에 따른 절차를 준용하므로 맞춤형화장품 판매업자는 화장품책임판매업자와 더불어 '안전성 정보의 신속보고'의 의무가 있으나 '안전성 정보의 정기보고'를 할 의무는 없다. 즉, 부작용이 났을 때 신속 보고는 하여야 하지만 안전성 정보의 정기 보고의 의무는 없다.

[상세한 선지 해설]

① 유해사례는 질병을 포함한다. "유해사례(Adverse Event/Adverse Experience, AE)"란 화장품의 사용 중 발생한 바람직하지 않고 의도되지 아니한 징후, **증상 또는 질병을** 말하며, 당해 화장품과 반드시 인과관계를 가져야 하는 것은 아니다.

② 실마리 정보(Signal)란 **유해사례와** 화장품 간의 인과관계 가능성이 있다고 보고된 정보로서 그 인과관계가 알려지지 아니하거나 입증자료가 불충분한 것을 말한다. 위해요소가 아니다.

③ 화장품책임판매업자는 중대한 유해사례를 알게 된 때 그 정보를 알게 된 날로부터 **15일** 이내에 식품의약품안전처장에게 신속히 보고하여야 하며 이를 '안전성 정보의 신속보고'라고 한다.

④ 화장품책임판매업자는 신속보고하지 않은 지난해의 화장품의 안전성 정보를 **매 반기 종료 후 1월 이내에** 식품의약품안전처장에게 보고하여야 하며 이를 '안전성 정보의 정기보고'라고 한다. 매년 2월 말까지 보고하는 것은 수입 및 생산 실적 보고이다.

4번 문항			
정답	③	출제단원	1단원
출제근거	개인정보 보호법령	배점	12점

해설

　　개인정보 보호법 제27조(영업양도 등에 따른 개인정보의 이전 제한)에 따르면 영업양수자 등은 개인정보를 이전받았을 때 지체 없이 그 사실을 정보주체에게 알려야 하지만 개인정보처리자가 그 이전 사실을 이미 알린 경우에는 그러하지 않는다. 즉, A가 고객들에게 개인정보 이전 사실을 이미 고지하였다면 개인정보를 이전받은 후에 굳이 또 한번 그 사실을 정보주체인 고객들에게 알릴 필요가 없다.

[상세한 선지 해설]

① 개인정보처리자는 영업의 전부 또는 일부의 양도 · 합병 등으로 개인정보를 다른 사람에게 이전하는 경우에는 미리 **서면**을 통해 해당 정보주체에게 알려야 한다.

② 개인정보처리자는 영업의 전부 또는 일부의 양도 · 합병 등으로 개인정보를 다른 사람에게 이전하는 경우 미리 개인정보를 이전하려는 사실, 개인정보를 이전받는 자의 성명, 주소, 전화번호 및 그 밖의 연락처, 정보주체가 개인정보의 이전을 원하지 아니하는 경우 조치할 수 있는 방법 및 절차를 **서면**을 통해 해당 정보주체에게 알려야 한다.

④ 영업양수자 등은 영업의 양도 · 합병 등으로 개인정보를 이전받은 경우에는 이전 당시의 본래 목적으로만 개인정보를 이용하거나 제3자에게 제공할 수 있다. 이 경우 영업양수자등은 개인정보처리자로 본다.

⑤ 개인정보를 이전하려는 자가 과실 없이 정보주체에게 알릴 수 없는 경우에는 해당 사항을 인터넷 홈페이지에 **30일 이상 게재**하여야 한다. 다만, 인터넷 홈페이지에 게재할 수 없는 정당한 사유가 있는 경우에는 다음의 어느 하나의 방법으로 정보주체에게 알릴 수 있다.

1. 영업양도자 등의 사업장등의 보기 쉬운 장소에 30일 이상 게시하는 방법

2. 영업양도자 등의 사업장등이 있는 시 · 도 이상의 지역을 주된 보급지역으로 하는 「신문 등의 진흥에 관한 법률」에 따른 일반일간신문 · 일반주간신문 또는 인터넷신문에 싣는 방법

5번 문항			
정답	①	출제단원	1단원
출제근거	개인정보 보호법령	배점	10점

해설

　　A는 인쇄물로 되어 있는 고객의 개인정보를 분리하여 배출하였다. 분리 배출이라는 뜻은 재활용이 가능하게 폐지함에 놓았다는 뜻이다. 이러면 안 된다. 무조건 인쇄물은 파쇄나 소각을 하여야 한다.

[참고] 개인정보 보호법 시행령 제16조(개인정보의 파기방법)

　　개인정보처리자는 법 제21조에 따라 개인정보를 파기할 때에는 다음과 같이 처리해야 한다.

　　1. 전자적 파일 형태인 경우: 복원이 불가능한 방법으로 영구 삭제

　　2. 제1호 외의 기록물, 인쇄물, 서면, 그 밖의 기록매체인 경우: 파쇄 또는 소각

[상세한 선지 해설]

② 개인정보처리자는 보유기간의 경과, 개인정보의 처리 목적 달성 등 그 개인정보가 불필요하게 되었을 때에는 지체 없이 그 개인정보를 파기하여야 한다.(개인정보 보호법 제21조)

③ 개인정보처리자가 다른 법령에 따라 보존해야 해서 개인정보를 파기하지 아니하고 보존하여야 하는 경우에는 해당 개인정보 또는 개인정보파일을 다른 개인정보와 분리하여서 저장 · 관리하여야 한다.(개인정보 보호법 제21조)

④ 개인정보처리자는 보유기간의 경과, 개인정보의 처리 목적 달성 등 그 개인정보가 불필요하게 되었을 때에는 지체 없이 그 개인정보를 파기하여야 한다.(개인정보 보호법 제21조)

⑤ **(개인정보보호위원회) 개인정보의 안전성 확보조치 기준 제13조(개인정보의 파기)** 개인정보처리자가 개인정보의 일부만을 파기하는 경우, 제1항의 방법으로 파기하는 것이 어려울 때에는 다음의 조치를 하여야 한다.

1. 전자적 파일 형태인 경우 : 개인정보를 삭제한 후 복구 및 재생되지 않도록 관리 및 감독

2. 기록물, 인쇄물, 서면, 그 밖의 기록매체인 경우 : 해당 부분을 **마스킹, 천공** 등으로 삭제

6번 문항			
정답	④	출제단원	1단원
출제근거	개인정보 보호법령	배점	12점

해설

　　고유식별정보는 주민등록번호를 제외하고는 다른 개인정보의 처리에 대한 동의와 별도로 동의를 받은 경우에 처리가 가능하다. 그러나 주민등록번호는 예외적으로 별도의 동의를 받아도 처리가 불가능하며 법률 · 대통령령 · 국회규칙 · 대법원규칙 · 헌법재판소규칙 · 중앙선거관리위원회규칙 및 감사원규칙에서 구체적으로 주민등록번호의 처리를 요구하거나 허용한 경우, 정보주체 또는 제3자의 급박한 생명, 신체, 재산의 이익을 위하여 명백히 필요하다고 인정되는 경우, 주민등록번호 처리가 불가피한 경우로서 보호위원회가 고시로 정하는 경우만 예외적으로 처리가 허용된다. - 개인정보 보호법 제24조의 2(주민등록번호 처리의 제한)

[상세한 선지 해설]

① 개인정보처리자는 사상 · 신념, 노동조합 · 정당의 가입 · 탈퇴, 정치적 견해, 건강, 성생활 등에 관한 정보, 그 밖에 정보주체의 사생활을 현저히 침해할 우려가 있는 개인정보로서 대통령령으로 정하는 정보(민감정보)를 처리하여서는 아니 된다.

② 개인정보처리자는 법령에 따라 개인을 고유하게 구별하기 위하여 부여된 식별정보로서 대통령령으로 정하는 정보(고유식별정보)를 처리할 수 없다.

③ 원칙적으로 개인정보처리자는 고유식별정보와 민감정보를 처리할 수 없다. 그러나 다음의 경우는 예외로 처리할 수 있다.

1. 정보주체에게 제15조 제2항 각 호 또는 제17조 제2항 각 호의 사항을 알리고 다른 개인정보의 처리에 대한 동의와 별도로 동의를 받은 경우

2. 법령에서 구체적으로 고유식별정보의 처리를 요구하거나 허용하는 경우

⑤ 개인정보 보호법 제24조의 2에 따르면 정보주체가 인터넷 홈페이지를 통하여 회원으로 가입하는 단계에서는 주민등록번호를 사용하지 아니하고도 회원으로 가입할 수 있는 방법을 제공하여야 한다.

7번 문항			
정답	②	출제단원	1단원
출제근거	개인정보 보호법령	배점	8점

해설

[맞춤형화장품조제관리사 교수학습 가이드에 명시된 내용임]

1. 개인정보의 범위

1) 다음 정보는 개인정보가 아님

- 사망한 자의 정보

- 법인, 단체에 관한 정보

- 개인사업자의 상호명, 사업장주소, 사업자등록번호, 납세액 등 사업체 운영과 관련한 정보

- 사물에 관한 정보

2) 다음 정보는 개인정보에 해당함

- 법인, 단체의 대표자·임원진·업무담당자 개인에 대한 정보

- 사물의 제조자 또는 소유자 개인에 대한 정보

- 단체 사진을 sns에 올린 경우 - 그 사진에 등장하는 인물 모두의 개인정보에 해당함

- 정보의 내용, 형태 등에는 제한이 없음

- 개인을 "알아볼 수 있는" 정보이어야 함

[참고 - 개인정보 보호법]

* "개인정보"란 살아 있는 개인에 관한 정보로서 다음 각 목의 어느 하나에 해당하는 정보를 말한다.

가. 성명, 주민등록번호 및 **영상** 등을 통하여 개인을 알아볼 수 있는 정보

나. 해당 정보만으로는 특정 개인을 알아볼 수 없더라도 다른 정보와 쉽게 결합하여 알아볼 수 있는 정보. 이 경우 쉽

게 결합할 수 있는지 여부는 다른 정보의 입수 가능성 등 개인을 알아보는 데 소요되는 시간, 비용, 기술 등을 합리적으로 고려하여야 한다.

다. 가명처리함으로써 원래의 상태로 복원하기 위한 추가 정보의 사용 · 결합 없이는 특정 개인을 알아볼 수 없는 정보(가명정보)

→ 즉, 가명처리된 가명정보(원래의 상태로 복원하기 위한 추가 정보의 사용 · 결합 없이는 특정 개인을 알아볼 수 없는 정보)조차 개인정보이다!

8번 문항			
정답	⑤	출제단원	2단원
출제근거	화장품 법령	배점	12점
해설			

출제 근거:「화장품 위해평가 가이드라인」에 따른 노출평가

ㄱ. 자외선차단제 평가에 대한 일일 화장품사용량은 25g/day이 아니라 17g/day를 적용한다.

ㄴ. 이 경우 보수적으로 50%를 적용할 수 있다.

ㄹ. 이 경우 10%의 잔류지수를 적용할 수 있다.

ㅂ. FDA가 아니라 OECD이다. 실험은 공식적인 식약처 생체외 피부흡수시험 가이드라인을 따르거나, EU와 OECD의 시험방법(EC, 2008; OECD, 2004a, b)을 따를 수 있다.

9번 문항			
정답	④	출제단원	2단원
출제근거	화장품 법령	배점	8점
해설			

치오글라이콜릭애씨드가 함유된 제모제는 10분 이상 피부에 방치하거나 피부에서 건조시키면 안 된다.

[상세한 선지 해설]

① 땀발생억제제(Antiperspirant), 향수, 수렴로션(Astringent Lotion)은 제모제 사용 후 24시간 후에 사용해야 한다.

② 제모에 필요한 시간은 모질(毛質)에 따라 차이가 있을 수 있으므로 정해진 시간 내에 모가 깨끗이 제거되지 않은 경우 2~3일의 간격을 두고 사용해야 한다.

③ 제모제는 눈에 들어가지 않도록 하며 눈 또는 점막에 닿았을 경우 미지근한 물로 씻어내고 붕산수(농도 약 2%)로 헹구어 내야 한다.

⑤ 사용 중 따가운 느낌, 불쾌감, 자극이 발생할 경우 즉시 닦아내어 제거하고 찬물로 씻으며, 불쾌감이나 자극이 지속될 경우 의사 또는 약사와 상의하여야 한다.

10번 문항			
정답	①	출제단원	2단원
출제근거	화장품법령	배점	12점
해설			

해당 제품은 식품의약품안전처에서 고시한 사용상의 제한이 필요한 원료를 최대 사용한도로 제조하였다. 해당제품의 진성분을 분석하면 다음과 같다.

<보기>

정제수, 글리세린, 타타릭애씨드(AHA성분), 토코페롤(20%), 부틸렌글라이콜, 1,2-헥산다이올, 나이아신아마이드, 알란토인, 올리브오일글리세레스-8에스터, 하이드로제네이티드레시틴, 폴리글리세릴-10올리에이트, 카프릴릴글라이콜, 페녹시에탄올(1%), 다이프로필렌글라이콜, 판테놀, 알부틴, 세테아릴올리베이트, 솔비탄올리에이트, 세테아릴알코올, 세라마이드엔피, 인체줄기세포배양액, 쌀발효여과물, 라이신, 소듐아세테이트, 다이소듐이디티에이, 카민

* 참고로 낚이지 말아야 할 것은, 나이아신아마이드나 알부틴 같은 기능성 고시 원료들은 '사용상의 제한이 필요한 원료'로 고시한 성분이 아니라는 점이다! 나이아신아마이드나 알부틴 같은 기능성 고시 원료들은 말 그대로 자료 제출이 생략되는 '기능성'으로 따로 고시된 원료이다. 나이아신아마이드의 고시 범위가 2~5%라고 해서 나이아신 아마이드가 5%를 초과하는 화장품을 제조하지 못하는 것은 아니다. 단, 2~5%만 들어있을 경우 자료 제출을 생략 시켜준다는 것이며 5%를 초과하였다면 그런 화장품을 만들 수는 있지만 자료를 많이 제출해야 한다. 그러나 '사용상의 제한이 필요한 원료'는 말 그대로 제한이 걸린 원료들이다. 예를 들어 토코페롤은 아무리 많이 넣어도 20%를 초과할 수 없다. 20%를 초과하는 순간 위해 화장품이다. 그러나 나이아신아마이드나 알부틴은 자료제출이 생략되는 고시 함량인 5%를 초과했다고 해서 위해화장품인 것은 아니며 단지 자료제출을 다 해야할 뿐이다.

위의 전성분 표를 분석하여 보면 타타릭애씨드(AHA)성분이 토코페롤(20%)보다 앞에 기재되어 있으므로 최소 한 20%가 함유되어 있다는 것이다. 즉, AHA가 고농도로 사용되었다. 알부틴은 페녹시에탄올 뒤에 쓰였다. 1% 이하로 들어간 성분의 경우 함유량에 상관없이 기재하므로 알부틴은 1% 이하로 쓰인 것을 추론할 수 있다. 따라서 이 화장품에 기재하여야 하는 것은 ㄱ과 ㄷ이다.

[상세한 선지 해설]

ㄱ. 고농도의 AHA란 산도가 3.5미만이거나 화장품에 AHA가 10%를 초과한 것을 말한다. 둘 중 하나만 만족하면 되므로 이 화장품은 고농도의 AHA가 들어있다고 할 수 있다. 이 경우 '고농도의 AHA 성분이 들어있어 부작용이 발생할 우려가 있으므로 전문의 등에게 상담할 것'이라는 주의사항을 기재하여야 한다.

ㄴ. 인체 줄기세포 배양액이 인체 세포 조직 및 배양액에 포함되는 것은 맞으나 현행법상 인체 세포 조직 및 배양액에 대한 주의사항은 없다. 다만 인체 줄기세포 배양액이 들어있는 경우 전성분에 그 함량을 기재하여야 할 뿐이다.

ㄷ. 해당 주의사항은 공통 주의사항이다. 어떠한 화장품이든 이 주의사항은 의무적으로 기재하여야 한다.

ㄹ. 기능성 화장품 중 탈모, 여드름, 아토피, 튼살 케어에 도움을 주는 화장품의 경우 "질병의 예방 및 치료를 위한 의약품이 아님" 문구를 기재해야 한다. 그러나 이 화장품은 그냥 미백 에센스이다.

ㅁ. 이 주의사항은 **알부틴을 2% 이상 함유한 제품**에만 기재의 의무가 있다. 이 제품은 알부틴이 1% 이하로 사용되었으므로 이 주의사항은 기재하지 않는다.

ㅂ. 카민이 들어있기는 하지만 카민에 관한 주의사항은 ㅂ이 아니다. 카민에 관한 주의사항은 '카민 성분에 과민하거나 알레르기가 있는 사람은 신중히 사용할 것'이다. 교묘히 짜깁기한 선지이므로 낚이지 말자.

11번 문항			
정답	②	출제단원	2단원
출제근거	맞춤형화장품조제관리사 교수학습가이드라인	배점	8점
해설			

미생물 오염의 종류

구분		내용
1치 오염	공장 제조에서 유래하는 오염	작업장 먼지(공기), 오염된 물, 화장품 재료, 보관, 기타 제조 장비 등
2차 오염	소비자의 의한 사용 중의 미생물 오염	손가락을 넣어 화장품을 꺼냄. 사용하고 남은 내용물을 다시 넣음. 뚜껑은 연 채로 방치 공기($8 \sim 35 \times 10^2/m^3$), 토양($1 \times 10^8 \sim 4 \times 10^{10}/g$), 두피($1.4 \times 10^7/cm^2$) 얼굴이나 손에도 다량의 균이 상재(피부상재균)

미생물 생육조건 및 오염균

구분	세균	진균	
	박테리아(bacteria)	효모(yeast)	곰팡이(mold)
생육온도	25~37℃	25~30℃	25~30℃
좋은 영양소	단백질, 아미노산, 동물성 식품	당질, 식물성 식품	전분, 식물성 식품
생육 pH 영역	약산~약알칼리	산성	산성
공기(산소) 요구성	대부분 호기성	호기성~혐기성	호기성
주요 생성물	아민, 암모니아, 산류, 탄산가스	알코올, 산류, 탄산가스	산류
대표적인 오염균	황색포도상구균, 대장균, 녹농균	빵효모, 칸디다균	푸른곰팡이, 맥아곰팡이

12번 문항			
정답	③	출제단원	2단원
출제근거	화장품법령	배점	8점
해설			

* 함량을 기재하여야 하는 경우
- 성분명을 제품 명칭의 일부로 사용한 경우 그 성분명과 함량(단! **방향용 제품은 제외**)
- 인체 세포·조직 배양액(인체줄기세포배양액 등)이 들어있는 경우 그 함량
- 화장품에 천연 또는 유기농으로 표시·광고하려는 경우에는 원료의 함량
- 영유아 또는 어린이 사용 제품의 경우 보존제의 함량
  즉, 방향용 제품인 향수는 성분명을 제품 명칭의 일부로 사용한 경우라고 할지라도 함량을 기재하지 않아도 된다.

13번 문항			
정답	③	출제단원	2단원
출제근거	화장품법령	배점	8점
해설			

가혹시험
- 가혹조건에서 화장품의 분해과정 및 분해산물 등을 확인하기 위한 시험을 말한다. 일반적으로 개별 화장품의 취약성, 예상되는 운반, 보관, 진열 및 사용 과정에서 뜻하지 않게 일어나는 가능성 있는 가혹한 조건에서 품질 변화를 검토하기 위해 이와 같은 시험을 수행한다.

▶ **온도 편차 및 극한 조건**
- 운반 및 보관과정에서 극한적인 온도 및 압력조건에 제품이 노출될 수 있으므로 이런 극한 조건으로 동결 해동 시험을 고려해야 하는 제품의 경우에 수행하며 일정한 온도 조건에서의 보관보다는 온도 사이클링(cycling) 또는 "동결-해동(freeze-thaw)" 시험을 통해 문제점을 보다 신속하게 파악할 수 있다.
- 동결-해동 시험 시 현탁 (결정 형성 또는 흐릿해지는 경향)발생 여부, 유제와 크림제의 안정성 결여, 포장 문제(예, 표시·기재 사항 분실이나 구겨짐, 파손 또는 찌그러짐), 알루미늄 튜브 내부 래커의 부식여부 등을 관찰한다. 시험 예로는 저온 시험과 동결-해동 시험, 고온 시험이 있다.

▶ **기계·물리적 시험 (Mechanical shock testing)**
- 본 시험에서 진동 시험(vibration testing)은 분말 또는 과립 제품의 혼합상태가 깨지거나(de-mixing) 또는 분리 발생 여부를 판단하기 위해 수행한다. 기계·물리적 충격시험, 진동시험을 통한 분말제품의 분리도 시험 등, 유통, 보관, 사용조건에서 제품특성상 필요한 시험을 말한다. 기계적 충격 시험(mechanical shock testing)은 운반 과정에서 화장품 또는 포장이 손상될 가능성을 조사하는 데 사용한다.

▶ **광안정성**
- 제품이 빛에 노출될 수 있는 상태로 포장된 화장품은 광안정성 시험을 실시한다. 이때의 시험 조건은 화장품이 빛에 노출될 수 있는 조건을 반영한다.

14번 문항			
정답	④	출제단원	2단원
출제근거	화장품 법령	배점	12점
해설			

　장기보존시험에는 시중에 유통할 제품과 동일한 처방, 제형 및 포장용기를 사용하며 3로트 이상에 대하여 시험하는 것을 원칙으로 한다. 다만, 안정성에 영향을 미치지 않는 것으로 판단되는 경우에는 예외로 할 수 있다. 가혹시험의 로트 선정 및 시험 기간은 검체의 특성 및 시험조건에 따라 적절히 정하며 시험 조건은 광선, 온도, 습도의 3가지 조건을 검체의 특성을 고려하여 결정한다.

[상세한 선지 해설]

ㄱ. 화장품 안정성 시험은 **경시변화**에 따른 품질의 안정성을 평가하는 시험이다. 경시변화란 시간이 감에 따라 변화한다는 뜻이다.

ㄴ. 화장품의 안정성시험은 적절한 보관, 운반, 사용 조건에서 **화장품의 물리적, 화학적, 미생물학적 안정성** 및 내용물과 용기사이의 적합성을 보증할 수 있는 조건에서 시험을 실시한다.

ㄹ. 가속시험은 3로트 이상에 대하여 시험하는 것을 원칙으로 하며 유통경로나 제형 특성에 따라 적절한 시험조건을 설정하여야 하고 일반적으로 장기보존시험의 지정 저장 온도보다 **15도 이상** 높은 온도에서 시험한다.

ㅂ. 개봉 후 안정성 시험은 6개월 이상 시험하는 것을 원칙으로 하며 **시험개시 때와 첫 1년간은 3개월마다, 그 후 2년까지는 6개월마다, 2년 이후부터 1년에 1회 시험한다.**

15번 문항			
정답	①	출제단원	2단원
출제근거	맞춤형화장품조제관리사 교수학습가이드	배점	10점
해설			

출처:유리병의 열충격 시험방법, 유리병의 내부압력 시험방법, 유리병 표면 알칼리 용출량 시험방법, 용기의 내열성 및 내한성 시험방법, 내용물에 의한 용기 마찰시험방법, 감압 누설 시험방법, 낙하 시험방법(대한화장품협회)

단체표준:이해를 같이 하는 사람이나 회사가 단체를 구성하고 관계되는 사람들의 이익 또는 편의가 공정히 얻어지도록 물체, 성능, 구조, 절차, 방법 등에 관하여 통일화되고 단순화된 기준을 설정하여 단체구성원이 공통으로 이를 준수하는 것을 말함

시험 방법	적용 범위	비고
내용물 감량	화장품 용기에 충전된 내용물의 건조감량을 측정	마스카라, 아이라이너 또는 내용물 일부가 쉽게 휘발되는 제품에 적용
내용물에 의한 용기 마찰	내용물에 따른 인쇄문자, 핫스탬핑, 증착 또는 코팅막의 용기 표면과의 마찰을 측정	내용물에 의한 인쇄문자 및 코팅막 등의 변형, 박리, 용출을 확인
용기의 내열성 및 내한성	내용물이 충전된 용기 또는 용기를 구성하는 각종 소재의 내한성 및 내열성 측정	혹서기, 혹한기 또는 수출 시 유통환경 변화에 따른 제품 변질 방지를 위함
유리병의 내부압력	유리 소재의 화장품 용기의 내압 강도를 측정	화려한 디자인 및 독특한 형상의 유리병은 내부 압력에 취약
펌프 누름 강도	펌프 용기의 화장품을 펌핑 시 펌프 버튼의 누름 강도 측정	펌프 제품의 사용 편리성을 확인
크로스컷트	화장품 용기 소재인 유리, 금속, 플라스틱의 유기 또는 무기 코팅막 또는 도금층의 밀착성 측정	규정된 점착테이프를 압착한 후 떼어내어 코팅층의 박리 여부를 확인
낙하	플라스틱 용기, 조립 용기, 접착 용기에 대한 낙하에 따른 파손, 분리 및 작용 여부를 측정	다양한 형태의 조립 포장재료가 부착된 화장품 용기에 적용

시험 방법	적용 범위	비고
감압누설	액상 내용물을 담는 용기의 마개, 펌프, 패킹 등의 밀폐성 측정	스킨, 로션, 오일과 같은 액상 제품의 용기에 적용
내용물의 의한 용기의 변형	용기와 내용물의 장기간 접촉에 따른 용기의 팽창, 수축, 변질, 탈색, 연화, 발포, 균열, 용해 등을 측정	내용물에 침적된 용기 재료의 물성 저하 또는 변화 상태, 내용물 간의 색상 전이 등을 확인
유리병 표면 알칼리 용출량	유리병 내부에 존재하는 알칼리를 황산과 중화 반응 원리를 이용하여 측정	고온다습 환경에서 장기 방치 시 발생하는 표면의 알칼리화 변화량 확인
유리병의 열 충격	화장품용 유리병의 급격한 온도 변화에 따른 내규력을 측정	유리병 제조 시 열처리 과정에서 발생하는 불량 방지
접착력	화장품 용기에 표시된 인쇄문자, 코팅막, 라미네이팅의 밀착성을 측정	용기 표면의 인쇄문자, 코팅막 및 필름을 접착 테이프로 박리 여부 확인
라벨 접착력	화자품 포장의 라벨, 스티커 또는 수지 지지체의 접착력 측정	시험편이 붙어있는 접착판을 인장 시험기로 시험

16번 문항			
정답	⑤	출제단원	2단원
출제근거	환경부령	배점	12점
해설			

[상세한 선지 해설]

ㄱ. 외부에 덧붙인 투명비닐은 포장횟수에 산입되지 않는다. 이 경우 린스는 다음 표에 의하면 두발 세정용 제품류이므로 포장 공간 비율은 15%이하여야 한다. 따라서 ㄱ은 괜찮다.

ㄴ. 종합제품으로서 폴리비닐클로라이드(PVC)재질의 받침접시를 사용하면 포장공간비율은 20% 이하로 한다. 따라서 ㄴ도 괜찮다.

ㄷ. 비누는 인체 세정용 제품류이다. 15%이하면 된다. ㄷ도 괜찮다.

ㄹ. 스페츌러는 주 제품을 위한 전용 계량도구로 본다. 따라서 구성품으로 보지 않으므로 이는 종합제품이 아니라 단위제품이다. 이 경우 '그 밖의 화장품류'에 해당하므로 10%이하하여야 한다. 12%라고 하였으므로 ㄹ은 부적합하다.

ㅁ. 주 제품을 위한 전용 계량도구나 소량(30ml(g)이하)의 비매품이나 증정품 및 설명서, 규격서 등은 모두 종합제품을 구성하는 제품으로 보지 않으므로 이 제품은 단위제품이다. 샴푸는 다음 표에 의하면 두발 세정용 제품이므로 15%이하여야 한다. 18%라고 하였으므로 틀렸다.

[별표 1] 제품의 종류별 포장방법에 관한 기준(제 4조2항 관련)

제품의 종류			기준	
			포장공간비율	포장횟수
단위제품	화장품류	인체 및 두발 세정용 제품류	15% 이하	2차 이내
		그 밖의 화장품류(방향제를 포함한다)	10% 이하 (향수 제외)	2차 이내
	세제류	세제류	15% 이하	2차 이내
종합제품	1차식품, 가공식품, 음료, 주류, 제과류, 건강기능식품, 화장품류, 세제류, 신변잡화류		25% 이하	2차 이내

비고

1. "단위제품"이란 1회 이상 포장한 최소 판매단위의 제품을 말하고, "종합제품"이란 같은 종류 또는 다른 최소 판매 단위의 제품을 2개 이상 함께 포장한 제품을 말함. 다만, 주 제품을 위한 전용 계량 도구나 그 구성품, 소량(30g 또는 30mL 이하)의 비매품(증정품) 및 설명서, 규격서, 메모 카드와 같은 참조용 물품은 종합제품을 구성하는 제품으로 보지 않음

2. 종합제품의 경우 종합제품을 구성하는 각각의 단위제품은 제품별 포장공간비율 및 포장횟수 기준에 적합하여야 하며, 단위 제품의 포장공간비율 및 포장횟수는 종합제품의 포장공간비율 및 포장횟수에 산입(算入)하지 않음

3. 종합제품으로서 복합합성수지재질 · 폴리비닐클로라이드재질 또는 합성섬유재질로 제조된 받침접시 또는 포장용 완충재를 사용한 제품의 포장공간비율 20% 이하로 함

4. 단위제품인 화장품의 내용물 보호 및 훼손 방지를 위해 2차 포장 외부에 덧붙인 필름(투명 필름류만 해당한다)은 포장횟수의 적용 대상인 포장으로 보지 않음

17번 문항			
정답	⑤	출제단원	2단원
출제근거	화장품 법령	배점	10점
해설			

[참고]화장품법 시행규칙 제18조(안전용기 · 포장 대상 품목 및 기준)

안전용기 · 포장을 사용하여야 하는 품목은 다음과 같다. 다만, 일회용 제품, 용기 입구 부분이 펌프 또는 방아쇠로 작동되는 분무용기 제품, 압축 분무용기 제품(에어로졸 제품 등)은 제외한다.

1. 아세톤을 함유하는 네일 에나멜 리무버 및 네일 폴리시 리무버

2. 어린이용 오일 등 개별포장 당 탄화수소류를 10퍼센트 이상 함유하고 운동점도가 21센티스톡스(섭씨 40도 기준) 이하인 비에멀전 타입의 액체상태의 제품

3. 개별포장당 메틸 살리실레이트를 5퍼센트 이상 함유하는 액체상태의 제품

[상세한 선지 해설]

① 아세톤이 포함되어 있든 없든 '일회용'이면 안전용기 포장의 대상이 아니다.

② 스쿠알렌은 탄화수소류이다. 그리고 이 제품에는 탄화수소류가 15% 함유되었다. 즉, 탄화수소류가 10%이상 함유되었다. 그러나 '반고형상'이라는 말은 '크림'제형을 의미한다. 안전용기포장은 액체 상태의 비에멀전 타입의 제품에 하므로 2번은 틀렸다. 애초에 안전용기포장의 목적이 아이들이 마실까봐 하는 것이다. 크림은 마실 수 없다.

③ 용기 입구 부분이 펌프 또는 방아쇠로 작동되는 분무용기 제품, 압축 분무용기 제품(에어로졸 제품 등)은 안전용기 포장 대상이 아니다.

④ 압축 분무용기 제품(에어로졸 제품 등)은 안전용기 포장 대상이 아니다.

⑤ 해당 제품에는 미네랄 오일(탄화수소류)이 66.66…%가 함유되어 있다. 성인용 바디오일이라고 할지라도 탄화수소류가 10% 이상 든 액체 상태의 제품의 경우 용기 입구 부분이 펌프 또는 방아쇠로 작동되는 분무용기 제품, 압축 분무용기 제품(에어로졸 제품 등), 일회용 제품이 아니라면 무조건 안전용기 포장을 하여야 한다. 우리의 아이들은 성인용 바디오일이라고 안 마시지 않는다.

18번 문항			
정답	④	출제단원	2단원
출제근거	화장품 법령	배점	10점
해설			

[실제 가이드라인의 내용]

＊ 알레르기 유발성분임을 별도로 표시하거나 사용 시의 주의사항에 기재하여야 하는가?

→ 향료에 포함된 알레르기 성분을 표시토록 하는 것의 취지는 전성분에 표시된 성분 외에도 추가적으로 향료 성분에 대한 정보를 제공하여 알레르기가 있는 소비자의 안전을 확보하기 위한 것이다.

→ 따라서 **해당 25종에 대해 알레르기 유발성분임을 별도로 표시하면 해당 성분만 알레르기를 유발하는 것으로 소비자가 오인할 우려가 있어 부적절**하다.

→ 또한 향료 중에 포함된 알레르기 유발성분의 표시는 "전성분 표시제"의 표시대상 범위를 확대한 것으로서, '사용 시의 주의사항'에 기재될 사항은 아니다.

현재	⇨	개선	
A, B, C, D 향료	알레르기 유발성분인 리모넨, 리날룰이 포함된 경우	1안	A, B, C, D 향료, 리모넨, 리날룰
		2안	A, B, C, D 리모넨, 향료, 리날룰
		3안	A, B, 리모넨, C, D, 향료, 리날룰 (함량 순으로 기재)
		4안	~~A, B, C, D 향료(리모넨, 리날룰)~~
		5안	~~A, B, C, D 향료, 리모넨*, 리날룰*~~ ~~(알레르기 유발성분)~~

＊ 1~3안은 가능하며 4~5안은 소비자 오해 및 오인 우려로 불가함

④번이 답인 이유: 핸드크림 100g에 제라니올이 0.5g 포함되어 있으면 해당 성분을 전성분에 향료와 구분하여 기재해야 하는 것이지, 해당 제품에 제라니올이 알레르기 유발 성분임을 별도로 표시해야 하는 것이 아니다. 해당 제품에 제라니올이 알레르기 유발 성분임을 별도로 표시한다는 것의 의미는 다음과 같다.

> **<어떤 화장품의 전성분의 예>**
> 정제수, 부틸렌글라이콜, 프로필렌글라이콜, 세라마이드, 향료, 제라니올(이 성분은 알레르기 유발 성분입니다!)

위와 같이 '이 성분은 알레르기 유발성분입니다!'라고 따로 기재해버리면 **해당 성분만 알레르기를 유발하는 것으로 소비자가 오인할 우려가 있다.**

[상세한 선지 해설]

① 메틸유제놀은 식약처 지정 25종 알레르기 유발 성분이 아니다.

② 리모넨은 식약처 지정 25종 알레르기 유발 성분이다. 그리고 해당 화장품에 0.02%를 함유하였으므로 '향료'와는 별도로 따로 기재하여야 한다.

③ 알레르기 유발 성분 함량에 따른 표시 방법 및 순서 기재는「화장품 시행규칙」에 따른 전성분 표시 방법을 권장하는 것이지, 의무는 아니다. 준용한다는 것의 뜻은 의무적으로 따라야 한다는 것이다.

⑤ 향료 중에 포함된 알레르기 유발성분의 표시는 "전성분 표시제"의 표시대상 범위를 확대한 것으로서, '사용 시의 주의사항'에 기재될 사항은 아니다.

19번 문항			
정답	⑤	출제단원	2단원
출제근거	백과사전, 화장품 법령	배점	8점
해설			

아이오도프로피닐부틸카바메이트는 페놀계 보존제가 아니다.

20번 문항			
정답	②	출제단원	2단원
출제근거	백과사전, 가이드	배점	10점
해설			

문제의 <보기>에서는 하이드록시기가 가장 많은 성분을 찾으라고 명시하고 있다.

① 글리세린(3개)
② 펜타에리트리톨(4개)
③ 프로필렌글라이콜(2개)
④ 에탄올(1개)
⑤ 에틸렌글라이콜(2개)

* **펜타에리트리톨(펜타에리스리톨)**: 펜타에리트리톨은 오일, 플라스틱, 페인트, 화장품 등에 쓰이는 다기능화합물이다. 특히 아이소스테아릭애씨드와 펜타에리트리톨의 테트라에스터 성분인 펜타에리스리틸테트라아이소스테아레이트가 자주 쓰인다. 이는 결합체, 피부 컨디셔닝제(수분 차단제), 점도 증가제(비수성), 피부 컨디셔닝제(유연제), 용제로 사용된다.

21번 문항			
정답	②	출제단원	2단원
출제근거	맞춤형화장품조제관리사 교수학습가이드, 백과사전	배점	12점
해설			

㉠ 소듐라우레스설페이트: 끝에 '설페이트'로 끝나면 거의 음이온성 계면활성제이다. 설페이트는 황산염이라는 뜻이다. 소듐라우릴설페이트, 암모늄라우릴설페이트 등이 있다. 세정력은 좋으나 자극이 있을 수 있다.

㉡ 사이클로펜타실록세인: 끝에 '실록산' 혹은 '실록세인'으로 끝나는 원료는 실록세인결합 Si-O로 이루어져 있는 화합물을 말한다. 실리콘 오일이 실록산 결합(-Si-O-Si-)을 가지는 유기 규소 화합물을 통칭하며, 에틸트라이실록세인, 사이클로메티콘 등이 있다. 실리콘오일은 퍼짐성이 좋으나 환경에 좋지 않은 영향을 미치는 것으로 알려져 있다. 실리콘 오일은 쉽게 분해되지 않아 환경에 잔류 생물체 내에 높은 농도로 축적된다는 보고가 있다.

㉢ 페트롤라툼: 대표적인 탄화수소류이자 석유정제물이다. 흔히 바세린이라고 한다. 반고형상이며 탄소를 25개 이상 가지고 있다. 산화반응을 하지 않으며 부패하지 않는다. 피부보습, 보호제로 사용된다. 피부 자극이나 알레르기를 유발하지 않고 피부의 수분을 증발시키지 않게 도와준다. 그러나 폐색막을 형성하여 피지의 원활한 흐름을 방해할 수 있어 중성 혹은 지성 피부나 여드름성 피부에는 권하지 않는다.

㉣ 시트릭애씨드: 대표적 AHA(알파하이드록시애씨드, 과일산)성분이다. AHA와 BHA, PHA는 모두 '화학적 각질제거 성분'이다. 우리 피부의 각질층은 약 50%가 단백질인데, AHA는 피부 각질을 연화시켜 탈락을 유도한다. 각질층의 탈락은 단순히 죽은 각질만을 제거하는 것이 아니고 피부 기저층에서 아기 세포를 생성하도록 유도하는 것이다.

* **AHA의 대표적인 성분**
- 글라이콜릭(글리콜릭)애씨드: 락틱에 비해 분자 크기가 더 작아서 침투가 빠른 글라이콜릭애씨드(글리콜산 - 사탕수수에서 추출)는 화장품이나 피부 관리실에서 많이 사용된다.
- 만델릭애씨드: 아몬드 열매에서 추출하였다. 입자가 커서 다른 AHA 성분들에 비해 자극이 약하다.
락틱애씨드: 우유에 들어있는 AHA성분이다. 젖산이라고도 한다.
말산(말릭산, 능금산, 사과산)
시트릭애씨드(구연산)
타르타르산(타타르산, 주석산, 포도)
* 참고로 AHA성분들은 다 수용성 성분들이다. BHA는 이에 반해 지용성 성분이다.
* **BHA(살리실릭애씨드)**: BHA는 AHA의 각질 제거 유도 효과에 더해 피지 제거(여드름(면포성 여드름)) 제거에 효과까지 있다. BHA는 약간의 항염, 항균효과가 있다. 그러나 BHA는 AHA에 비해 더 자극적이다.

* **PHA(폴리하이드록시애씨드)**: AHA와 BHA의 장점을 섞은 새로운 개념의 화학적 각질 제거 성분이다. 대표적으로는 글루코닉애씨드, 락토바이오닉애씨드, 글리세릭애씨드, 판토익애씨드, 리보닉애씨드, 글루코헵토닉애씨드, 글루카릭애씨드, 글루쿠로닉애씨드가 있다. AHA와 BHA와는 달리 피부 보습력 증진과 약간의 항산화 효과가 있는 것으로 알려져있다. 상대적으로 부작용 유발 가능성이 낮다. PHA는 피부의 히알루론산 양을 증가시키는 원리로 피부 수분 유지 능력을 높인다.

참고로 문제에 나온 '락토바이오닉애씨드'는 유당(락토스, 밀크슈가)에서 찾은 자연유래 PHA 성분으로서 AHA, BHA와 같은 분자 구조로 각질 제거에 도움이 되며 AHA, BHA보다 입자가 커 피부 침투 속도가 늦어 민감피부에 자극이 적고 수분을 끌어당기는 성질이 있어 보습에도 도움이 된다. 이러한 PHA성분들은 AHA보다 입자 구조가 커서 피부에 깊숙히 침투하지 않기 때문에 피부에 가는 자극이 적지만 대신 각질 제거 능력이 AHA와 BHA에 비해 떨어진다.

[상세한 선지 해설]

- 피이지-40 하이드로제네이티드캐스터오일, 스테아릴알코올: 대표적인 '비이온성 계면활성제'의 종류이다.
- 폴리쿼터늄-10, 세트리모늄클로라이드: 양이온성 계면활성제이다.
- 하이드로제네이티드레시틴: 양쪽성 계면활성제이다.
* 이온에 따른 계면활성제의 세정력 및 자극성의 정도
★세정력: 음이온성>양쪽성>양이온성>비이온성
★자극성: 양이온성>음이온성>양쪽성>비이온성
- 스쿠알렌: 대표적인 탄화수소류이다. 스쿠알렌은 올리브유에서 추출한 '식물성 스쿠알렌'과 심해 상어의 간유에서 추출한 '동물성 스쿠알렌' 등 총 두 가지 종류로 나누어진다. 다만 화장품에 사용될 경우에는 피부에 더 안정적인 식물성 스쿠알렌이 사용된다. 특히 스쿠알렌은 피지에 있는 성분 중 하나이다. 스쿠알렌은 쉽게 산화되는 성질이 있다.
- 호호바씨 오일:대표적인 식물성 유성 성분으로 우리 피부의 피지와 그 화학구조가 매우 유사하다. 참고로 '오일'로 끝나서 이 성분을 오일로만 이해하는데, 이 성분은 사실 액상 왁스이다.
- 티트리오일:티트리의 잎과 잔가지에서 추출한 에센셜 오일로 박테리아, 바이러스, 진균류에 효과적으로 작용하고 면역력을 증가시켜주는 오일이다. 모노테르펜계로 구성되어 있다. 강력한 살균효과와 항카타르효과가 있어서 기침, 기관지염, 부비강염 등 호흡기 관련 증상 완화에 효과적이고, 칸디다증, 요로감염증 등 비뇨기계 감염증상 완화에 유용하다. 벌레 물린 데, 입 주위의 단순포진, 구강궤양, 여드름, 무좀, 화상, 비듬 등 상처치유와 가려움증 완화에 도움이 된다.
- 카나우바왁스:야자과 브라질 왁스 야자수의 잎과 싹으로부터 얻어 정제한 왁스이다. 단단하고 부스러지기 쉬운 덩어리로 된 천연 왁스이다.
- MCT 오일 MCT(medium chain triglycerides)오일이란 포화지방산의 한 종류인 중간지방사슬을 의미하는 것으로, 주로 코코넛 오일, 버터, 치즈, 팜유, 우유 등 식품에 함유되어 있다. MCT 오일은 낮은 온도에서도 액상 상태를 잘 유지한다. 그래서 일반 기름보다 분해되기 쉬워 체내 지방으로 저장되지 않고, 에너지로 소비되는 특징이 있다.
- 미네랄 오일:이 원료는 석유에서 얻은 액체 상태의 탄화수소류의 혼합물이다. 산패 가능성이 없으며 피부 보습에 좋다. 일부 학자들은 폐색막을 형성하여 피부 호흡을 방해한다고 말한다. 그러나 보습 효과는 좋으므로 건성 피부에 특히 추천된다.
- 스쿠알란:스쿠알렌에 수소첨가로 얻어진다. 최근 공급의 안정, 품질의 유지향상의 목적으로 게라닐 아세톤에서 아세틸렌커플링법에 의해 합성된 스쿠알란도 제품화되었다. 보통 많은 사람들이 스쿠알렌(Squalene)과 스쿠알란(Squalane)을 혼동되어 이해하고 있지만 이들은 엄연히 다른 성분이다. 사람의 피지와 비슷하면서도 피부의 노폐물과 독소를 흡착하여 주는 스쿠알렌은 일반적으로 10대 후반에 최대 함량을 보이지만 25세 이후부터는 급격한 감소를 보인다. 스쿠알렌은 불포화탄화수소로서 공기에 노출시 산화되는 등 안정성이 좋지 않기 때문에 화장품 원료로는 사용하기가 어렵다. 따라서 <u>스쿠알렌에 수소를 첨가하여 분자를 안정화시켜 포화상태로 만든 것이 바로 스쿠알란</u>이다. 스쿠알란은 자극이 없고 안정적이며 화장품 내에서 유성불실과 유화가 쉬워 다른 원료와 배합이 쉽고 여러 제형으로 응용이 가능하여 화장품의 고급 원료로 많이 사용되고 있다.
- 파라핀:석유 중에 존재하는 탄소수 20 이상 수십 미만의 탄화수소의 혼합물이다. 파라핀은 보통 포화탄화수소를 말한다.
- 아이소헥사데칸:분자 내에 탄화수소를 16개 정도 지니는 무색 무취의 액상 형태의 유분성분이다. 포화 탄화 수소로 구성되어있다.
- 다이메티콘:실리콘 오일이다. -실록세인(실록산), -메티콘(메치콘)으로 끝나면 실리콘오일이다. 퍼짐성이 좋으며 환경에는 좋지 않다.

- 슈크로오스:설탕이다. 이는 용해해서 쓰이면 보습제이며 이를 용해하지 않고 그냥 쓰면 물리적으로 각질을 제거하는데에 쓰인다. 흑설탕으로 코를 문지르면 각질과 블랙헤드가 밀려나온다. 물리적으로 각질을 제거하는 것이다. 그러나 이러한 물리적 각질 제거법은 각질을 기계적으로 억지로 벗겨내기에 화학적 각질 제거보다 더 자극적이다.

22번 문항			
정답	②	출제단원	2단원
출제근거	맞춤형화장품조제관리사 교수학습가이드, 백과사전	배점	10점
해설			

장벽대체제이면서 비타민 D를 생성하는 전구물질로 작용하는 것은 콜레스테롤이다. 인간의 피부 표피의 지질은 세라마이드, 콜레스테롤, 콜레스테롤에스터, 지방산 등으로 이루어져 있는데 이 중 피부장벽에서 제일 많은 것은 세라마이드이다. 대부분 건조한 증상과 민감성 피부 등이 많은 피부질환들은 세라마이드가 체내에서 잘 생성되지 않거나 부족하여 생기게 된다. 그 다음으로 많은 것이 콜레스테롤이다.

23번 문항			
정답	②	출제단원	2단원
출제근거	맞춤형화장품조제관리사 교수학습가이드, 백과사전	배점	10점
해설			

정제수는 일반적으로 이온 교환법과 역삼투 방식을 통하여 물을 정제한 후 자외선 살균법을 통하여 살균 및 보관한다. 정제수 내 미량의 금속이온들의 존재를 배제할 수 없을 때는 금속 이온 봉쇄제를 제품에 첨가하여야 한다. 에탄올은 기포방지제, 점도감소제, 유화 보조 및 안정제 역할로도 사용되며 술을 만드는 데 사용할 수 없도록 프로필렌글라이콜, 부틸알코올 등의 변성제를 첨가하여 변성 에탄올로 사용되기도 한다.

[상세한 선지 해설]

ㄴ. 정제수는 극성물질이다.

ㄷ. 에탄올은 식물의 소수성 물질을 **포함한** 친수성 물질의 추출 및 기타 화장품 성분의 용제(용매)로도 사용된다.

ㅁ. 메탄올은 하이드록시기가 1개이다.

ㅂ. 콜로이드와 관련된 개념은 폴리올이 아니라 계면활성제이다. 콜로이드란 미립자가 기체 또는 액체 중에 분산된 상태로 되어 있는 전체를 말하며 콜로이드 적정이란 농도와 전하수를 알고 있는 콜로이드 용액을 써서 미지(未知)의 농도나 전하수를 가지는 반대 전하의 콜로이드 이온을 적정하는 일을 말한다.

24번 문항			
정답	④	출제단원	2단원
출제근거	맞춤형화장품조제관리사 교수학습가이드, 백과사전	배점	10점
해설			

지용성 비타민 중 하나인 비타민 A는 레티노이드로 알려진 지용성 물질 군으로 상호 전환되는 레티놀, 레틴알데하이드, 레티노익애씨드의 3가지 형태가 있으며 **비가역적인** 레티노익애씨드 전환 과정을 거친다. 레티노익애씨드 전환 과정은 비가역적이다.

25번 문항			
정답	④	출제단원	2단원
출제근거	화장품 법령	배점	10점
해설			

위험에 대한 충분한 정보가 부족하면 위해평가 자체를 할 수가 없다. 위해평가는 위험에 대한 정보를 바탕으로 진행된다. 그런데 정보조차 없으면 평가의 준거조차 없는 것이다. 그리고 위험하다는 정보가 부족하면 위해평가를 실시할 이유가 없다. 위험에 대한 정보가 충분하며 그 위해성에 근거하여 사용금지를 설정하거나 사용한도를 설정하는 경우에 위해평가를 실시한다.

[화장품 위해평가 가이드라인 내용 중 일부]

* 위해평가 필요한 경우
- 위해성에 근거하여 사용금지를 설정
- 안전역을 근거로 사용한도를 설정(살균보존성분 등)
- 현 사용한도 성분의 기준 적절성
- 비의도적 오염물질의 기준 설정
- 화장품 안전 이슈 성분의 위해성
- 위해관리 우선순위를 설정
- 인체 위해의 유의한 증거가 없음을 검증

* 위해평가 불필요한 경우
- 불법으로 유해물질을 화장품에 혼입한 경우
- 안전성, 유효성이 입증되어 기허가 된 기능성 화장품
- 위험에 대한 충분한 정보가 부족한 경우

26번 문항			
정답	①	출제단원	2단원
출제근거	화장품법령	배점	8점
해설			

원료품질성적서 인정 기준은 다음 각 항의 어느 하나에 해당할 경우와 같다.
- 제조업자의 원료에 대한 자가품질검사 또는 공인검사기관 성적서
- 책임판매업자의 원료의 자가품질검사 또는 공인검사기관 성적서
- 원료업체의 원료에 대한 공인검사기관 성적서
- 원료업체의 원료에 대한 자가품질검사 시험성적서 중 대한화장품협회의 '원료공급자의 검사결과 신뢰 기준 자율 규약' 기준에 적합한 것

ㅁ**이 답이 될 수 없는 이유**: 원료업체의 원료에 대한 자가품질검사 시험성적서가 전부 다 인정되는 것이 아니다. 원료업체의 원료에 대한 자가품질검사 시험성적서 중 대한화장품협회의 '원료공급자의 검사결과 신뢰 기준 자율규약' 기준에 적합한 것만이 해당된다. 그러나 제조업자 및 책임판매업자의 원료에 대한 자가품질검사의 경우 해당 검사가 '원료공급자의 검사결과 신뢰 기준 자율규약' 기준에 적합하든 안 하든 원료품질성적서로 인정된다.

27번 문항			
정답	③	출제단원	2단원
출제근거	CGMP	배점	8점

해설

제조관리기준서는 다음의 사항이 포함되어야 한다.

(상략)

3. 원자재 관리에 관한 사항
　가. 입고 시 품명, 규격, 수량 및 포장의 훼손 여부에 대한 확인방법과 훼손되었을 경우 그 처리방법
　나. 보관장소 및 보관방법
　다. 시험결과 부적합품에 대한 처리방법
　라. 취급 시의 혼동 및 오염 방지대책
　마. 출고 시 선입선출 및 칭량된 용기의 표시사항
　바. 재고관리

(하략)

28번 문항			
정답	⑤	출제단원	3단원
출제근거	CGMP	배점	8점

해설

(　　) 안에 들어갈 말은 '적합판정기준'이다.
　적합판정기준이란 시험 결과의 적합 판정을 위한 수적인 제한, 범위 또는 기타 적절한 측정법을 말한다.
[상세한 선지 해설]
① 청소에 대한 설명이다.
② 교정에 대한 설명이다.
③ 재작업에 대한 설명이다.
④ 감사에 대한 설명이다.

29번 문항			
정답	②	출제단원	3단원
출제근거	CGMP 해설서	배점	8점

해설

제조소의 창문은 모두 개방할 수 없는 것이어야 한다.
[CGMP 해설서에 명시된 내용]
· 방충 대책의 구체적인 예
- 벽, 천장, 창문, 파이프 구멍에 틈이 없도록 함
- 개방할 수 있는 창문을 만들지 않음
- 창문은 차광하고 야간에 빛이 밖으로 새어 나가지 않게 함
- 배기구, 흡기구에 필터 설치
- 폐수구에 트랩 설치
- 문 하부에는 스커트 설치
- 골판지, 나무 부스러기를 방치하지 않음(벌레의 집 원인)
- 실내압을 외부(실외)보다 높게 함(공기조화장치)
- 청소와 정리정돈
- 해충, 곤충의 조사와 구제 실시

30번 문항			
정답	①	출제단원	3단원
출제근거	CGMP 해설서	배점	8점
해설			

[참고-CGMP 해설서에 명시된 글]

* 공기 조절의 방식

   여름과 겨울의 온도차가 크고, 외부 환경이 제품과 작업자에게 영향을 미친다면 온·습도를 일정하게 유지하는 에어컨 기능을 갖춘 공기 조절기를 설치한다. 공기의 온·습도, 공중미립자, 풍량, 풍향, 기류를 일련의 덕트를 사용해서 제어하는 "센트럴 방식"이 가장 화장품에 적합한 공기 조절이다. 흡기구와 배기구를 천장이나 벽에 설치하고 굵은 덕트로 온·습도를 관리한 공기를 순환 또는 외기를 흐르게 한다. 이 방법은 많은 설비 투자와 유지비용을 수반한다. 한편 환기만 하는 방식과 센트럴 방식을 겹친 "팬 코일+에어컨 방식"은 비용적으로 바람직한 방식이다. 온·습도 제어를 실내에서 급배기 순환하는 패키지에어컨에게 맡기고 공중미립자와 풍향 관리를 팬 코일로 하는 방식이다. 패키지에어컨의 기류를 제어하는 것은 어려우므로 센트럴 방식보다 공기류의 관리 성능은 떨어지지만, 화장품 제조에는 적합한 공기 조절 방식이라고 생각한다.

31번 문항			
정답	④	출제단원	3단원
출제근거	CGMP 해설서	배점	12점
해설			

[CGMP 해설서에 명시된 작업장의 청정도 등급]

청정도 등급	대상시설	해당 작업실	청정공기 순환	구조 조건	관리 기준	작업 복장
1	청정도 엄격관리	Clean bench	20회/hr 이상 또는 차압관리	Pre-filter, Med-filter, HEPA-filter, Clean bench/booth, 온도 조절	낙하균:10개/hr 또는 부유균:20개/㎥	작업복, 작업모, 작업화
2	화장품 내용물이 노출되는 작업실	제조실, 성형실, 충전실, 내용물보관소, 원료 칭량실 미생물시험실	10회/hr 이상 또는 차압관리	Pre-filter, Med-filter, (필요시 HEPA-filter), 분진 발생실 주변 양압, 제진 시설	낙하균:30개/hr 또는 부유균:200개/㎥	작업복, 작업모, 작업화
3	화장품 내용물이 노출 안 되는 곳	포장실(2차 포장실)	차압관리	Pre-filter 온도조절	갱의, 포장재의 외부 청소 후 반입	작업복, 작업모, 작업화
4	일반 작업실 (내용물 완전폐색)	포장재보관소, 완제품보관소, 관리품보관소, 원료보관소 갱의실, 일반시험실	환기장치	환기 (온도조절)	-	-

[상세한 선지 해설]

ㄱ. 앞의 표를 보면 Clean Bench는 Med-Filter와 HEPA-Filter뿐만 아니라 Pre-Filter도 갖추어야 한다.

ㄴ. 2차 포장실은 에어 필터로 Pre-Filter가 있어야 한다.

ㄷ. 성형실은 Pre-Filter와 Med-Filter만 갖추어도 된다. 그러나 위의 표를 보면 필요에 따라 원하면 HEPA-Filter 역시 갖출 수 있다고 정확히 명시하고 있으므로 ㄷ처럼 관리해도 괜찮다.

ㄹ. 원료칭량실은 2등급이므로 낙하균이 1시간에 30마리 이하이어야 한다.

ㅁ. Clean Bench는 1m3당 부유균이 20마리 이하이어야 한다. 즉, 75를 3.3으로 나누면 22.7272마리이다. 따라서 기준 초과이다.

ㅂ. 제조실은 청정도 2등급으로 Pre-filter와 Med-filter만을 갖추어도 된다. 그리고 부유균이 1m3당 200마리 이하여야 한다. 8800을 55로 나누면 160이므로 이 제조소는 160마리/m3의 부유균으로 관리되고 있다는 뜻이다. 즉, 기준에 충족된다.

32번 문항			
정답	③	출제단원	3단원
출제근거	CGMP 해설서	배점	8점
해설			

[CGMP 해설서에 명시된 세제 세척 시 유의사항(3개)]
- 세제는 설비 내벽에 남기 쉬우므로 철저하게 닦아 냄.
- 잔존한 세척제는 제품에 악영향을 미칠 수 있으므로 확인 후 제거함.
- 세제가 잔존하고 있지 않는 것을 설명하기 위해서는 고도의 화학 분석 필요함.

33번 문항			
정답	①	출제단원	3단원
출제근거	맞춤형화장품조제관리사 교수학습 가이드	배점	8점
해설			

  손을 대상으로 하는 세정제품에는 고형 타입의 비누와 액상 타입의 핸드워시(Hand wash), 물을 사용하지 않고 세정감을 주는 핸드새니타이저(Hand sanitizer)로 구성된다. 그리고 손바닥에는 피지선이 없으며 사회적 활동에 따라 미생물의 온상이 될 수 있으므로 손에 대한 청결을 유지하는 것은 작업자의 위생 유지를 위한 중요한 행위이다.

[상세한 선지 해설]

ㄷ. 핸드워시(Hand wash)는 손에 묻은 오염을 제거하는 세정 효과가 강하며 '화장품'으로 분류된다. 예를 들어 고체 비누나 액체 비누 등은 화장품법상 인체 세정용 제품류이다.

ㄹ. 핸드새니타이저는 손 소독제이다. 이는 의약외품이다. 주로 에탄올이 함유되어 있는 것은 맞으나 손에 묻은 오염 제거는 안 된다. 손에 진흙을 묻히고 손 소독제로 아무리 닦아도 진흙과 같은 오염은 잘 지워지지 않는다. 세균과 바이러스만 제거할 뿐이다.

ㅁ. 핸드새니타이저(Hand sanitizer)의 에탄올 농도는 높을수록 바이러스 등에 대한 소독력이 높아진다는 말은 틀렸다. 에탄올은 세포 내부에 침투하게 만들어 단백질을 응고시켜 바이러스를 사멸시킨다. 그런데 에탄올 농도가 너무 높으면 에탄올이 세포 표면을 통과하기도 전에 오히려 표면을 빠르게 응고시켜버려 바이러스 내부의 단백질까지 에탄올이 침투하지 못한다. 따라서 전문가들은 70~80%의 에탄올 농도가 바이러스를 죽이는데 최적화되어 있다고 말한다.

34번 문항			
정답	⑤	출제단원	3단원
출제근거	맞춤형화장품조제관리사 교수학습 가이드	배점	8점
해설			

에어샤워실에 들어가 양팔을 들고 천천히 몸을 1~2회 회전시켜 청정한 공기로 에어샤워를 하여야 하는 자는 시험실에 들어가는 품질관리자가 아니라 제조실에 들어가는 작업자이다.

[참고 - 맞춤형화장품조제관리사 교수학습 가이드에 명시된 내용]
＊작업복의 기준
- 청정도에 맞는 적절한 작업복, 모자와 신발을 착용하고 필요할 경우는 마스크, 장갑을 착용함
· 작업복은 목적과 오염도에 따라 세탁 및 소독
· 작업 전에 복장점검 실시 및 적절하지 않을 경우는 시정
- 땀의 흡수 및 방출이 용이하고 가벼워야 함
- 보온성이 적당하여 작업에 불편이 없어야 함
- 내구성이 우수하여야 함
- 작업환경에 적합하고 청결하여야 함
- 작업 시 섬유질의 발생이 적고 먼지의 부착성이 적어야 하며 세탁이 용이하여야 함
- 착용 시 내의가 노출되지 않아야 하며 내의는 단추 및 모털이 서있는 의류는 착용하지 않음
＊작업모의 기준
- 가볍고 착용감이 좋아야 함
- 착용이 용이하고 착용 후 머리카락 형태가 원형을 유지해야 함
- 착용 시 머리카락을 전체적으로 감싸줄 수 있어야 함
- 공기 유통이 원활하고, 분진 기타 이물 등이 나오지 않도록 함
＊작업화의 기준
- 가볍고 땀의 흡수 및 방출이 용이하여야 함
- 제조실 근무자는 등산화 형식의 안전화 및 신발 바닥이 우레탄 코팅이 되어 있는 것 사용
＊작업복의 착용 방법
- 작업실 상주자는 작업실 입실 전 탈의실에서 작업복을 착용 후 입실
- 작업실 상주자는 제조소 이외의 구역으로 외출, 이동 시 탈의실에서 작업복을 탈의 후 외출
- 임시 작업자 및 외부 방문객이 작업실로 입실 시 탈의실에서 해당 작업복을 착용 후 입실
- 입실자는 작업장 전용 실내화(작업화) 착용
- 작업장 내 출입할 모든 작업자는 작업현장에 들어가기 전에 개인 사물함에 의복을 보관 후 깨끗한 사물함에서 작업복 착용
- 작업장 내로 출입한 작업자는 비치된 위생 모자를 머리카락이 밖으로 나오지 않도록 위생모자 착용
- 위생 모자를 쓴 후 2급지 작업실의 상부 작업자는 반드시 방진복을 착용하고 작업장 입실
- 제조실 작업자는 에어 샤워 실에 들어가 양팔을 천천히 몸을 1-2회 회전시켜 청정한 공기로 에어 샤워
＊작업복의 관리
- 작업복은 1인 2벌을 기준으로 지급
- 작업복은 주 2회 세탁을 원칙으로 하며, 하절기에는 그 횟수를 늘릴 수 있음
- 작업복의 청결상태는 매일 작업 전 생산부서 관리자 확인

구분	복장기준		작업장
제조, 칭량	방진복, 위생모, 안전화/필요 시 마스크 및 보호안경		제조실, 칭량실
생산	방진복, 위생모, 작업화/필요 시 마스크		충진
	지급된 작업복, 위생모, 작업화		포장
품질관리	상의흰색가운, 하의평상복, 슬리퍼		실험실
관리자	상의 및 하의는 평상복, 슬리퍼		사무실
견학, 방문자	각 출입 작업소의 규정에 따라 착용		–

35번 문항			
정답	②	출제단원	3단원
출제근거	맞춤형화장품조제관리사 교수학습 가이드	배점	10점

해설

일반적인 저장탱크는 세척 시 세제로 일반 주방 세제(0.5%)를 사용하며, 소독 시 소독액으로 70% 에탄올을 사용한다. 세척 및 소독 점검 시 점검 책임자는 육안으로 세척 상태를 점검하고, 그 결과를 점검표에 기록하며 품질 관리 담당자는 매 분기별로 세척 및 소독 후 마지막 헹굼수를 채취하여 미생물 유무 시험을 실시한다.

[상세한 선지 해설]
ㄴ. 일반적인 제조탱크는 소독 시 **세척된 상태**의 탱크 내부 표면 전체에 70% 에탄올이 접촉되도록 고르게 스프레이한 후 **뚜껑을 닫고** 30분간 정체해둔다.
ㄷ. **탱크**는 반응할 수 있는 제품의 경우 표면을 **비활성**으로 만들기 위해 사용하기 전에 표면 부동태(passivation)를 추천한다.
ㄹ. 제품이 잔류하지 않을 때까지 호모게나이저, 믹서, 펌프, 필터, 카트리지 필터를 **온수**로 세척 후 스펀지와 세척제를 이용하여 닦아 낸 다음 **상수와 정제수**를 이용하여 헹군다. 그 이후에 깨끗한 공기로 말린다. 즉, **'온수'로 세척하는 단계는 꼭 필요하다.**
ㅁ. 커버는 비닐을 사용해도 된다. 가이드에는 세척된 설비는 다시 조립하고, 비닐 등을 씌워 2차 오염이 발생하지 않도록 보관하라고 정확히 명시되어 있다.

36번 문항			
정답	③	출제단원	3단원
출제근거	맞춤형화장품조제관리사 교수학습 가이드	배점	10점

해설

* 표면 균 측정법(surface sampling methods)
1. 면봉 시험법(swab test)
가. 포일로 싼 면봉과 멸균액을 고압 멸균기에 멸균(121℃, 20분)
나. 검증하고자 하는 설비 선택
다. 면봉으로 일정 크기의 면적 표면을 문지름(보통 24~30cm2)
라. 검체 채취 후 검체가 묻어 있는 면봉을 적절한 희석액(멸균된 생리 식염수 또는 완충 용액)에 담가 채취된 미생물 희석
마. 미생물이 희석된 (라)의 희석액 1mL를 취해 한천 평판 배지에 도말하거나 배지를 부어 미생물 배양 조건에 맞춰 배양
바. 배양 후 검출된 집락 수를 세어 희석 배율을 곱해 면봉 1개당 검출되는 미생물 수를 계산(CFU/면봉)
[답이 3번인 이유] * 메틸렌 블루 용액은 염색 용액이지 희석액이나 완충용액이 아니다!

37번 문항			
정답	③	출제단원	3단원
출제근거	맞춤형화장품조제관리사 교수학습 가이드	배점	8점
해설			

[상세한 선지 해설]
① 염소 유도체는 찬물로 용해된다.
② 양이온 계면활성제는 4급 암모늄 화합물이다.
④ 인산은 접촉 시간이 짧다.
⑤ 과산화수소는 무기물이 아니라 유기물에 효과적이다.

[참고 - 맞춤형화장품조제관리사 교수학습 가이드에 명시된 내용]

유형	설명	사용농도/시간	장점	단점
염소 유도체 (chlorine derivative)	차아염소산나트륨 (sodium hypochiorite), 차아염소산칼슘 (calcium hypochiorite), 차아염소산리튬 (lithium hypochiorite)	200ppm, 30분	• 우수한 효과 • 사용 용이 • 찬물에 용해되어 단독으로 사용 가능	• 향, pH 증가 시 효과 감소 • 금소 표면과의 반응성으로 부식됨 • 빛과 온도에 예민함 • 피부 보호 필요
양이온 계면활성제 (cationic surfactant)	4급 암모늄 화합물 (quaternary ammonium compound)	200ppm (제조사 추천 농도)	• 세정 작용 • 우수한 효과 • 부식성 없음 • 물에 용해되어 단독 사용 가능 • 무향, 높은 안정성	• 포자에 효과 없음 • 중성/약알칼리에서 가장 효과적 • 경수, 음이온 세정제에 의해 불활성화 됨
알코올 (alcohol)	아이소프로필알코올 (isopropyl alcohol), 에탄올(ethanol)	아이소프로필 알코올 60~70%, 15분, 에탄올 60~95%, 15분	• 세척 불필요 • 사용 용이 • 빠른 건조 • 단독 사용	• 세균 포자에 효과 없음 • 화재, 폭발 위험 • 피부 보호 필요
페놀 (phenol)	페놀(phenol), 염소화페놀(chlorophenol)	1:200 용액	• 세정 작용 • 우수한 효과 • 탈취 작용	• 조제하여 사용 세척 필요함 • 용액 상태로 불안정 (2~3시간 이내 사용) • 피부 보호 필요
인산 phosphoric acid)	인산 용액 (phosphoric acid)	제조사 지시에 따름	• 스테인리스에 좋음 • 저렴한 가격 • 낮은 온도에서 사용 • 접촉 시간 짧음	• 산성 조건하에서 사용이 좋음 • 피부 보호 필요
과산화수소 (hydrogen peroxide)	안정화된 용액으로 구입	35% 용액의 1.5%, 30분	• 유기물에 효과적	• 고농도 시 폭발성 • 반응성 있음 • 피부 보호 필요

38번 문항			
정답	②	출제단원	3단원
출제근거	CGMP 해설서	배점	12점

해설

[상세한 선지 해설]

ㄱ. 코드화기기의 목적은 라벨, 용기 또는 출하상자에 읽을 수 있는 영구적인 코드를 표시하는 것이다. 이는 잉크로 인쇄, 엠보싱(embossing), 디보싱(debossing) 등으로 한다. **특히 제품유출가능성이 있는 부위에서는 코드화 기기는 쉽게 청소할 수 있는 물질로 만들어지고 마감되어야 한다.** 코드화 기기가 라벨을 다루어야 하는 곳에는 변경 시에 모든 라벨 장치에서 라벨이 섞이는 것을 방지하기 위하여 남은 라벨을 쉽게 검사할 수 있어야 한다. 코딩과 프린팅 헤드는 변경이 용이하고 청소가 가능하도록 설계 되어야 한다. 규정된 속도에서 코드 정확도, 신뢰도 등이 정기적으로 확인되어야 한다.

ㄹ. 펌프는 각 작업에 맞게 선택되어야 한다. 내용물의 자유로운 배수를 위해 전형적인 PD Lobe 펌프를 설치해야 한다, 즉 Lobe 입구와 배출구는 서로 **180도**로 되어야 하며 바닥과 수직으로 설치해야 한다. 수평적인 설치 시에는 축적지역이 생기므로 미생물 오염을 방지하기 위해서 펌프의 분해와 일상적인 청소/위생(세척/위생처리) 절차가 필요하게 된다.

ㅁ. 펌프의 기계적인 작동은 에멀전의 **분해**를 가속화시켜서 불안전한 제품을 만들어낸다. 펌핑 테스트 이외에도, 제조업자는 전 공정에서의 공정기준을 검토해야 한다. 펌핑 테스트 결과 이외에도, 펌프 종류는 미생물학적인 오염을 방지하기 위해서 원하는 속도, 펌프될 물질의 점성, 수송단계 필요조건, 그리고 청소/위생관리(세척/위생관리)의 용이성에 따라 선택한다.

ㅂ. 펌프는 많이 움직이는 젖은 부품들로 구성되고 종종 하우징(Housing)과 날개차(impeller)의 닳는 특성 때문에 다른 재질로 만들어져야 한다.

39번 문항			
정답	②	출제단원	3단원
출제근거	CGMP 해설서	배점	12점

해설

유지보수(maintenance)는 고장 발생 시의 긴급점검이나 수리를 말하며 작업을 실시할 때 설비의 갱신, 변경으로 기능이 변화해도 좋으나 기능의 변화와 점검 작업 그 자체가 제품 품질에 영향을 미쳐서는 안 된다. 자동시스템에는 선의, 악의에 관계 없이 제조 조건이나 제조기록이 마음대로 변경되는 일이 없도록 액세스 제한 및 고쳐쓰기 방지 대책을 시행한다. 설비의 가동 조건을 변경했을 때는 충분한 변경 기록을 남긴다.

[상세한 선지 해설]

ㄱ. 예방적 활동(Preventive activity)은 시정 실시를 하지 않는 것이 원칙이다.

ㄷ. 설비가 불량해져서 사용할 수 없을 때는 그 설비를 제거하거나 확실하게 사용불능 표시를 해야 한다.

ㄹ. **사용 전 검교정(Calibration)여부를 확인**하여 제조 및 시험의 정확성을 확보한다.

ㅁ. 설비는 **생산책임자**가 허가한 사람 이외의 사람이 가동시켜서는 안 된다.

40번 문항

정답	⑤	출제단원	3단원
출제근거	맞춤형화장품조제관리사 교수학습 가이드	배점	8점

해설

저울의 검사, 측정 및 관리

- 저울의 검사, 측정 및 관리
- 검사, 측정 및 시험 장비의 정밀도를 유지 · 보존
- 전자저울은 매일 영점을 조정하고 주기별로 점검 실시
- 전자저울의 점검 주기 및 방법은 다음과 같음

점검 항목	점검 주기	점검 시기	점검 방법	판정 기준	이상 시 조치 사항
영점 (zero point)	매일	가동 전	zero point setting	"0" setting 확인	수리의뢰 및 필요 조치
수평	매일	가동 전	육안 확인	수평임을 확인함	자가 조절 후 수리의뢰 및 필요 조치
점검	1개월	–	표준 분동으로 실시	직선성:±0.5% 이내 정밀성:±0.5% 이내 편심오차:±0.1% 이내	수리의뢰 및 필요 조치

저울의 정기 점검 판정 시 **정밀성은 오차 범위가 ±0.5% 이내**이어야 한다.

41번 문항

정답	⑤	출제단원	3단원
출제근거	CGMP 해설서	배점	8점

해설

[CGMP 해설서] * 원료 및 포장재의 확인은 다음 정보를 포함해야 한다.
- 인도문서와 포장에 표시된 품목 · 제품명
- 만약 공급자가 명명한 제품명과 다르다면, 제조 절차에 따른 품목 · 제품명 그리고/또는 해당 코드번호
- CAS번호(적용 가능한 경우)
- 적절한 경우, 수령 일자와 수령확인번호
- 공급자명
- 공급자가 부여한 뱃치 정보(batch reference), 만약 다르다면 수령 시 주어진 뱃치 정보
- 기록된 양

42번 문항

정답	③	출제단원	3단원
출제근거	CGMP	배점	8점

해설

CGMP

제11조 원자재의 입고 시 <u>구매 요구서</u>, 원자재 공급업체 성적서 및 현품이 서로 일치하여야 한다. 필요한 경우 운송 관련 자료를 추가적으로 확인할 수 있다

제13조 설정된 보관기한이 지나면 사용의 적절성을 결정하기 위해 <u>재평가시스템</u>을 확립하여야 하며, 동 시스템을 통해 보관기한이 경과한 경우 사용하지 않도록 규정하여야 한다.

43번 문항			
정답	①	출제단원	3단원
출제근거	CGMP 해설서	배점	12점
해설			

품질보증부서와 제조부서의 책임자는 무조건 다른 사람이 해야한다. 동등한 권한을 가진 제조부서와 품질보증부서를 독립 운영하는 것이 CGMP 정신의 기본이다. 따라서 **제조부서와 품질보증부서 책임자는 1인이 겸직하지 못한다.**

[상세한 선지 해설]
ㄴ. CGMP 해설서에 따르면 품질보증과 품질관리 책임은 품질보증 단위와 품질관리 단위를 분리하여 책임을 맡거나 이 둘을 하나의 단위로 하여 책임을 맡을 수 있다.
ㄷ. CGMP 해설서에 따르면 회사의 규모가 큰 경우 보관관리를 생산부문 내에 독립된 부서가 담당할 수 있다.
ㄹ. CGMP 해설서에 따르면 회사의 규모가 큰 경우 보관관리를 생산부문 내에 독립된 부서가 담당할 수 있으나 보관 시 원료, 포장재 및 완제품의 품질을 확보하기 위하여 생산부문 및 품질부문의 책임자가 보관 조건 등에 관여한다.
ㅁ. CGMP 해설서에 따르면 문서나 직원이 많은 경우 품질부문에 문서관리 및 교육책임자를 별도로 두어 운영하는 것이 바람직하다.
ㅂ. CGMP 해설서에 따르면 품질부문의 권한과 독립성은 어떤 경우에도 보장될 수 있도록 조직이 구성되어야 하나 회사 규모가 작은 경우 보관관리 또는 시험 책임자 밑의 담당자 일부는 겸직할 수 있다.

44번 문항			
정답	②	출제단원	3단원
출제근거	CGMP 해설서	배점	10점
해설			

제조기록서를 별도로 작성하지 않고 제조지시서와 제조기록서를 통합하여 운영해도 된다.

[참고 - CGMP 해설서의 제조지시서 내용]
제조지시서는 제조공정 중의 혼돈이나 착오를 방지하고 작업이 올바르게 이루어지도록 하기 위하여 제조단위(뱃치)별로 작성, 발행되어야 한다. **제조기록서는 별도로 작성하지 않고 제조지시서와 제조기록서를 통합하여 제조지시 및 기록서로 운영하여도 무방**하다. **제조지시서는 제조 시 작업원의 주관적인 판단이 필요하지 않도록 작업 내용을 상세하게 공정별로 구분하여 작성**하여야 한다. 공정 관리가 적절하다는 것을 보장하기 위하여 관련 문서는 각각의 제조 작업 단계에서 이용 가능해야 하며, 제조 작업은 문서화된 공정 순서에 따라 수행되어야 한다. **화장품 제조는 제조지시서의 발행으로 시작하고 뱃치기록서의 보관으로 끝난다.** 제조에 관한 문서의 흐름을 이해하고, 자사의 특징을 더해서 독자적인 제조문서체계를 구축할 것을 권장한다.

제조지시서에 따라 제조를 개시한다. **제조지시서는 일단 발행하면 내용을 변경해서는 안 된다. 부득이하게 재발행할 때에는 이전에 발행되어진 제조지시기록서는 폐기**한다. 제조지시서는 제조 작업을 끝낼 때까지는 "가장 책임 있는 문서"이며, 제조지시서의 내용에 어긋나는 제조를 해서는 안 된다. 제조지시서에 제조 작업자가 제조를 시작하는데 있어서 필요한 정보를 기재한다. 책임 있는 지시를 하기 위해서는 상세한 내용의 지시서를 발행해야 한다. 기입이 끝나면 **발행 제조부서책임자가 서명**을 한다. **제조지시서는 제조기록서와 함께 뱃치기록서 내에 보관하는 것을 권장**한다.

제조지시서에 따라 제조기록서를 발행한다. 제조에 관한 기록은 모두 제조기록서에 기재한다. **제조 개시 전에 제조설비 및 기구의 청소상태를 확인하고 제조설비 및 기구의 청소완료라벨을 기록서에 부착하거나 청소상태를 확인하는 기록란이 기록서에 있어야 한다. 설비 세척상태의 기록란을 마련해 둔다.**

모든 제조 작업을 시작하기 전 작업시작 시 확인사항('start-up')점검을 수행하는 것이 일반적인 지침이다. 관련 문서가 제조 작업에 이용 가능하고, 모든 원료가 사용 가능하다는 것을 보장하기 위해 이러한 점검은 필수적이다. 또한 이를 통해, 설비가 적절히 위생 처리되고 생산할 준비가 완료되었으며, 제조 작업에 불필요한 포장재 및 표시 라벨 등의 혼합을 제거하기 위해 작업 구역 및 제조라인 정리가 수행되었음을 확인한다. **제조된 벌크의 각 뱃치들에는 추적이 가능하도록 제조번호가 부여**되어야 한다. **벌크에 부여된 특정 제조번호는 완제품에 대응하는 제조번호와 반드시 동일할 필요는 없다.** 하지만 어떤 벌크 뱃치와 양이 완제품에 사용되었는지 정확히 추적할 수 있는 문서가 존재하여야 한다.

45번 문항			
정답	⑤	출제단원	3단원
출제근거	CGMP 해설서	배점	10점

해설

반제품의 보관기한은 <u>최대 보관기한</u>으로 설정하며 보관기한이 가까워진 반제품은 완제품 제조하기 전에 품질이상 및 변질 여부 등을 확인하여야 한다. 벌크 관리 시 모든 벌크의 허용 가능한 보관기한(Shelf life)을 확인할 수 있어야 하고 보관기한의 만료일이 가까운 원료부터 사용하도록 문서화된 절차가 있어야 한다. 남은 벌크는 재보관하고 재사용할 수 있으며 밀폐할 수 있는 용기에 들어 있는 벌크는 절차서에 따라 재보관 할 수 있고 재보관 시에는 내용을 명기하며 재보관임을 표시한 라벨 부착이 필수이다. 뱃치마다의 사용이 소량이며 여러 번 사용하는 벌크는 구입 시에 소량씩 나누어서 보관하고 재보관의 횟수를 줄인다.

[상세한 선지 해설]

ㄱ. 반제품은 품질이 변하지 아니하도록 적당한 용기에 넣어 지정된 장소에서 보관해야 하며 용기에 다음 사항을 표시해야 한다.
   1. 명칭 또는 확인코드
   2. 제조번호
   3. 완료된 공정명
   4. 필요한 경우에는 보관조건

ㄹ. 충전 공정 후 벌크가 사용하지 않은 상태로 남아 있고 차후 다시 사용할 것이라면, 적절한 용기에 밀봉하여 식별 정보를 표시해야 한다.

46번 문항			
정답	②	출제단원	3단원
출제근거	CGMP 해설서	배점	10점

해설

원자재, 반제품 및 완제품은 적합판정이 된 것만을 사용하거나 출고하여야 한다. 정해진 보관 기간이 경과된 원자재 및 반제품은 재평가하여 품질기준에 적합한 경우 제조에 사용할 수 있다. 기준일탈이 된 경우는 규정에 따라 책임자에게 보고한 후 조사하여야 한다. 조사결과는 책임자에 의해 명확히 판정하여야 한다.

[상세한 선지 해설]

ㄱ. <u>제조번호</u>별로 시험 기록을 작성·유지하여야 한다.

ㄹ. '적합', '부적합', '보류'이다. 이미 시험이 끝났기 때문에 시험이 끝난 상태에서 '검사 중'이라는 말 자체를 붙이는 것은 말이 안 된다. '검사 중'은 원자재 입고 시에 나오는 말이다.

ㅂ. 표준품과 주요 시약 용기에 제조번호는 적지 않는다.

47번 문항			
정답	③	출제단원	3단원
출제근거	CGMP 해설서	배점	8점

해설

관리 규정에 의한 생산 시의 관리 대상 파라미터의 설정치보다 하위 설정의 관리 기준에 의거하여 작업이 이루어진 경우는 중대한 일탈이다. 관리 규정에 의한 생산 시의 관리 대상 파라미터의 설정치보다 상위 설정의 관리 기준에 의거하여 작업이 이루어진 경우가 중대하지 않은 일탈이다.

"중대하지 않은 일탈"

(1) 생산 공정상의 일탈 예

- 관리 규정에 의한 관리 항목(생산 시의 관리 대상 파라미터의 설정치 등)에 있어서 설정된 기준치로부터 벗어난 정도가 10%이하이고 품질에 영향을 미치지 않는 것이 확인되어 있을 경우

- 관리 규정에 의한 관리 항목(생산 시의 관리 대상 파라미터의 설정치 등)보다도 상위 설정(범위를 좁힌)의 관리 기준에 의거하여 작업이 이루어진 경우
- 제조 공정에 있어서의 원료 투입에 있어서 동일 온도 설정 하에서의 투입 순서에서 벗어났을 경우
- 생산에 관한 시간제한을 벗어날 경우 : 필요에 따라 제품 품질을 보증하기 위하여 각 생산 공정 완료에는 시간 설정이 되어 있어야 하나, 그러한 설정된 시간제한에서의 일탈에 대하여 정당한 이유에 의거한 설명이 가능할 경우
- 합격 판정된 원료, 포장재의 사용 : 사용해도 된다고 합격 판정된 원료, 포장재에 대해서는 선입선출방식으로 사용해야 하나, 이 요건에서의 일탈이 일시적이고 타당하다고 인정될 경우
- 출하배송 절차 : 합격 판정된 오래된 제품 재고부터 차례대로 선입선출 되어야 하나, 이 요건에서의 일탈이 일시적이고 타당하다고 인정될 경우
(2) 품질검사에 있어서의 일탈 예
- 검정기한을 초과한 설비의 사용에 있어서 설비보증이 표준품 등에서 확인할 수 있는 경우

48번 문항			
정답	①	출제단원	3단원
출제근거	CGMP 해설서	배점	10점
해설			

보관용 검체란 **벌크 제품이 아니라 완제품에 대해** 시험에 필요한 양을 제조단위별로 따로 보관하는 것을 말하며 적절한 보관조건 하에 지정된 구역 내에서 제조단위별로 사용기한 경과 후 1년간, 개봉 후 사용기간을 기재하는 경우에는 제조일로부터 3년간 보관하여야 한다.

49번 문항			
정답	④	출제단원	3단원
출제근거	유통화장품 안전관리 기준	배점	16점
해설			

기준치 초과로 유통될 수 없는 화장품은 ㄱ, ㄴ, ㅁ, ㅂ으로 총 4개이다.

[상세한 선지 해설]

ㄱ. 납 함량이 0.0018%이라는 것은 $\mu g/g$로 환산하면 $18\mu g/g$를 의미한다.(이해 안 되면 강의 꼭 볼 것.) 즉, 납 함량이 $25\mu g/g$인 로션과 $18\mu g/g$인 로션을 2:3으로 혼합하였다는 것이므로 $(25\times0.4)+(18\times0.6)=10+10.8=20.8\mu g/g$이다. 이 화장품은 평범한 로션이므로 납 기준치는 $20\mu g/g$이다. 따라서 ㄱ은 기준치 초과이므로 **유통될 수 없다.**

ㄴ. 0.02mg/g의 mg을 μg으로 바꾸려면 1000을 곱하면 된다. 즉, 0.02mg/g = $20\mu g/g$이다. 따라서 안티몬 함량이 $10\mu g/g$인 크림과 $20\mu g/g$인 크림을 1:1로 섞는 것이므로 $(10\times0.5)+(20\times0.5)=5+10=15\mu g/g$이다. 안티몬은 모든 화장품에 대해 그 기준치가 $10\mu g/g$이하이다. 따라서 ㄴ 역시 기준치 초과로 **유통되어선 안 된다.**

ㄷ. ppm이라는 단위는 그 자체로 $\mu g/g$과 같은 단위이다. 즉, 33ppm=$33\mu g/g$이다. 니켈이 $33\mu g/g$ 든 마스카라와 0.0028%(=$28\mu g/g$)인 마스카라를 1:2의 비율로 섞은 것이니 $(33\times3분의 1)+(28\times3분의 2)=11+18.666\cdots=29.666\cdots\mu g/g$이다. 니켈은 눈 화장용 제품에는 $35\mu g/g$ 이하, 색조 화장용 제품은 $30\mu g/g$이하, 그 밖의 제품은 $10\mu g/g$ 이하의 기준을 지닌다. 이 화장품은 눈 화장용 제품류이니 기준치에 부합한다.

ㄹ. 0.0095%는 $95\mu g/g$와 같고 0.0018%은 $18\mu g/g$와 같다. 프탈레이트류(디부틸프탈레이트, 부틸벤질프탈레이트 및 디에칠헥실프탈레이트에 한함)의 기준은 총합으로서 $100\mu g/g$이하이므로 이 둘을 그냥 합치면 된다. 그러나 1:1로 혼합하므로 둘을 더한 후 2로 나누면 된다. $(95+18)\div2=56.5\mu g/g$이다. 따라서 기준치에 부합한다.

ㅁ. $30\mu g/g$는 %로 나타내면 0.003%이다. 메탄올의 물휴지 기준은 0.002%이하이어야 하므로 이 화장품은 **기준 초과다.**

ㅂ. 0.01%는 $100\mu g/g$과 같다. 0.02%는 $200\mu g/g$과 같다. 10:1의 비율로 혼합하였으므로 $(100\times11분의 10)+(200\times11분의 1)=90.909\cdots+18.181\cdots=109.090\cdots\mu g/g$이다. 디옥산의 기준은 $100\mu g/g$이하이므로 이 화장품은 **기준치 초과이다.**

50번 문항			
정답	③	출제단원	3단원
출제근거	화장품 법령	배점	14점
해설			

천연 무기 파우더를 사용하는 색조 화장용 제품류 등에 불순물로 혼입될 수 있는 안티몬에 만성적으로 노출 시 땀샘이나 피지선 주변에 발생하는 구진 및 농포에 의한 피부염이 유발될 수 있으며 장기간 반복 적용 시 미량 흡수되어 심혈관 독성 등 전신 작용을 나타낼 가능성이 있다.

[상세한 선지 해설]
① 납은 무기 색소에서 존재할 수 있다. 납은 무기물질 및 무기색소가 많이 함유된 색조화장용 제품류 등 다양한 화장품의 불순물로 존재할 수 있다.
② 화장품에 존재하는 수은은 주로 무기 수은이다.
④ 이 설명은 카드뮴이 아니라 디옥산에 관한 설명이다.
⑤ 페녹시이소프로판올은 포름알데하이드를 생성할 수 있는 살균보존제 성분이 아니다.

51번 문항			
정답	②	출제단원	3단원
출제근거	유통화장품 안전관리 기준	배점	12점
해설			

미생물 한도는 다음과 같다.
1. 총호기성생균수는 영·유아용 제품류 및 눈화장용 제품류의 경우 500개/g(mL)이하
2. 물휴지의 경우 세균 및 진균수는 각각 100개/g(mL)이하
3. 기타 화장품의 경우 1,000개/g(mL)이하
* 세균수(개/g)와 진균수(개/g)를 합친 것이 총호기성생균수이다.

[상세한 선지 해설]
- 베이비로션: 495, 물휴지: 328, 아이 셰도우 661, 선크림: 846, 외음부 세정제: 984, 바디워시: 705 (단, 각 단위는 모두 '개/g'이다.)
- 베이비는 영·유아용 제품류이니 500개/g(mL)이하이어야 하는데 495이니 합격. 아이 셰도우는 눈화장용 제품류이니 500개/g(mL)이하여야 하는데 661이니 불합격. 선크림과 외음부 세정제, 바디 워시는 모두 기타 화장품이니 1,000개/g(mL)이하여야 하는데 846, 984, 705이니 모두 합격. 그러나 물휴지는 세균수와 진균수가 각각 100개/g(mL)이하이어야 하는데 진균수가 230개/g이므로 불합격. 따라서 미생물 관리 기준에 부합하지 않아 반품처리 하여야 하는 화장품은 물휴지와 아이 셰도우이다.

52번 문항			
정답	④	출제단원	3단원
출제근거	유통화장품 안전관리 기준	배점	12점
해설			

* pH기준은 다음과 같다.
영·유아용 제품류, 눈 화장용 제품류, 색소 화장용 제품류, 두발용 제품류(샴푸, 린스 제외), 면도용 제품류, 기초화장용 제품류 중 액, 로션, 크림 및 이와 유사한 제형의 액상제품은 pH 기준이 **3.0 ~ 9.0** 이어야 한다. 단, **물을 포함하지 않는 제품과 사용한 후 곧바로 물로 씻어 내는 제품은 pH기준을 충족시킬 필요가 없다.**

[참고]pH기준을 지키지 않아도 되는 것들: 영·유아용 샴푸, 영·유아용 린스, 영·유아용이 아닌 샴푸와 린스도 pH기준을 지키지 않아도 된다. 영·유아 인체 세정용 제품, 영·유아 목욕용 제품, 셰이빙 크림, 셰이빙 폼, 클렌징 워터, 클렌징 오일, 클렌징 로션, 클렌징 크림 등 메이크업 리무버 제품, 물로 바로 씻어내는 제품, 물을 포함하지 않는 제품, 영·유아용 제품류, 눈 화장용 제품류, 색조 화장용 제품류, 두발용 제품류(샴푸, 린스 제외), 면도용 제품류, 기초화장용 제품류가 아닌 제품류들.

즉, 정리하자면 pH 기준은 영·유아용 제품류, 눈 화장용 제품류, 색조 화장용 제품류, 두발용 제품류, 면도용 제품류, 기초화장용 제품류 중 액, 로션, 크림 및 이와 유사한 제형의 액상제품들이 따라야 하는 기준이며 그 기준은 3~9이다. 그리고 물이 들어가지 않거나 물로 바로 씻어내는 제품들은 이 기준을 충족하지 않아도 된다.

<매장에 진열된 제품의 목록> 중 베이비 린스(영유아용 린스), 베이비 오일(미네랄 오일 100%이므로 물이 들어가지 않음), 바디 오일(호호바씨오일과 미강유로만 구성되어 있으므로 물이 들어가지 않음), 셰이빙 폼 및 바디 워시(물로 바로 씻어내는 제품), 향수(방향용 제품류이므로 애초에 pH기준을 충족하여야 하는 제품류가 아님.)는 pH기준을 충족하지 않아도 된다.

* pH기준을 충족하여야 하는 제품: 바디 크림(기초화장용 제품류), 리퀴드형 아이라이너(눈 화장용 제품류), 베이비 로션(영유아용 제품류), 우레아 핸드크림과 풋크림 및 아이크림(기초화장용 제품류), 포마드(두발용 제품류), 마스크팩(기초화장용 제품류), 메이크업 베이스(색조화장용 제품류) – 총 9개

따라서 3+9+9=21이다.

53번 문항			
정답	④	출제단원	4단원
출제근거	화장품 법령	배점	12점
해설			

조제관리사가 변경되었음에도 변경신고를 30일내에 하지 않은 맞춤형화장품판매업자는 시정명령을 받게 된다. 그러나 이 처분을 받고 같은 행위를 1년 내에 할 경우 2차 위반으로 간주되어 '판매 업무 정지 5일'에 처하게 된다.

[상세한 선지 해설]
① 맞춤형화장품판매업자는 각 영업소(업장)마다 조제관리사를 따로 선임하여야 한다.
② 변경 신고의 기간은 30일이다. 그러나 행정구역의 변경으로 인한 소재지 변경의 경우만 90일이다.
③ 조제관리사가 변경되었음에도 변경신고를 기한 내에 하지 않은 맞춤형화장품판매업자의 1차 위반 행정처분은 시정명령이다.
⑤ 맞춤형화장품판매업자의 상호 및 소재지는 변경 신고 대상이 아니다. 맞춤형화장품판매업소의 상호 및 소재지만이 변경신고 대상이다. 이 부분이 이해가 안 되면 '맞춤형화장품판매업 가이드라인'이나 지한쌤의 유튜브 강의, 지한쌤의 '화장품법령 백과사전' 책을 참고하기를 바란다.

54번 문항			
정답	②	출제단원	4단원
출제근거	맞춤형화장품조제관리사 교수학습 가이드	배점	12점
해설			

대화를 보면 A의 화장품이 산패한 것 같다. 마유는 동물성 오일로 사용감이 무겁고 산패 가능성이 있으며 그 자체로도 냄새가 난다. 그리고 화장품 사용 뒤에는 갑갑하고 꽉 막힌 기분이 든다고 하였는데 이는 미네랄 오일 때문인 것으로 보인다. 석유계 탄화수소류 중 하나인 미네랄 오일은 보습력이 정말 좋으나 일각에서는 폐색막을 형성하여 피부 호흡을 방해한다고 주장하는 성분이다. 조제관리사는 마유를 '항산화 효과'가 있는 식물성 오일로, 미네랄 오일을 '고급지방산과 고급알코올이 결합된 에스테르 화합물 중 천연물'로 대체하고자 한다. 아몬드 오일은 비타민 A와 비타민 E가 많이 함유되어 있다. 특히 비타민 E는 토코페롤로서 항산화 효과가 높다. 고급지방산과 고급알코올이 결합된 에스테르 화합물이라는 말은 '왁스'를 의미한다. 즉, 천연 왁스로 대체하여 조제하였다는 뜻이다. 호호바오일은 대표적인 액상 천연 왁스이다. 호호바오일을 대부분의 사람들은 '오일'로 쓰여있어서 오일인줄만 알지만 사실 천연 액상 왁스이다. 일반적인 식물성 오일과는 달리 오일이 아닌 액상 왁스이기 때문에 쉽게 산화되지 않고 보관 수명이 길다. 낮은 온도에 보관하면 응고되지만, 상온에 두면 다시 액상으로 된다.

[상세한 선지 해설]
- 라놀린 오일: 라놀린은 양모에서 나오는 동물성 성분이다.
- 비즈왁스(밀랍): 밀랍은 벌집에서 채취한 천연 동물성 고체랍이다.

- 사이클로메티콘: ~콘으로 끝나면 다 실리콘 오일이다. 식물성 오일이 아니다.
- 아이소헥사데칸: 탄소 16개로 이뤄진 지방족 탄화수소. 포화 탄화 수소로 구성되어있으며 무색, 무취의 투명 액상 형태로 매우 매끄러운 촉감을 가지고 있다.
- 올리브오일: 항산화 효과가 풍부하고 항균 · 항바이러스 효과가 있다.
- 마이크로크리스탈린왁스: 석유에서 얻은 고형 탄화수소류의 혼합물로 주로 아이소파라핀으로 되어 있다.
- 카프릴릭/카프릭트리글리세라이드: 글리세린과 카프릴릭애씨드 및 카프릭애씨드의 혼합지방산으로부터 합성된 트리글리세라이드로 주로 카프릴릭 · 카프릭트리글리세라이드로 되어 있다.
- 에틸트라이실록세인: ~실록세인, ~실록산으로 끝나면 다 실리콘 오일이다.

55번 문항			
정답	⑤	출제단원	4단원
출제근거	맞춤형화장품조제관리사 교수학습 가이드	배점	8점
해설			

5번은 로션에 대한 설명이다. 로션의 피부에 대한 기능 및 효과는 크림과 동일하나 발림성이 크림보다 좋으며 기타 세정, 메이크업 리무버, 미백 화장품, 자외선 차단화장품의 기제로서 로션이 사용된다. 나머지 1번부터 4번까지의 모든 선지는 지어서 만든 말이 아니라 다 식약처의 조제관리사 가이드 91~93쪽에 정확히 명시된 내용이다.

56번 문항			
정답	②	출제단원	4단원
출제근거	맞춤형화장품조제관리사 교수학습 가이드	배점	8점
해설			

「화장품법 시행규칙」에 명시된 화장품의 유형 중 두발 세정용 제품류는 없다. 두발용 제품류나 두발 염색용 제품류는 있어도 두발 세정용 제품류는 없다. 린스는 두발용 제품류이다. 나머지 모든 선지는 지어서 만든 말이 아니라 다 식약처의 조제관리사 가이드 95쪽에 정확히 명시된 내용이다.

57번 문항			
정답	②	출제단원	4단원
출제근거	화장품 법령	배점	8점
해설			

고객이 사용하던 화장품을 내용물로 삼을 수 없다. 그리고 고객이 사용하던 화장품은 시중에 소비자에게 유통하던 화장품이므로 내용물로 삼을 수 없다.

[상세한 선지 해설]
① 화장품책임판매업자가 납품한 이미 심사받은 나이아신아마이드가 포함된 벌크 제품은 사용이 가능하다. 거기에 벤질알코올(방부제)이 첨가된 원료를 혼합하는 것도 가능하다. 법에서는 보존제를 단독 사용할 수는 없으나 원료 사제에 부수 성문으로서 보존제가 사붕된 경우는 예외로 하고 있나.

③ 쿠마린은 식약처장 지정 알레르기 유발 성분이다. 이 성분은 조제관리사가 못 넣는 성분이 아니라 기준치를 초과하여 넣은 경우 '향료'와 별개로 따로 기재해야 하는 성분일 뿐이다. 1,2-헥산다이올 및 글리세린은 아무런 문제가 없는 성분들이다. 1,2-헥산다이올이 보존제가 아니냐는 질문이 많이 들어오는데, 1,2-헥산다이올은 보존력이 조금 있는 수성원료일 뿐이다. 식약처에서는 1,2-헥산다이올을 보존제로 보지 않는다. 조제관리사가 1,2-헥산다이올을 넣을 수 있다. 그리고 그렇게 따지면 글리세린 역시 약간의 방부력이 있다.

④ 기능성 고시 원료를 배합할 수 없는 게 원칙이나 사전에 책임판매업자가 기능성 고시 원료가 넣어진 상태로 심사를 받았다면 맞춤형화장품판매업소에 기능성 고시 원료를 따로 납품한 경우 조제관리사는 기심사받은 내용과

범위 내에서 기능성 고시 원료를 배합할 수 있다. 그러나 심사받은 대로 해야지 심사 받지 않은 다른 기능성 고시 원료나 심사 받은 함량을 초과하여 배합할 수 없다.

⑤ 액상 비누 소분은 맞춤형화장품이다. 고형 비누 소분이 맞춤형화장품이 아닐 뿐이다.

58번 문항			
정답	⑤	출제단원	4단원
출제근거	화장품 법령	배점	12점
해설			

'눈'과 관련된 주의사항을 기재하여야 하는 것은 '과산화수소 및 과산화수소 생성물질 함유 제품', '실버나이트레이트 함유 제품', '벤잘코늄클로라이드, 벤잘코늄브로마이드 및 벤잘코늄사카리네이트 함유 제품', 팩, 모발용 샴푸, 미세한 알갱이가 함유되어 있는 스크러브세안제 등이 있다.

① 전성분에 실버나이트레이트가 함유되어 있다.

② 하이드로젠퍼옥사이드는 과산화수소이다. 이 제품엔 과산화수소가 쓰였다.

③ 벤잘코늄클로라이드가 쓰였다.

④ 위의 어떤 성분도 쓰이지 않았으나 샴푸이다. 모발용 샴푸는 어떤 성분이 쓰이든 눈과 관련된 주의사항이 있다.

59번 문항			
정답	⑤	출제단원	4단원
출제근거	화장품 법령	배점	12점
해설			

보습에센스의 양은 총 150g이다. 이를 토대로 품질성적서를 분석하여 보면 납은 2.33⋯μg/g, 비소는 3.3μg/g, 수은은 0.06⋯μg/g이다. 토코페롤은 3%가 사용되었으며 알부틴은 3.33⋯%가 사용되었다. 아스코빅애씨드는 기능성 고시 원료가 아니므로 고려할 필요가 없다. 사용 금지 원료인 레티노익애씨드와 페닐파라벤은 검출되지 않았다. 그런데 문제에서 이 화장품은 식품의약품안전처에 자료 제출이 생략되는 기능성화장품 고시 성분을 최대 사용 한도로 제조하였다고 한다. 즉, 알부틴이 5%이어야 한다. 그러나 3.33⋯%밖에 되지 않는다. 기능성 화장품의 주원료 함량(알부틴 크림제는 90%이상이어야 함)에 한참 못 미친다. 따라서 이 화장품은 유통화장품 안전관리 기준 중 기능성 화장품의 주원료 함량 미달이므로 위해성 등급 '다'이며 회수는 30일 이내에 이루어져야 한다. 그러나 이 문제에는 함정이 있다. 얼마 안까지 회수하여야 하느냐를 묻는 것이 아니라 보습크림 사용으로 인한 부작용을 며칠 이내에 식품의약품안전처에 보고하여야 하는지를 묻고 있다. 회수 기일과 부작용 발생 시 신속 보고는 다르다. 회수는 30일 이내에 이루어져야 하지만 안전성 정보의 신속보고는 「화장품 안전성 정보 관리 규정」에 따라 15일 이내에 보고하여야 한다. 따라서 답은 5번이다.

60번 문항			
정답	②	출제단원	4단원
출제근거	맞춤형화장품조제관리사 교수학습 가이드	배점	8점
해설			

네거티브 리스트 시스템(NLS): 식품의약품안전처장은 「화장품 안전기준 등에 관한 규정(식품의약품안전처고시 제2020-12호)」에서 화장품의 제조 등에 사용할 수 없는 원료 및 특별히 사용상의 제한이 필요한 원료를 지정하였다. 지정된 원료들을 제외한 원료를 업자의 책임 하에 사용할 수 있게 한 원료 관리 체계를 네거티브 리스트 시스템(NLS)이라고 한다. 즉, 이 리스트에 있는 것만 사용하지 않으면 다 사용할 수 있다는 체계이다. 원래는 포지티브 리스트 시스템이었는데 바뀌었다.

* 포지티브 리스트 시스템: 리스트에 있는 것만 화장품 제조에 사용하여야 하는 시스템.

61번 문항			
정답	⑤	출제단원	4단원
출제근거	화장품 법령	배점	12점
해설			

화장품 안전성 정보관리 규정 제6조(안전성 정보의 정기보고)의 단서조항에 따르면 상시근로자수가 2인 이하로서 직접 제조한 화장비누만을 판매하는 화장품책임판매업자는 안전성 정보의 정기보고를 보고하지 아니할 수 있다. 또한 화장품 법령·제도 등 교육실시기관 지정 및 교육에 관한 규정 제9조에 따르면「화장품법 시행규칙」제8조 제1항 제3호의 3에 따라 전문 교육과정을 이수하여 책임판매관리자의 자격기준을 인정받을 수 있는 품목은 화장 비누(다만, 상시근로자수가 2인 이하로서 직접 제조한 화장 비누만을 판매하는 화장품책임판매업자의 경우에 한한다)로 한다.

[상세한 선지 해설]

① 미영이가 직접 화장비누를 제조하는 영업을 영위하기 위해서는 화장품제조업자로 '신고'가 아니라 등록하여야 한다. 제조업은 등록이지 신고가 아니다.

② 미영이가 화장비누만을 직접 제조하고 이를 유통·판매하고 싶다면 화장품책임판매업자로만 등록하면 안 되고 제조업과 책임판매업 둘 다 등록하여야 한다.

③ 고체 화장비누의 단순 소분은 맞춤형화장품이 아니다.(화장품법 제2조에 명시) 문제 <보기>에 고체 화장비누라고 나와있다.

④ 화장품법 시행규칙에 따르면 상시근로자수가 10명 이하인 화장품책임판매업을 경영하는 화장품책임판매업자가 책임판매관리자의 자격기준에 충족될 시에는 그 사람이 책임판매관리자의 직무를 수행할 수 있다. 이 경우 책임판매관리자를 둔 것으로 본다.

62번 문항			
정답	⑤	출제단원	4단원
출제근거	화장품 법령	배점	14점
해설			

피부미백 기능성 고시 성분 중 알부틴은 하이드로퀴논(히드로퀴논)과 연관이 깊다. 멜라닌의 생성을 조절하는 효소의 활성화를 억제하여 미백효과를 갖지만 빛, 고온, 효소, 미생물에 의해 포도당과 히드로퀴논으로 분해될 수 있어 주의가 필요한 성분이다. 이 내용은 기능성화장품 기준 및 시험방법 행정고시에도 나온 설명이니 꼭 숙지하자. 알부틴은 월귤나무에서 추출되는 식물성 원료이다.

[상세한 선지 해설] 선지의 모든 내용은 식약처 행정고시에서 따온 말이다. 지어낸 말이 아니다.

① 알부틴은 2~5%이다.

② 이는 나이아신아마이드에 대한 설명이다.

③ 닥나무 추출물에 대한 설명이다.

④ 알파-비사보롤에 대한 설명이다.

63번 문항			
정답	⑤	출제단원	4단원
출제근거	화장품 법령	배점	12점
해설			

맞춤형화장품에 사용할 수 있는 원료의 지정, 화장품에 사용할 수 없는 원료 및 사용상의 제한이 필요한 원료에 대한 사용기준 등은 식품의약품안전처장이 고시한 「화장품 안전기준 등에 관한 규정」에 자세히 나와있다.

[상세한 선지 해설]

① 과산화물가가 10mmol/L을 초과하는 테르펜 및 테르페노이드는 사용할 수 없는 원료가 맞다. 그러나, 리모넨류가 제외되는 것이지, 시트랄류가 제외되는 것이 아니다.

② (ㄴ)의 내용이 잘못되었다. 식약처장은 특별히 사용상의 제한이 필요한 원료에 향료를 넣지 않았다. 그냥 보존제, 색소, 자외선차단제 성분이 다이다. 따라서 리모넨은 조제관리사가 넣을 수 있다.

③ 화장품 원료 사용기준 지정 및 변경 심사 신청을 할 수 있는 자는 화장품제조업자, 화장품책임판매업자 또는 대학·연구소가 전부이다.

④ 고시되지 아니한 색소에 대한 심사를 요청할 수 있는 것도 화장품제조업자, 화장품책임판매업자 또는 대학·연구소가 전부이다.

64번 문항			
정답	⑤	출제단원	4단원
출제근거	화장품 법령	배점	12점
해설			

「천연화장품 및 유기농화장품의 기준에 관한 규정」 [별표 5]에 따르면 오존분해 및 이온교환 둘 다 천연 및 유기농 화장품에 가능한 공정이다.

[상세한 선지 해설]

① 화장품제조업자, 화장품책임판매업자 또는 총리령으로 정하는 대학·연구소만 천연 및 유기농 화장품 인증을 받을 수 있다.

② 유기농화장품은 유기농 함량을 포함한 천연 함량이 전체 제품에서 95%이상으로 구성된다.

③ 앱솔루트는 천연화장품에는 사용 가능한 용제이나 유기농 화장품에는 사용 불가 용제이다. * 앱솔루트, 레지노이드, 콘크리트는 유기농화장품에만 사용금지

④ 베타인이 허용 기타원료인 것은 맞다. 그러나 베타인 중에 '석유화학 용제'를 이용하여 추출한 것만 허용 기타원료이다. 천연 원료(물)를 용제 삼아 추출한 베타인은 허용 기타원료가 아니다.

65번 문항			
정답	③	출제단원	4단원
출제근거	화장품 법령	배점	12점
해설			

식약처가 반포한 천연 및 유기농 함량 계산 방법에 따르면 동일한 식물의 유기농과 비유기농이 혼합되어 있는 경우 이 혼합물은 유기농으로 간주하지 않는다. 따라서 라벤더 추출물은 유기농이 들어갔더라도 전부 유기농으로 간주하지 않는다. 그리고 건조 유기농 원물인 살구열매를 신선한 유기농 원물로 환산시에는 5를 곱해준다.

즉, 이 화장품의 유기농 함량은 [유기농 ÷ (유기농+비유기농) × 100]이므로 [(15+(5×5)+40)÷(80+10+20)× 100]이 정답이다. 즉, (80 ÷ 110)× 100은 72.73%(반올림 값)이다. 따라서 답은 3번이다.

66번 문항			
정답	①	출제단원	4단원
출제근거	식약처 홈페이지	배점	10점
해설			

단회투여독성시험의 동물대체시험법은 독성등급법, 고정용량법이 있다.

②, ③는 모두 피부 감작성 시험의 동물대체시험법이다. ④는 안점막 자극 대체 시험법이다.

⑤는 광독성 시험의 동물대체시험법이다.

67번 문항			
정답	①	출제단원	4단원
출제근거	백과사전	배점	10점
해설			

비타민D3 합성에 관여하는 **UVB**: 스테로이드 물질인 7-**디하이드로콜레스테롤**(7-DHC)은 피부에서 기저층과 유극층에 가장 높은 농도로 존재하는데, 이 물질은 290nm~320nm 파장의 자외선인 UVB를 가장 효과적으로 흡수하여 비타민 D3로 전환된다.

68번 문항			
정답	④	출제단원	4단원
출제근거	화장품 법령	배점	12점
해설			

　백탁이 없는 자외선차단제란 티타늄디옥사이드, 징크옥사이드와 같은 물리적 자외선 차단 성분이 없는 것을 의미한다. 따라서 이들 중 단 하나라도 들어있지 않는 것을 찾아야 한다. 그리고 이 고객의 피부는 지성이다. 세력력이 좋은 클렌징폼을 찾으므로 음이온성 계면활성제로 이루어지고 알칼리성을 띈 화장품을 고르면 된다.(알칼리성은 세정력을 좋게 해준다. 그러나 자극이 조금 있을 수도 있다. 약산성은 피부에는 자극이 덜하지만 세정력이 떨어질 수밖에 없다.)

[상세한 선지 해설]
① 티이에이-살리실레이트는 유기적 자외선 차단 성분이다. 코카미도프로필베타인은 양쪽성 계면활성제이다.
② 드로메트리졸은 유기적 자외선 차단 성분이다. 소듐라우릴설페이트는 음이온성 계면활성제이다.
③ 벤잘코늄클로라이드는 양이온성 계면활성제이다. 대전방지제로 쓰이며 살균력이 있다.
⑤ 소듐코코암포아세테이트는 양쪽성 계면활성제이다.

69번 문항			
정답	③	출제단원	4단원
출제근거	화장품 법령	배점	8점
해설			

물의 온도는 23~32℃이어야 하며 수도법 수질기준에 적합해야 한다.

70번 문항			
정답	③	출제단원	4단원
출제근거	화장품 법령	배점	8점
해설			

　문제에 계산상 PFA가 9라고 하였으므로 다음 표에서 9에 해당되는 것은 PA+++이다.

자외선A차단지수(PFA)	자외선A차단등급(PA)	자외선A차단효과
2이상 4미만	PA+	낮음
4이상 8미만	PA++	보통
8이상 16미만	PA+++	높음
16이상	PA++++	매우 높음

71번 문항			
정답	④	출제단원	4단원
출제근거	맞춤형화장품조제관리사 교수학습 가이드	배점	8점
해설			

　피부색은 멜라닌 세포(멜라노사이트)의 수가 아니라 멜라닌 색소의 양을 측정하여 색소 침착 정도를 과학적으로 분석한다. 흑인이든 백인이든 인간이 가지고 태어난 멜라닌 세포의 수는 거의 유사하다. 그러나 멜라닌 색소의 양에 의해서 피부색이 결정된다. 정리하자면 사람마다 피부에 존재하는 멜라닌 색소의 종류와 양이 다르기 때문에 피부색이 다 다르다.

72번 문항			
정답	③	출제단원	4단원
출제근거	화장품 법령	배점	8점

해설

관능평가 요소

탁도(침전)	10㎖ 바이알에 액체 형태의 화장품을 넣고 탁도계로 측정
변취	손등에 적당량을 바른 뒤 원료의 베이스 냄새를 기준으로 표준품(최종제품)과 비교해 변취 확인
분리(성상)	육안과 현미경을 이용해 기포, 응고, 분리, 겔화, 빙결 등 유화 상태 확인
점도, 경도	실온에 방치한 뒤 용기에 넣고 점도, 경도 범위에 적합한 회전봉을 사용해 점도를 측정하고 점도가 높을경우 경도를 측정
증발, 표면 굳음	건조감량, 무게 측정을 통해 증발과 표면 굳음 측정

제품별 관능평가 요소

스킨·토너	탁도,	변취		
로션·에센스		변취,	분리(성상),	점도·경도
크림		변취,	분리(성상),	점도·경도,	증발·표면 굳음
메이크업 베이스·파운데이션		변취,		점도·경도,	증발·표면 굳음
립스틱		변취,	분리(성상),	점도·경도

73번 문항			
정답	②	출제단원	4단원
출제근거	화장품 법령, 가이드북	배점	8점

해설

구분	명칭	특성	사용 부위
플라스틱	저밀도 폴리에틸렌(LDPE)	- 반투명, 광택성, 유연성 우수 - 내외부 응력이 걸린 상태에서 알코올, 계면활성제와 접촉 시 균열 발생	튜브, 마개, 패킹
	고밀도 폴리에틸렌(HDPE)	- 유백색, 무광택, 수분 투과 적음	화장수, 샴푸, 린스 용기 및 튜브
	폴리프로필렌(PP)	- 반투명, 광택성, 내약품성 우수	원터치 캡
	폴리스티렌(PS)	- 투명, 광택성, 딱딱함, 성형가공성 및 치수안정성 우수	팩트·스틱 용기
	AS수지	- 투명, 광택성, 내충격성 우수	크림, 팩트, 스틱류 용기, 캡
	ABS수지	- AS수지의 내충격성을 향상시킨 소재 - 향료, 알코올에 취약 - 도금 소재로 이용	팩트 용기
	폴리염화비닐(PVC)	- 투명, 성형가공성 우수, 저렴	샴푸, 린스 용기
	폴리에틸렌테레프탈레이트(PET)	- 투명성, 광택성, 내약품성 우수, 딱딱함	화장수, 유액, 샴푸, 린스 용기

74번 문항			
정답	②	출제단원	4단원
출제근거	화장품 법령	배점	12점

해설

「화장품 표시·광고 실증에 관한 규정」 및 그에 관한 가이드에 따르면 '안티에이징'은 인체적용시험자료, 인체 외 시험자료로 입증가능한 표현이다. 입증만 하면 광고할 수 있다.

[상세한 선지 해설]

ㄱ. 화장품법 제2조 – "광고"란 라디오 · 텔레비전 · 신문 · 잡지 · 음성 · 음향 · 영상 · 인터넷 · 인쇄물 · 간판, 그 밖의 방법에 의하여 화장품에 대한 정보를 나타내거나 알리는 행위를 말한다.

ㄷ. '빠지는 모발을 감소시킨다'라는 표현은 탈모 증상 완화에 도움을 주는 기능성화장품으로서 이미 심사받은 자료에 근거가 포함되어 있거나 해당 기능을 별도로 실증한 자료로 입증가능하다.

ㄹ. 화장품의 효능·효과에 관한 내용(<예시> 수분감 30% 개선효과/피부결 20% 개선/2주 경과 후 피부톤 개선 등)은 인체적용시험 자료 또는 인체 외 시험자료로 입증가능 하다.

ㅁ. 제품에 특정성분이 들어 있지 않다는 '무(無) oo' 표현은 시험분석자료로 입증 가능하다. 단, 특정성분이 타 물질로의 변환 가능성이 없으면서 시험으로 해당 성분 함유 여부에 대한 입증이 불가능한 특별한 사정이 있는 경우에는 예외적으로 제조관리기록서나 원료시험성적서 등을 활용할 수 있다.

[ㅁ 선지 참고!] 특정성분이 들어 있지 않다는 '무(無) oo' 표현은 사용 가능하나 <u>그 특정성분이 배합금지 원료인 경우에는 불법 광고이다</u>. 예를 들어 '무(無) 미네랄 오일'이라는 광고는 입증 자료들만 체계적으로 갖추면 가능하다. 미네랄 오일은 사용 금지 원료가 아니기 때문이다. 그러나 '無(무) 스테로이드, 無(무) 벤조피렌'과 같은 광고는 금지이다. 스테로이드나 벤조피렌은 애초에 식약처장이 정한 사용 금지 원료이므로 화장품에 들어가지 않아야 하는 것은 당연한 것이다. 이런 광고는 소비자에게 마치 이 화장품만은 다른 화장품에 비해 안전하다는 인식을 준다. 따라서 '배합금지'원료를 넣지 않았다는 광고는 불법이다.

75번 문항			
정답	②	출제단원	4단원
출제근거	화장품 법령	배점	12점

해설

영수씨는 향료1과 향료2만을 1대 2로 섞어 바디 미스트를 만들고자 한다. 이런 문제를 푸는 요령은 우선 각 목록에서 '식약처장 고시 알레르기 유발 성분'만을 골라내는 것이다. 글리세린, 에탄올, 파네솔, 벤질벤조에이트, 하이드록시시트로넬알, 신남알, 아이소유제놀, 헥실신남알 중 알레르기 유발 성분으로 식약처장이 고시한 성분은 파네솔, 벤질벤조에이트, 하이드록시시트로넬알, 신남알, 아이소유제놀, 헥실신남알로 6개이다. 향료1과 향료2를 1대 2로 혼합한다고 하였으므로 최종 바디미스트를 30g이라고 가정하고 각 향료의 조성목록표를 토대로 최종 바디미스트의 조성목록을 구성하면 다음과 같다.

향료 1(10g)과 향료 2(10g)를 1:2로 혼합한 최종 바디미스트의 조성(30g)	
성분	함량
글리세린	5(향료1) + 10(향료2) = 15g
에탄올	3(향료1) + 6(향료2) = 9g
파네솔	240 μg
벤질벤조에이트	150 μg
하이드록시시트로넬알	90 μg
신남알	510 μg
아이소유제놀	240 μg
헥실신남알	180 μg

파네솔은 전체 30g 중 240㎍이 들어있으므로 0.0008%이다. 같은 방법으로 환산하면 벤질벤조에이트는 0.0005%, 하이드록시시트로넬알은 0.0003%, 신남알은 0.0017%, 아이소유제놀은 0.0008%, 헥실신남알은 0.0006%이다. 이 제품은 사용 후 씻어내지 않는 바디미스트이므로 0.001%를 초과하는 것들은 다 성분명을 기재해야 한다. 따라서 답은 신남알 1개뿐이다.

76번 문항

정답	⑤	출제단원	4단원
출제근거	화장품 법령	배점	10점

해설

고객의 피부 고민은 '번들거린다'는 점이다. 그리고 특히 '피부 진정'을 원하고 있다. 피부 측정을 볼 때 현재 이 사람은 피부 유분도가 36.6%이상 높아졌다. 피부도 울긋불긋하다. 지성피부로 보인다. 우선 이 사람은 여드름도 나고 있으므로 유분감이 강한 크림은 더 상황을 악화시킬 것이다. 특히 X 내용물의 전성분을 보면 페트롤라툼이 정제수 다음으로 매우 많이 사용되었다. X 내용물은 특히 실리콘 오일이나 미네랄 오일 등의 합성원료가 주로 사용되었다. 물론 다른 천연 오일인 스위트 아몬드 오일도 보이지만 사용한 양이 많은 것 같지 않고 이 역시 유성 성분이므로 다소 번들거릴 것이다. 뒤의 어성초추출물이 피부를 개선할 것이라는 것은 큰 오산이다. 도움이 될 수도 있겠지만 사용된 양이 전성분 표 뒤쪽에 있어 효과를 기대하기 어렵다. X 내용물은 페트롤라툼과 미네랄 오일과 같은 탄화수소계 석유정제물, 실리콘 오일과 같은 합성 오일이 많이 쓰였으므로 건성 피부에 추천하면 좋을 듯 하다.

Y 내용물은 글리세린이 주로 사용되었다. 베타인과 같은 성분, 알란토인과 같이 수분을 주는 성분들이 주로 사용되었다. 참고로 아이소노닐아이소노나노에이트는 낮은 점도를 가지며 에스터, 휘발성 실리콘, 식물성 오일과 같은 다양한 성분에서 용해도가 우수하다. 화장품에 사용될 시에는 파운데이션, 기초 제품, 컨실러, 립스틱 등 다양한 화장품에 사용되며 주로 수분 증발을 막아 보습력을 강화 시켜주고, 부드러운 사용감을 부여해 주는 역할로 사용된다. 조성으로만 보면 Y 내용물은 수분크림인 듯 하다.

굳이 고객 B를 위해 내용물을 X와 Y 중 하나를 선택해야 한다면 Y를 선택해야 할 것이다. 여드름이 나며 번들 거리는게 싫은 사람에게 일각에서 폐색막을 형성할 수도 있다고 말해온 꾸덕한 석유정제 탄화수소류가 다량 배합된 내용물을 추천할 이유가 없다.

원료로는 피부 진정을 원하므로 (ㄱ), (ㄴ)이 도움이 될 수 있다. (ㄷ)은 보습용, (ㄹ)은 각질 제거용으로 보통 사용된다. 이 모든 것이 충족되는 것은 선지 4번과 5번밖에 없다. 선지 4번이 답이 될 수 없는 이유는 사용기한의 오류에 있다. Y 내용물은 개봉일이 2022년 2월 10일인데 심벌을 참고하면 개봉 후 9개월까지 사용 가능하다. 즉, 2022년 11월 9일까지 사용 가능하다. (ㄱ)은 2021년 12월 3일까지 사용 가능하다. 그렇다면 최종 맞춤형화장품의 사용기한은 2021년 12월 3일 전까지일 것이다. 그러나 4번에서 사용기한을 2021년 12월까지라고 써놓았다. 이 소리는 2021년 12월 31일까지 사용해도 상관없다는 의미이다. 즉, 사용기한을 초과하여 기재하였으므로 틀렸다.

[선지 5번 해설] (ㄴ)은 사용기한이 2021년 11월 11일까지이다. 따라서 Y와 (ㄴ)을 섞은 것은 사용기한이 2021년 11월 11일 전까지여야 한다. 조제관리사가 최종 제품의 사용기한을 2021년 10월까지라고 적었으므로 이는 적합하다.

77번 문항

정답	③	출제단원	4단원
출제근거	화장품 법령	배점	12점

해설

해당 제품은 1% 이하의 성분들도 함량이 높은 순서대로 기재되었다고 문제에 나와있다. 그리고 해당 제품은 식품의약품안전처에 자료 제출이 생략되는 기능성화장품 고시 성분과 사용상의 제한이 필요한 원료를 최대 사용 한도로 배합하여 제조하였다. 이에 따라 <보기>를 분석하면 다음과 같다.

<보기>

정제수, 부틸렌글라이콜, 티타늄디옥사이드(25%), 사이클로펜타실록세인, 글리세린, 이소아밀p-메톡시신나메이트(10%), 나이아신아마이드(5%), 글리세릴카프릴레이트, 유용성 감초추출물(0.05%), (　　　), 비피다발효용해물, 다이소듐이디티에이, 폴리소르베이트20, 리모넨, 목화추출물, 녹차추출물, 아데노신(0.04%), 락틱애씨드, 향료

이 제품은 1% 이하의 성분들도 함량이 높은 순서대로 기재되어 있으니 (   )안에 들어갈 성분은 0.04%이상 0.05% 이하의 사용한도를 지닌 성분일 것이다.(문제에서 ①~⑤번의 선지에 제시된 성분들 역시 최대 사용 한도로 제조한다고 가정하였으므로)

[상세한 선지 해설]
①의 사용한도는 0.08%, ②는 0.15%, ③은 0.05%, ④는 0.3%, ⑤는 사용 후 씻어내지 않는 제품 0.1% (다만, 하이드로알콜성 제품에 배합할 경우 1%, 순수향료 제품에 배합할 경우 2.5%, 방향크림에 배합할 경우 0.5%), 사용 후 씻어내는 제품 0.2%이다. 따라서 답이 되는 것은 3번 밖에 없다.

78번 문항			
정답	②	출제단원	4단원
출제근거	화장품 법령	배점	12점

해설

「기능성화장품 심사에 관한 규정」 제3장 심시기준 중 제10조의 내용은 다음과 같다.
기능성화장품의 원료 및 그 분량은 효능·효과 등에 관한 자료에 따라 합리적이고 타당하여야 하고, 각 성분의 배합의의가 인정되어야 하며, 다음 각 호에 적합하여야 한다.

1. 기능성화장품의 원료 성분 및 그 분량은 제제의 특성을 고려하여 각 성분마다 배합목적, 성분명, 규격, 분량(중량, 용량)을 기재하여야 한다. 다만, 「화장품 안전기준 등에 관한 규정」에 사용한도가 지정되어 있지 않은 착색제, 착향제, 현탁화제, 유화제, 용해보조제, 안정제, 등장제, pH 조절제, 점도 조절제, 용제 등의 경우에는 적량으로 기재할 수 있고, 착색제 중 식품의약품안전처장이 지정하는 색소(황색4호 제외)를 배합하는 경우에는 성분명을 "식약처장 지정색소"라고 기재할 수 있다.(이하 생략) 즉, 이 문제는 타르색소 중 황색 4호에 대해 묻는 문제이다. 황색 4호는 타르트라진(Tartrazine)이라고도 하며 CI번호(색소 구별 번호)는 19140이다.

[상세한 선지 해설]
① 황색 5호에 대한 설명이다.
③ 해당 색소는 바륨, 스트론튬, 지르코늄레이크를 사용할 수 있다.
④ 황색 4호는 사용 한도가 없다.
⑤ 이 색소는 사용상의 제한 사항이 없다.

79번 문항			
정답	⑤	출제단원	4단원
출제근거	화장품 법령	배점	14점

해설

이 제품에 사용된 성분 중 「화장품 안전기준 등에 관한 규정」 [별표 2] 사용상의 제한이 필요한 원료에 해당하는 성분들의 사용 한도를 모두 더하면 25.01%이다.

[상세한 선지 해설]
① 벤질신나메이트(0.1mg), 메틸벤질알코올(18mg), 부틸페닐메틸프로피오날(0.45mg), 클로로신남알(0.9mg)를 각각 %로 나타내면 0.0002%, 0.036%, 0.0009%, 0.0018%이다. 해당 제품은 씻어내는 제품이 아니니 0.001%를 초과한 성분은 향료와 구별하여 기재하여야 한다. 그러나 메틸벤질알코올(0.036%)과 클로로신남알(0.0018%)은 모두 착향제 중 알레르기 유발 물질이 아니다. 이름만 비슷한 다른 성분들이다. 따라서 이 제품에는 '향료'와 구별하여 기재하여야 하는 알레르기 유발 성분이 단 하나도 없다.
② 흡입되지 않도록 주의하라는 주의사항은 스테아린산 아연 포함 기초화장용 제품류 중 파우더 제품에 한한다. 이 제품은 파우더가 아니라 페이셜 크림이다.
③ 아이오도프로피닐부틸카바메이트는 입술에 사용되는 제품, 에어로졸(스프레이에 한함) 제품, 바디로션 및 바디크림에는 사용금지이다. 영유아용 제품류 또는 만 13세 이하 어린이가 사용할 수 있음을 특정하여 표시하는 제품에도 사용금지(목욕용제품, 샤워젤류 및 샴푸류는 제외)이다.
④ 등색 206호는 눈 주위 및 입술에 사용할 수 없는 타르색소이다.
⑤ [별표 2] 사용상의 제한이 필요한 원료에 해당하는 성분은 토코페롤(20%), 에틸헥실살리실레이트(5%), 아이오도프로피닐부틸카바메이트(이 화장품에서는 0.01%)이다. 총합은 25.01%이다. 참고로 아데노신은 기능성화장품 고시 원료이지 「화장품 안전기준 등에 관한 규정」[별표 2] 사용상의 제한이 필요한 원료가 아니다.

80번 문항			
정답	④	출제단원	4단원
출제근거	화장품 법령	배점	12점
해설			

　　빈칸에 들어갈 말은 피로갈롤이다. 피로갈롤은 다양한 식물에 광범위하게 분포하는 다가(多價) 페놀이다. 흰색의 결정형 가루이자 강한 환원제이다. 천연 염모제는 화학 합성염료 대신 천연 염색성분을 사용한다. 대표적인 천연 염색성분은 피로갈롤과 철 매염제(황산철)가 있다. 피로갈롤은 밤나무·떡갈나무와 같은 나무 껍질에서 얻어지는 성분이다. 염색할 때 부작용이 없고, 항균·항산화 작용이 있어 피부를 보호한다. 물론 천연 염모제는 산화형 염모제보다 염색시간이 두 배 이상 오래 걸리는 것이 단점이다. 피로갈롤과 황산철이 만나면 보통 어두워진다. 그래서 새치 염색에 주로 쓰인다. 피로갈롤은 **염모제에 2%**를 초과하여 사용할 수 없다.

[상세한 선지 해설] 각 선지 별 사용한도

① 산화염모제에 1.5% ② 산화염모제에 3% ③ 산화염모제에 0.6% ④ 산화염모제에 2% ⑤ 산화염모제에 0.15% 모두 기타 화장품에는 사용금지 원료이다.

주관식 정답 및 해설 * 주관식 부분점수 없음!			

81번 문항			
정답	제조연월일	출제단원	1단원
출제근거	화장품 법령	배점	10점
해설			

　　내용량이 10밀리리터 이하 또는 10그램 이하인 화장품의 1차 포장 또는 2차 포장에는 반드시 화장품의 명칭, 화장품책임판매업자 또는 맞춤형화장품판매업자의 상호, 가격, 제조번호와 사용기한 또는 개봉 후 사용기간(**개봉 후 사용기간을 기재할 경우에는 제조연월일을 꼭 병행 표기하여야 함!**)만을 기재·표시할 수 있다.(화장품법 시행규칙 제19조)

82번 문항			
정답	표준통관예정보고	출제단원	1단원
출제근거	화장품 법령	배점	8점
해설			

· **「화장품법 시행규칙」 제12조 화장품책임판매업자의 준수사항 中**
- 수입된 화장품을 유통·판매하는 영업으로 화장품책임판매업을 등록한 자의 경우 「대외무역법」에 따른 수출·수입요령을 준수하여야 하며, 「전자무역 촉진에 관한 법률」에 따른 전자무역문서로 표준통관예정보를 할 것

· **「화장품의 생산·수입실적 및 원료목록 보고에 관한 규정」 中**
- 「전자무역 촉진에 관한 법률」에 의하여 전자문서교환방식으로 표준통관예정보를 하고 수입한 자는 수입실적보고 및 원료목록 보고를 하지 않을 수 있다.

83번 문항			
정답	제품표준서 품질관리기록서	출제단원	1단원
출제근거	화장품 법령	배점	10점
해설			

　「화장품법 시행규칙」제11조 및 제12조
- 화장품제조업자의 준수사항 중 일부
· 제조관리기준서, 제품표준서, 제조관리기록서, 품질관리기록서를 작성·보관하여야 한다.
- 화장품책임판매업자의 준수사항 중 일부
· 제조업자로부터 받은 제품표준서, 품질관리기록서를 보관하여야 한다.
* 답 기입 순서 상관 없음!

84번 문항

정답	이소베르가메이트, 0.2%	출제단원	2단원
출제근거	화장품 법령	배점	18점

해설

문제에 제시된 원료의 조성을 모두 더하면 60ml가 된다. 이 원료 목록 중「화장품의 안전기준 등에 관한 규정」[별표 2] 사용상의 제한이 필요한 원료를 추리면 폴리실리콘-15, 드로메트리졸트리실록산, 메틸파라벤, 우레아, 이소베르가메이트가 있다. 각 사용한도는 폴리실리콘-15(10%), 드로메트리졸트리실록산(15%), 메틸파라벤(0.4%), 우레아(10%), 이소베르가메이트(0.1%)이다. 이 제품에는 폴리실리콘-15가 약 8.33%, 드로메트리졸트리실록산이 약 10.17%, 메틸파라벤이 약 0.33%, 우레아가 약 9.67%, 이소베르가메이트가 약 0.3% 쓰였다. 따라서 답은 이소베르가메이트이다. 그리고 초과한 정도는 0.2%이다.

85번 문항

정답	⊙ 기밀용기 ⓒ 밀봉용기	출제단원	2단원
출제근거	화장품 법령	배점	10점

해설

「기능성화장품의 기준 및 시험방법」[별표 1] 통칙 중 일부
「밀폐용기」라 함은 일상의 취급 또는 보통 보존상태에서 외부로부터 고형의 이물이 들어가는 것을 방지하고 고형의 내용물이 손실되지 않도록 보호할 수 있는 용기를 말한다. 밀폐용기로 규정되어 있는 경우에는 기밀용기도 쓸 수 있다. 「**기밀용기**」라 함은 일상의 취급 또는 보통 보존상태에서 액상 또는 고형의 이물 또는 수분이 침입하지 않고 내용물을 손실, 풍화, 조해 또는 증발로부터 보호할 수 있는 용기를 말한다. 기밀용기로 규정되어 있는 경우에는 **밀봉용기**도 쓸 수 있다. 「밀봉용기」라 함은 일상의 취급 또는 보통의 보존상태에서 기체 또는 미생물이 침입할 염려가 없는 용기를 말한다. 「차광용기」라 함은 광선의 투과를 방지하는 용기 또는 투과를 방지하는 포장을 한 용기를 말한다.
* 기밀용기와 밀봉용기 순서 바꿔서 답에 썼으면 오답이다.

86번 문항

정답	통과, 침투, 흡수	출제단원	2단원
출제근거	화장품 법령	배점	10점

해설

[화장품 위해평가 가이드라인 중 일부]
피부흡수과정은 물질이 피부를 통과하는 일련의 과정을 설명하는 국제적인 용어로 이들 과정은 세 단계로 나눠진다(WHO, 2006)
- 통과(penetration)는 각질층으로 성분 물질이 들어가는 것처럼 물질이 특정 층이나 구조로 들어가는 것을 말한다.
- 침투(permeation)는 한층에서 다른층으로 통과하는 것을 말하며 이때 두 개의 층은 기능 및 구조적으로 다르다.
- 흡수(resorption)는 물질이 전신(lymph and/or blood vessel)으로 흡수되는 것을 말한다.
* 통과/침투/흡수 순서 바꿔 쓰면 오답. 부분점수 없으므로 하나라도 틀리면 다 틀림.

87번 문항

정답	미생물	출제단원	2단원
출제근거	법령 및 가이드	배점	6점

해설

해당 내용은 맞춤형화장품조제관리사 교수학습가이드에 나온 내용이다.
[가이드 내용]화장품의 주성분은 물과 기름이고 다른 영향을 주는 성분들을 포함할 수 있으므로 제조 및 유통 과정 중에 오염된 미생물이 화장품에서 증식할 가능성이 있다. 오염된 미생물은 화장품의 품질을 저하하고 소비자의 피

부 건강에 나쁜 영향을 미칠 수 있으므로 화장품제조업자 및 책임판매업자는 화장품의 품질, 안전성, 유효성을 확보하기 위하여 화장품 원료, 화장품과 직접 접촉하는 용기나 포장 및 최종 제품의 미생물오염을 방지하여야 한다.

[화장품 법령 내용] 맞춤형화장품판매업소에서 제공되는 맞춤형화장품에 대한 미생물 오염 관리를 철저히 하여야 한다.

88번 문항

정답	0.0015, 3, 1, 메틸이소치아졸리논	출제단원	2단원
출제근거	화장품 법령	배점	10점

해설

메칠이소치아졸리논	사용 후 씻어내는 제품에 0.0015% (단, 메칠클로로이소치아졸리논과 메칠이소치아졸리논 혼합물과 병행 사용 금지)	기타 제품 사용금지
메칠클로로이소치아졸리논과 메칠이소치아졸리논 혼합물 (염화마그네슘과 질산마그네슘 포함)	사용 후 씻어내는 제품에 0.0015% (메칠클로로이소치아졸리논: 메칠이소치아졸리논=(3:1)혼합물로서)	기타 제품 사용금지

* 메틸과 메칠은 같은 말이다. 답안 기입 순서 틀리면 오답처리!

89번 문항

정답	활성산소(유해산소) 티로신	출제단원	4단원
출제근거	가이드, 백과사전, 신문기사	배점	8점

해설

활성산소는 화학적으로 반응성이 뛰어난 산소 원자를 포함하는 분자이다. 초과산화물 라디칼, 과산화수소, 수산화 라디칼 등이 대표적인 활성산소 분자이다. 또한 광자극에 의해 반응성이 높은 일중항산소(singlet oxygen)가 생성되기도 한다. 활성산소는 우리 몸에서 정상치를 넘게 되면 불포화 지방산을 과산화시켜 생체막의 구조적, 기능적 손상을 유발하고 핵산을 공격하여 염색체의 돌연변이를 유도한다. 멜라닌 생성과정은 티로신이라는 아미노산으로 출발하여 도파로, 도파가 산화되어 도파퀴논이 생성되는데 이 과정에서 티로시나아제라는 효소가 관여한다. 이때 체내 활성산소의 과다로 인한 산화반응이 일어나면 유멜라닌을 형성하여 기미, 주근깨가 발생한다. 또, 활성산소는 콜라겐, 엘라스틴 등을 파괴하고 배열구조를 변화시키며 Matrix Metalloproteases(MMPs)효소의 발현을 활성화하여 단백질 섬유의 분해를 야기하여 피부탄력 감소 및 주름을 발생시킨다.

* 활성산소와 티로신 순서 바꿔쓰면 오답. 부분점수 없음. 하나 틀리면 다 틀림.

90번 문항

정답	알콕실레이트화	출제단원	4단원
출제근거	화장품 법령	배점	6점

해설

「천연화장품 및 유기농화장품의 기준에 관한 규정」중 [별표 5] 제조공정

석유화학 용제의 사용 시 반드시 최종적으로 모두 회수되거나 제거되어야 하며 방향족, 알콕실레이트화, 할로겐화, 니트로젠, 황(DMSO 예외) 유래 용제는 사용이 불가하다.

91번 문항

정답	아데노신	출제단원	4단원
출제근거	화장품 법령 및 백과사전	배점	8점

해설

아데노신은 생물이 활동하는데 필수적인 ATP를 구성하는 성분으로 모든 생물체에 소량 존재하며, 세포의 성장이나 분화 및 항상성에 직접적으로 관여하여 각종 대사를 조절하는 중요한 물질이다. 아데노신은 최종적으로 피부 건강과 관련된 유전자발현에 관여하여 세포분화, 상처치유 등 피부에 대한 재생 기능을 나타내게 된다. 진피층 내 섬유아세포의 증식을 강화시켜 콜라겐의 합성을 촉진시켜 주름을 완화하고 탄력을 증대시킨다. 아데노신은 진피층에서 DNA와 단백질 합성을 촉진시켜 세포 스스로의 자생력으로 피부의 건강을 유지할 수 있도록 도와주는 기능을 한다.

92번 문항

정답	엔도큐티클, CMC(세포막 복합체)	출제단원	4단원
출제근거	가이드	배점	10점

해설

① 에피큐티클 (epicuticle, 단단하다, 물을 팅겨냄)
모표피의 가장 외층막. 반투과성으로 수증기는 통하지만 물은 통하지 않는다. 특징을 보면 다당류, 단백질 등이 견고하게 결합되어 있는 것으로 산소와 화학약품에 대한 저항이 가장 강한 층이며 기계적인 작용을 받아 손상되기 쉽다.
② 엑소큐티클 (exocuticle, 스펀지형태, 친수성)
연한 케라틴질의 층으로 시스틴이 많이 함유되어 있고 퍼머넨트 웨이브제와 같은 시스틴 결합을 절단하는 약품의 작용을 받기 쉬운 층이다.
③ 엔도 큐티클 (endocuticle, 부드럽다, 친수성)
모표피의 가장 안쪽이며 시스틴의 함유량이 적기 때문에 케라틴 침식성 약품에 대해서는 강하지만 단백질 침식성의 약품에 대해서는 약한 층이다. 이 층의 내측에는 세포막 복합체(CMC)가 접착제의 역할을 하여 인접한 모표피를 밀착시킨다. 세포막 복합체(CMC)는 모표피와 모피질 사이, 모피질 세포의 사이사이에 존재하며 세포막 복합체(CMC)가 파괴되면 모발이 손상된다. 세포막 복합체(CMC)는 세포간 결합 물질로서 피부 표피의 세포간 지질 성분과 유사하며 모피질 내의 수분 및 간충물질의 용출을 막고 외부로부터의 침입을 막는다.
* 하나라도 틀리면 부분점수 없으며 차례대로 기입해야 함.

93번 문항

정답	헤모글로빈(혈색소)	출제단원	4단원
출제근거	백과사전 및 가이드	배점	8점

해설

피부의 홍반 측정은 피부의 헤모글로빈 수치를 측정한다. 헤모글로빈은 4개의 폴리펩티드 사슬이 모여서 4차 구조를 이루고 산소와 결합하는 철을 포함하는 금속단백질(metalloprotein)이다.

94번 문항

정답	착향제, 0.001, 0.01	출제단원	4단원
출세근서	화장품 법령	배점	6점

해설

「화장품 사용 시의 주의사항 및 알레르기 유발성분 표시에 관한 규정」
착향제는 향료로 표기할 수 있으나, 착향제 구성 성분 중 식품의약품안전처장이 고시한 알레르기 유발성분이 있는 경우 향료로만 표기할 수 없고, 추가로 해당 성분의 명칭을 기재하여야 한다. 이때, 화장품 사용 시의 주의사항 및 알레르기 유발성분 표시에 관한 규정에서 정한 25종 성분 중 사용 후 씻어내지 않는 제품에는 0.001% 초과, 사용 후 씻어내는 제품에는 0.01% 초과 함유하는 경우에 한한다.
* 0.001과 0.01 순서 반대로 쓴 사람 다 오답처리할 것. 부분점수 없음. 하나라도 안 쓰면 전부 오답.

95번 문항			
정답	프로필파라벤, 이소프로필파라벤, 기저귀	출제단원	4단원
출제근거	화장품 법령	배점	8점
해설			

부틸파라벤, 프로필파라벤, 이소부틸파라벤 또는 이소프로필파라벤 함유 제품(영·유아용 제품류 및 영유아가 사용하는 기초화장용 제품류 중 사용 후 씻어내지 않는 제품에 한함)은 '만 3세 이하 영유아의 기저귀가 닿는 부위에는 사용하지 말 것'이라는 주의사항을 기재해야 한다.

* 프로필파라벤과 이소프로필파라벤 답안 기입 순서는 상관없음. 순서 반대로 해도 됨. 그러나 기저귀는 마지막에 답을 썼어야 함.

96번 문항			
정답	범위, 품질, 안전성	출제단원	4단원
출제근거	화장품 법령	배점	6점
해설			

「맞춤형화장품판매업자의 준수사항에 관한 규정」

맞춤형화장품판매업자는 맞춤형화장품 조제에 사용하는 내용물 또는 원료의 혼합·소분의 범위에 대해 사전에 검토하여 최종 제품의 품질 및 안전성을 확보하여야 한다. 다만, 화장품책임판매업자가 혼합 또는 소분의 범위를 미리 정하고 있는 경우에는 그 범위 내에서 혼합 또는 소분하여야 한다.

* 품질과 안전성은 답안 기재 순서 무관.

97번 문항			
정답	포타슘바이카보네이트	출제단원	4단원
출제근거	백과사전, 가이드	배점	12점
해설			

카보머는 '알칼리제' 중화제랑 섞어야 한다. <보기2>에서 알칼리제 중화제는 암모니아와 포타슘바이카보네이트이다. 그런데 <보기1>을 참고하면 맞춤형화장품조제관리사가 이를 맞춤형화장품을 조제할 때에 넣으려 하고 있다. 맞춤형화장품조제관리사는 법적으로 사용상의 제한이 있는 암모니아를 맞춤형화장품 조제 시에 혼합할 수 없다. 따라서 답은 포타슘바이카보네이트밖에 없다.

98번 문항			
정답	10, 50, 인산염	출제단원	4단원
출제근거	화장품법 시행규칙	배점	8점
해설			

내용량이 10밀리리터 초과 50밀리리터 이하 또는 중량이 10그램 초과 50그램 이하 화장품의 포장인 경우에는 다음의 성분을 제외한 전성분 기재를 생략할 수 있다.

가. 타르색소
나. 금박
다. 샴푸와 린스에 들어 있는 인산염의 종류
라. 과일산(AHA)
마. 기능성화장품의 경우 그 효능·효과가 나타나게 하는 원료
바. 식품의약품안전처장이 사용 한도를 고시한 화장품의 원료

* 부분점수 전혀 없음. 답안 기재 순서 안 지킨 경우 전부 오답.

99번 문항			
정답	일회용 장갑, 식별번호	출제단원	4단원
출제근거	화장품 법령	배점	6점
해설			

「화장품법 시행규칙」제12조의 2 맞춤형화장품판매업자의 준수사항 중 일부

혼합 · 소분 전에 손을 소독하거나 세정할 것. 다만, 혼합 · 소분 시 일회용 장갑을 착용하는 경우에는 그렇지 않다.

「맞춤형화장품판매업 가이드라인」 중 일부

맞춤형화장품 판매 내역서를 작성·보관하여야 한다. 판매 내역서에는 제조번호, 사용기한 또는 개봉 후 사용기간, 판매일자 및 판매량이 기재되어야 한다. 이때, 맞춤형화장품의 경우 식별번호를 제조번호로 한다. 식별번호는 맞춤형화장품의 혼합·소분에 사용되는 내용물 또는 원료의 제조번호와 혼합·소분기록을 추적할 수 있도록 맞춤형화장품판매업자가 숫자·문자·기호 또는 이들의 특징적인 조합으로 부여한 번호이다.

* 식별번호라는 개념도 알아둘 것.

100번 문항			
정답	트라이에탄올아민, 이미다졸리디닐우레아가, 15	출제단원	4단원
출제근거	화장품 법령	배점	16점
해설			

아민류와 질산염이 만나면 니트로스아민류가 나올 수 있다. 뿐만 아니라 아민류와 포름알데하이드 방출 가능성이 있는 보존제가 만나도 니트로스아민류가 생성될 가능성이 있다. 화장품 법령에서는 니트로스아민류는 사용 금지 원료이다. X 내용물에는 아민류로 트라이에탄올아민이 사용되었다. Y 내용물에는 포름알데하이드 방출 가능성이 있는 보존제인 이미다졸리디닐우레아가 사용되었다. 포름알데하이드 배출 가능성이 있는 보존제는 메텐아민, 디엠디엠히단토인(=DMDM하이단토인), 이미다졸리디닐우레아(이미다졸리디닐요소), 쿼터늄-15, 벤질헤미포름알, 소듐하이드록시메틸글리시네이트, 2-브로모-2-나이트로판-1,3-디올, 디아졸리디닐우레아(=디아졸리디닐요소) 등이 있다.

니트로스아민류가 포함된 제품은 사용 금지 원료가 화장품 안에 있는 것이므로 위해성 등급 '가'이다. 그리고 이는 15일 이내에 회수되어야 한다.

MEMO

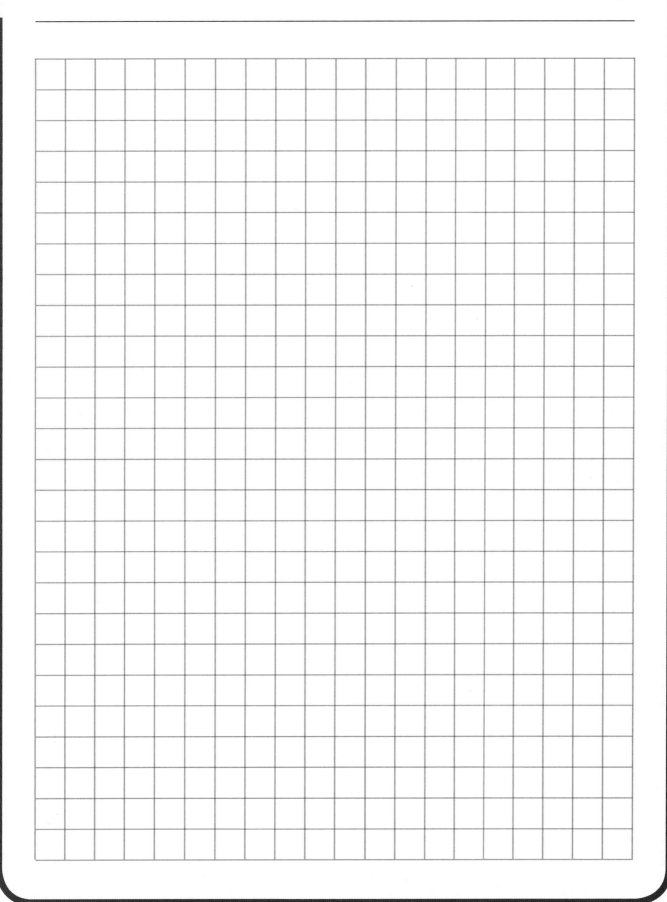

MEMO

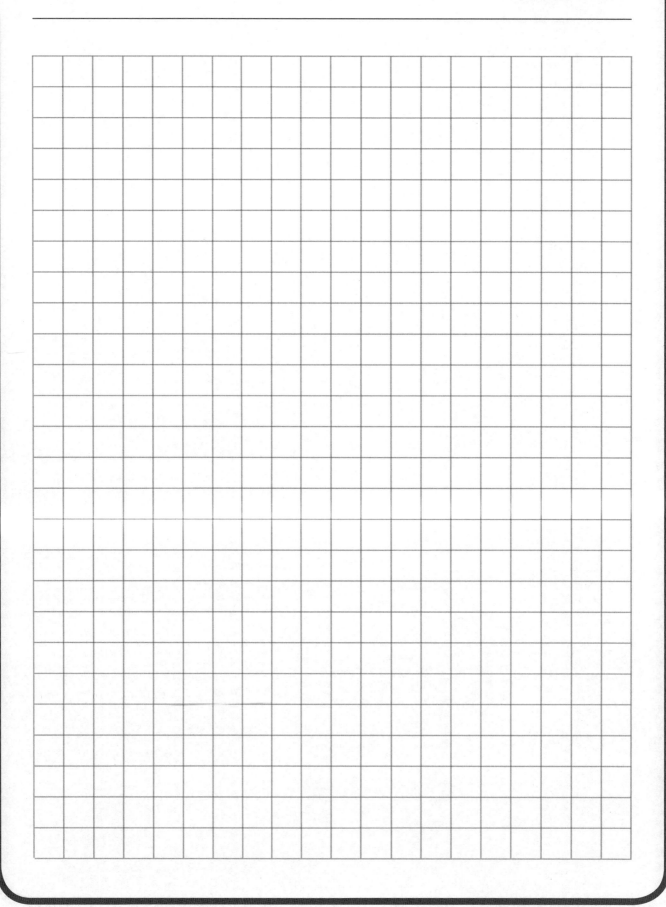

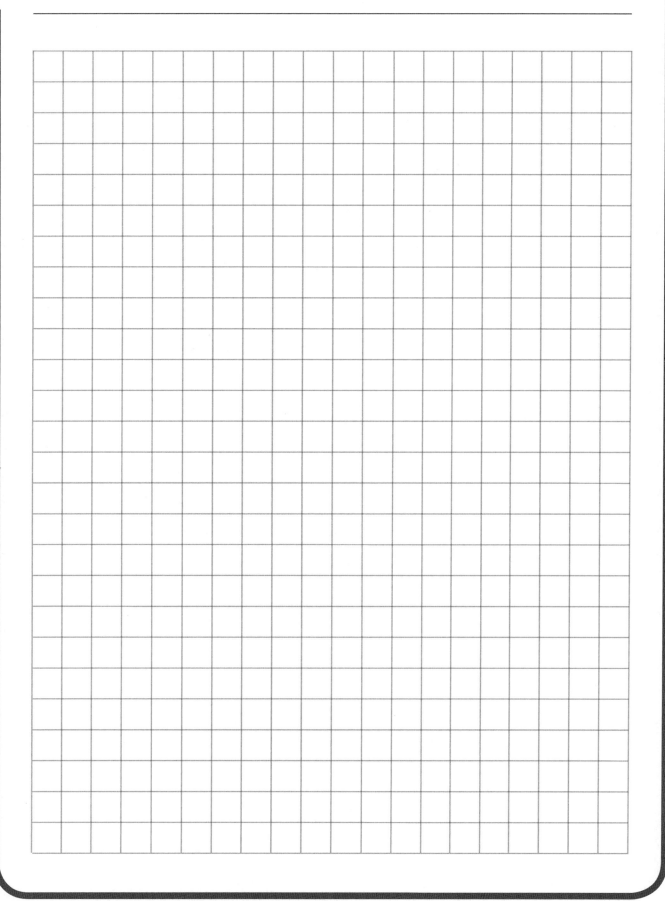

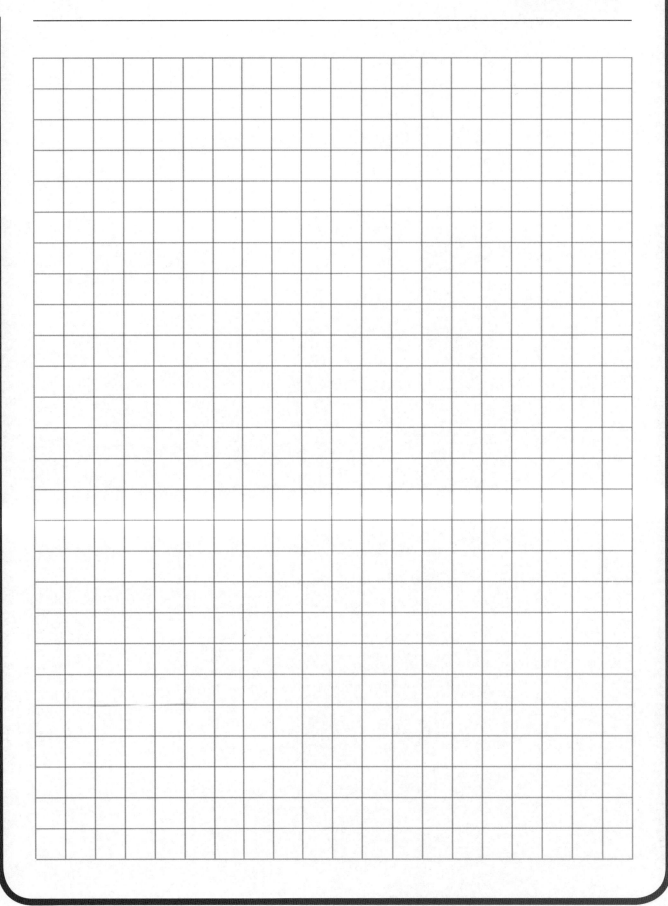

MEMO

MEMO

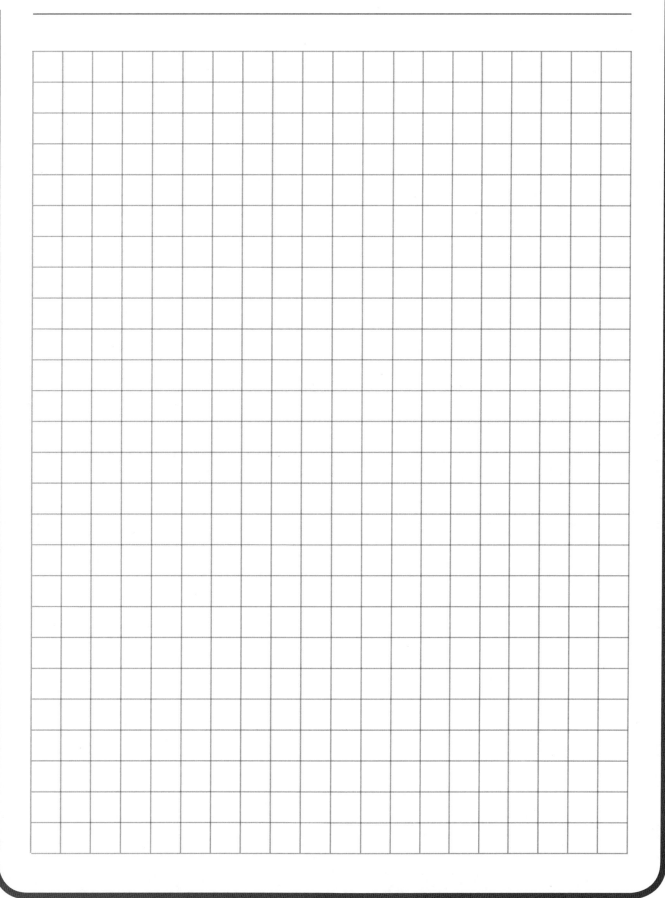

MEMO

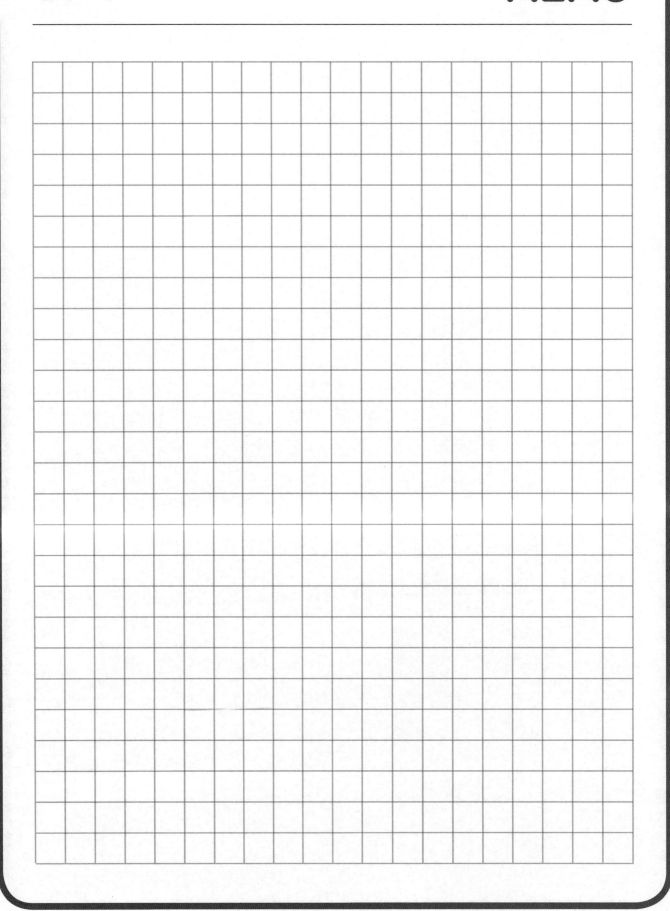

MEMO

지한쌤 맞춤형화장품조제관리사 최적화 봉투모의고사

발행일 2023년 1월 30일

발행처 지식오름(인성재단)

발행인 조순자

편저자 이지한

표지디자인 권희정

편집디자인 송주연

ISBN 979 - 11 - 92903 - 20 - 0

정 가 25,000원

맞춤형화장품조제관리사 자격시험 2회

| 성명 | | 수험번호 | | | | | | | | | | | | | 120분 |

○ 시험 도중 포기하거나 답안지를 제출하지 않은 응시자는 시험 무효 처리됩니다.

○ 시험 시간 중에는 화장실에 갈 수 없고 종료 시까지 퇴실할 수 없으므로 과다한 수분 섭취를 자제하는 등 건강관리에 유의하시기 바랍니다.

○ 응시자는 감독위원의 지시에 따라야 하며, 부정한 행위를 한 응시자에게는 해당 시험을 무효로 합니다.

○ 답안지는 문제번호가 1번부터 100번까지 양면으로 인쇄되어 있습니다. 답안 작성 시에는 반드시 시험문제지의 문제번호와 동일한 번호에 작성하여야 합니다.

○ 선다형 답안 마킹은 반드시 컴퓨터용 사인펜으로 작성하여야 합니다. 답안 수정이 필요할 경우 감독관에게 답안지 교체를 요청해야 하며, 수정테이프(액) 등을 사용했을 경우 채점상의 불이익을 받을 수 있으므로 사용하지 마시기 바랍니다.

○ 올바른 답안 마킹방법 및 주의사항

> • 매 문항마다 반드시 하나의 답만을 골라 그 숫자에 "●"로 정확하게 표기하여야 하며, 이를 준수하지 않아 발생하는 불이익(득점 불인정 등)은 응시자 본인이 감수해야 함
>
> • 답안 마킹이 흐리거나, 답란을 전부 채우지 않고 작게 점만 찍어 마킹할 경우 OMR 판독이 되지 않을 수 있으니 유의하여야 함
>
> • 두 개 이상의 답을 마킹한 경우 오답처리 됨
>
> [예시] 올바른 표기: ● 잘못된 표기: ⦿⊗⊖⦶⊕◎⦵Ⓥ◔

○ 단답형 답안 작성은 반드시 검정색 볼펜으로 작성하여야 합니다. 답안 정정 시에는 반드시 정정 부분을 두 줄(=)로 긋고 해당 답안 칸에 다시 기재하여야 하며, 수정테이프(액) 등을 사용했을 경우 채점상의 불이익을 받을 수 있으므로 사용하지 마시기 바랍니다.

○ 문항별 배점은 시험 문제에 표기되어 있습니다.

○ 시험 문제 및 답안은 비공개이며, 이에 따라 시험 당일 문제지 반출이 불가합니다.

※ 시험이 시작되기 전까지 표지를 넘기지 마시오.

지한쌤 최적화 봉투모의고사
맞춤형화장품조제관리사 자격시험 2회

| 성명 | | 수험번호 | | | | | | | | | | | | 120분 |

□ 문제지의 해당란에 성명과 수험번호를 정확히 쓰십시오.

□ 답안지의 해당란에 성명과 수험번호를 쓰고, 또 수험번호와 답을 정확히 표시하십시오.

□ 시험 시작 전까지 문제지 인쇄 상태 확인 외에 문제지를 넘기지 마십시오. 부정행위로 간주될 수 있습니다.

□ 시험 시간은 총 120분이며 시험 종료 20분 전부터는 답안지를 교체할 수 없으니 답안지를 신중히 마킹하십시오. 시험 종료 후에는 답안지를 마킹하실 수 없습니다.

□ 수정테이프 등으로 답안지를 수정할 시에 발생하는 불이익은 수험자가 부담합니다.

□ 이 자료는 저작권법에 보호를 받는 자료입니다. 이 자료를 불법으로 유포, 복제, 수정 시에는 저작권법에 의거하여 처벌받을 수 있음을 사전에 명확히 고지합니다.

제 1과목 화장품법의 이해

1. 〈보기〉는 맞춤형화장품조제관리사의 정기교육 중 맞춤형화장품조제관리사 B, C, D, E, F가 교수자 A의 질문에 대해 발표한 내용이다. 다음 중 교수자의 질문에 대해 적절하지 <u>않은</u> 발표를 한 맞춤형화장품조제관리사는?(12점)

─────〈보기〉─────

[맞춤형화장품조제관리사의 정기교육]

A:바쁘신 와중에도 이번 정기교육에 참여하여 주셔서 감사드립니다. 이번 교육은 「맞춤형화장품조제관리사 교수·학습 가이드」를 참고하여 교수·학습 지도안을 구성하였습니다. 이번 시간의 학습목표는 화장품법령에 따라 화장품의 품질요소인 안전성과 이를 확보하기 위해 필요한 사항을 설명하고, 문제가 될 수 있는 상황을 예측하는 것입니다. '안전성'이란 피부 및 신체에 대한 안전을 보장하는 성질을 말하는데요, 이 품질요소와 관련된 학습내용에 대해 발표해 봅시다.

B:화장품은 소비사가 일상직으로 오랜 기긴 동안 사용하는 것이므로 안전성이 중요합니다. 피부자극과 감작성, 이상반응 등이 최소화되어야 하죠. 특정 제품에 안전용기·포장을 하는 것 역시 소비자의 안전성을 확보하기 위한 것입니다.

C:화장품이 제조된 날로부터 적절한 보관상태에서 제품이 고유의 특성을 간직한 채 소비자가 안전하게 사용할 수 있는 최소한의 기한을 뜻하는 '사용기한' 역시 안전성에 있어 중요한 개념입니다. 또한 화장품책임판매업자는 레티놀, 토코페롤, 과산화화합물 등이 0.5% 이상 함유된 제품에 안전성 시험자료를 작성·보관하여야 하는 의무가 있습니다.

D:안전성을 위해 화장품책임판매업자는 영유아·어린이 사용 화장품이라고 광고 혹은 표시하는 제품에 있어 '제품별 안전성 자료'를 작성·보관하여야 합니다. 이러한 화장품의 1차 포장에 사용기한을 표시하는 경우 영유아 또는 어린이가 사용할 수 있는 화장품임을 표시·광고한 날부터 마지막으로 제조·수입된 제품의 사용기한 만료일 이후 1년까지의 기간 동안 해당 자료를 보관하여야 합니다.

E:조제관리사 D의 발표를 보충하자면, 영유아·어린이 사용 화장품이라고 광고 혹은 표시한 제품의 1차 포장에 개봉 후 사용기간을 표시하는 경우에는 영유아 또는 어린이가 사용할 수 있는 화장품임을 표시·광고한 날부터 마지막으로 제조·수입된 제품의 제조연월일 이후 3년까지의 기간동안 제품별 안전성 자료를 보관하여야 하며 이때 제조는 화장품의 제조번호에 따른 제조일자를 기준으로 하고 수입은 통관일자를 기준으로 합니다.

F:다들 정말 해박하시군요! 저는 화장품의 위해평가에 대해 발표하겠습니다. 화장품 원료 등의 위해평가는 「화장품법 시행규칙」 제17조 제1항 및 「인체적용제품의 위해평가 등에 관한 규정」 제12조에 따라 여러 단계를

거쳐 시행합니다. 식품의약품안전처장은 국내외에서 유해물질이 포함되어 있는 것으로 알려지는 등 국민보건상 위해 우려가 제기되는 화장품 원료 등에 대해 위해평가를 실시할 수 있습니다. 위해평가 역시 화장품의 품질요소인 안전성을 보장하기 위한 평가하고 할 수 있습니다.

① B
② C
③ D
④ E
⑤ F

2. <보기>는 「화장품법」에 대해 공부하는 맞춤형화장품조제관리사 A의 필기노트 중 일부이다. 다음 중 (ㄱ)안에 들어갈 수 <u>없는</u> 「화장품법」의 규정은?(8점)

<보기>

· 「화장품법」 알아보기

┌─────────────────┐
│   (ㄱ)   │
└─────────────────┘

· 수출용 제품의 예외
· 국내에서 판매되지 않고 수출만을 목적으로 하는 제품은 위의 (ㄱ)에 해당하는 규정을 적용하지 않고 수입국의 규정에 따를 수 있습니다(「화장품법」 제30조).
---

① 제9조 안전용기·포장
② 제10조 화장품의 기재사항
③ 제11조 화장품의 가격표시
④ 제12조 기재 · 표시상의 주의
⑤ 제13조 부당한 표시 · 광고 행위 등의 금지

3. 다음 중 「화장품 안전성 정보관리 규정」 및 「맞춤형화장품판매업 가이드라인」에 따라 옳은 설명은?(10점)

① 유해사례(Adverse Event/Adverse Experience, AE)란 질병을 제외한 화장품의 사용 중 발생한 바람직하지 않고 의도되지 않은 징후, 증상을 말하며 당해 화장품과 반드시 인과관계를 가져야 하는 것은 아니다.

② 실마리 정보(Signal)란 위해요소와 화장품 간의 인과관계 가능성이 있다고 보고된 정보로서 그 인과관계가 알려지지 않거나 입증자료가 불충분한 것을 말한다.

③ 화장품책임판매업자는 중대한 유해사례를 알게 된 때 그 정보를 알게 된 날로부터 5일 이내에 식품의약품안전처장에게 신속히 보고하여야 하며 이를 '안전성 정보의 신속보고'라고 한다.

④ 화장품책임판매업자는 신속보고하지 않은 지난해의 화장품의 안전성 정보를 매년 2월 말까지 식품의약품안전처장에게 보고하여야 하며 이를 '안전성 정보의 정기보고'라고 한다.

⑤ 맞춤형화장품의 부작용 사례 보고 역시 「화장품 안전성 정보관리 규정」에 따른 절차를 준용하므로 맞춤형화장품판매업자는 화장품책임판매업자와 더불어 '안전성 정보의 신속보고'의 의무가 있으나 '안전성 정보의 정기보고'를 할 의무는 없다.

4. 맞춤형화장품판매업자 A는 사업의 불황으로 인하여 영업을 B에게 양도하였다. A는 자신이 관리하던 고객에 대한 정보도 함께 B에게 이전하고자 한다. 다음 중 「개인정보 보호법」 제27조에 따라 적절하지 <u>않은</u> 것은?(12점)

① A는 고객들의 개인정보를 B에게 이전하려는 사실을 고객들에게 서면으로 통보하였다.

② A는 고객들에게 개인정보를 이전하려는 사실과 더불어 B의 성명, 주소, 전화번호, 이메일주소 및 정보주체가 개인정보의 이전을 원하지 않는 경우 조치할 수 있는 방법을 알렸다.

③ B는 A가 고객들에게 개인정보 이전 사실을 고지한 뒤 개인정보를 이전받으면 곧바로 그 사실을 정보주체인 고객들에게 알려야 한다.

④ B는 영업의 양도로 개인정보를 이전받은 경우이므로 이전 당시의 본래 목적으로만 개인정보를 이용하거나 제3자에게 제공할 수 있다.

⑤ 인터넷 홈페이지가 없는 A는 주소를 기재하지 않아 개인정보 이전 상황을 통지할 수 없는 고객들이 많아 A의 맞춤형화장품판매업소가 있는 시(市)를 주된 보급지역으로 하는 일반일간신문에 해당 사항을 30일간 게재하였다.

5. 맞춤형화장품판매업자 A는 개인적인 사정으로 인하여 맞춤형화장품판매업소를 폐업하려 한다. 폐업을 위해 고객들의 개인정보를 처리하고자 할 때 「개인정보 보호법」에 근거하여 적절하지 <u>않은</u> 것을 고르시오. (10점)

① A는 인쇄물로 되어 있는 고객의 개인정보를 안전하게 분리하여 배출하였으며 전자적 파일 형태인 개인정보는 복원이 불가능한 방법으로 영구 삭제하였다.

② A는 A가 처리하고 있는 고객의 개인정보가 보유기간이 경과한 경우 항상 해당 정보를 바로 파기해왔다.

③ A는 다른 법령에 따라 보존하여야 하는 고객의 개인정보에 대해 다른 개인정보와 분리하여서 저장·관리하였다.

④ A는 폐업 전에도 개인정보의 처리 목적이 달성된 경우 지체 없이 고객의 개인정보를 파기해왔다.

⑤ A는 개인정보의 일부만을 파기하여야 하는 상황이 생겨 고객의 개인정보가 담긴 인쇄물에 파기하여야 하는 해당 부분을 마스킹, 천공의 방법으로 삭제하였다.

6. <보기>는 「개인정보 보호법」에 따라 맞춤형화장품판매업자 A가 실질적으로 고객의 개인정보를 취급하는 맞춤형화장품조제관리사 B에게 개인정보에 대해 교육하는 상황이다. 다음 중 「개인정보 보호법」에 근거하여 적절하지 <u>않은</u> 설명은?(12점)

〈보기〉

A:오늘은 「개인정보 보호법」과 「개인정보 보호법 시행령」에 명시된 '민감정보'와 '고유식별정보'에 대해 배워보도록 하겠습니다. 혹시 '민감정보'에 대해 들어보신 적이 있습니까?

B:㉠민감정보란 '사상·신념, 노동조합·정당의 가입·탈퇴, 정치적 견해, 건강, 성생활 등에 관한 정보, 그 밖에 정보주체의 사생활을 현저히 침해할 우려가 있는 개인정보'를 말합니다. 대표적으로 유전자검사 결과, 범죄경력 자료정보, 개인의 신체적, 생리적, 행동적 특징에 관한 정보로서 특정 개인을 알아볼 목적으로 일정한 기술적 수단을 통해 생성한 정보, 인종이나 민족에 관한 정보 등이 있습니다.

A:공부를 열심히 하셨군요. ㉡'고유식별정보'에 대해서는 제가 설명드리겠습니다. '고유식별정보'란 개인을 고유하게 구별하기 위하여 부여된 식별정보로서 주민등록번호, 여권번호, 운전면허번호, 외국인 등록번호가 있습니다.

B:그렇다면 일반 개인정보와 민감정보 및 고유식별정보를 같이 처리하여도 됩니까?

A:㉢안 됩니다. 「개인정보 보호법」제23조와 제24조에서 개인정보처리자는 민감정보 및 고유식별정보를 처리할 수 없다고 규정하고 있습니다. 그러나 다른 개인정보의 처리에 대한 동의와 별도로 동의를 받은 경우에는 처리가 가능합니다.

B:고유식별정보인 고객의 주민등록번호도 다른 개인정보의 처리에 대한 동의와 별도로 동의를 받은 경우에 처리가 가능합니까?

A:㉣네. 가능합니다. 그러나 고유식별정보 중 주민등록번호에 한하여는 분실·도난·유출·위조·변조 또는 훼손되지 않도록 암호화 등의 안전성 확보에 필요한 조치를 하여야 처리가 가능합니다.

B:저희 맞춤형화장품판매업소의 홈페이지 가입 시 고객분들께 할인쿠폰을 드리고 있는 이벤트로 인하여 홈페이지 가입 문의 전화가 많이 오는데요, 주민등록번호를 입력하여야만 홈페이지 가입이 가능하여 고객분들께서 불편하다고 하십니다. 꼭 주민등록번호를 입력하여야만 홈페이지 가입이 가능합니까?

A:저런, 홈페이지 가입 방식을 바꾸어야겠군요. 좋은 지적입니다. ㉤「개인정보 보호법」에 따르면 개인정보처리자는 주민등록번호를 처리하는 경우일지라도 고객께서 인터넷 홈페이지를 통하여 회원으로 가입하는 단계에서 주민등록번호를 사용하지 않고도 회원으로 가입할 수 있는 방법을 제공해야 한다고 명시하고 있습니다.

① ㉠
② ㉡
③ ㉢
④ ㉣
⑤ ㉤

7. 다음 중 「개인정보 보호법」에 따라 〈보기〉에서 개인정보에 해당하지 <u>않은</u> 것을 모두 고른 것은?(8점)

── 〈보기〉 ──

ㄱ. 맞춤형화장품판매업소가 속한 법인에 관한 상세한 정보

ㄴ. 맞춤형화장품판매업소의 단골 고객과 함께 찍은 사진

ㄷ. 해당 맞춤형화장품을 조제한 맞춤형화장품조제관리사를 가명 처리하여 추가정보 없이는 특정 조제관리사인지 알아볼 수 없게 처리한 정보

ㄹ. 개인 사업자인 지한씨의 상호명, 사업장 주소, 사업자 등록번호, 납세액 등 사업체 운영과 관련된 전반적인 정보

ㅁ. 맞춤형화장품 홍보를 위한 광고 촬영 중 우연히 맞춤형화장품판매업자가 촬영된 영상

---

① ㄱ, ㄷ
② ㄱ, ㄹ
③ ㄴ, ㅁ
④ ㄷ, ㄹ
⑤ ㄷ, ㅁ

8. 다음 중 「화장품 위해평가 가이드라인」에 따른 노출평가에 대한 설명으로 적절한 것을 〈보기〉에서 모두 고른 것은?(12점)

── 〈보기〉 ──

ㄱ. 피부로 노출된 전신노출량(SED) 산출 시 자외선차단제 평가에 대한 일일 화장품사용량은 25g/day를 적용할 수 있으며 화장품 전유형 및 살균보존제에 대한 통합 일일 사용량은 16.9g/day를 적용할 수 있다.

ㄴ. 피부흡수율은 문헌에 보고된 값이나 실험 값 중 신뢰성 있는 값을 선택하여 적용하나 자료가 없는 경우 보수적으로 60%를 적용할 수 있다.

ㄷ. 영·유아 및 소아용 제품의 노출량 산출 시 엉덩이에 사용할 가능성이 높은 제품에 대한 체계적 노출 용량을 계산할 때, 엉덩이는 민감한 부분임을 고려하여 100% 피부 흡수율을 적용할 수 있다.

ㄹ. 영·유아 및 소아용 제품의 노출량 산출 시 씻어내는 제품은 사용법에 따라 잔류지수(RF)을 측정할 수 있으며, 잔류인자를 이용할 수 없는 경우 5%의 잔류지수를 적용할 수 있다.

ㅁ. 영·유아 및 소아용 제품의 노출량 산출 시 일반적으로 10세 이하의 영·유아 및 소아에 대한 불확실성 계수의 추가는 이미 사람 간 변동성에서 고려되었으므로 할 필요가 없다.

ㅂ. 피부흡수율은 원칙적으로 생체내 또는 생체외 실험을 통해 얻어지며 실험은 공식적인 식품의약품안전처 생체외 피부흡수시험 가이드라인을 따르거나, EU와 FDA의 시험방법(EC, 2008; FDA, 2004a, b)을 따를 수 있다.

ㅅ. 피부흡수율 평가 시 매우 낮은 피부흡수율을 나타내고 제한적으로 피부에 침투(permeation)하는 물질의 경우 피부(skin reservoir)에서 수용액으로 이동하지 않는 것이 증명되면 표피에서 측정된 양을 제외할 수 있다.

① ㄱ, ㄷ, ㅂ
② ㄱ, ㄹ, ㅅ
③ ㄴ, ㄷ, ㄹ
④ ㄴ, ㅁ, ㅂ
⑤ ㄷ, ㅁ, ㅅ

9. 지헌씨는 화장품판매업소에서 다음과 같은 전성분으로 구성된 제모제를 구매하였다. 지헌씨가 한 행동 중 이 제품의 사용 상의 주의사항을 어긴 것은?(8점)

〈지헌씨가 구매한 제품의 전성분〉

> 정제수, 미네랄오일, 세테아릴알코올, 치오글라이콜릭애씨드, 우레아, 스테아릴알코올, 세테스-20 포스페이트, 페트롤라튬, 소듐하이드록사이드, 칼슘하이드록사이드, 알란토인, 다이소듐이디티에이, 호호바씨오일, 병풀추출물, 녹차추출물, 판테놀, 라벤더오일, 향료

① 지헌씨는 이 제품 사용 후 하루 뒤에 향수를 뿌렸다.

② 지헌씨는 이 제품 사용 후에 털이 깨끗하게 제거되지 않아 2일 뒤에 다시 제모제를 사용하였다.

③ 지헌씨는 이 제품 사용 중 눈과 점막에 제품이 한 방울 튀어 미지근한 물로 씻어낸 뒤에 농도가 약 2%인 붕산수로 헹구었다.

④ 지헌씨는 털을 제거하고 싶은 부위에 이 제품을 도포하고 15분이 지난 후에 물로 씻어내었다.

⑤ 지헌씨는 이 제품 사용 후에 불쾌감이 들어 즉시 닦아내고 찬물로 씻었다.

10. ＜보기1＞은 맞춤형화장품조제관리사가 고객에게 추천하는 에센스의 전성분이다. 다음 중 해당 제품의 포장에 기재된 사용 시의 주의사항으로 적절한 것을 ＜보기2＞에서 찾아 모두 고른 것은?(단, 해당 제품은 식품의약품안전처에서 고시한 사용상의 제한이 필요한 원료를 최대 사용한도로 제조하였다.)(12점)

＜보기 1＞

정제수, 글리세린, 타타릭애씨드, 토코페롤, 부틸렌글라이콜, 1,2-헥산다이올, 나이아신아마이드, 알란토인, 올리브오일글리세레스-8에스터, 하이드로제네이티드레시틴, 폴리글리세릴-10올리에이트, 카프릴릴글라이콜, 페녹시에탄올, 다이프로필렌글라이콜, 판테놀, 알부틴, 세테아릴올리베이트, 솔비탄올리에이트, 세테아릴알코올, 세라마이드엔피, 인체줄기세포배양액, 쌀발효여과물, 라이신, 소듐아세테이트, 다이소듐이디티에이, 카민

＜보기 2＞

ㄱ. 고농도의 AHA 성분이 들어 있어 부작용이 발생할 우려가 있으므로 전문의 등에게 상담할 것

ㄴ. 인체 세포 조직 및 배양액이 함유되어 있으므로 이에 과민하거나 알레르기가 있는 사람은 신중히 사용할 것

ㄷ. 어린이의 손이 닿지 않는 곳에 보관할 것

ㄹ. 질병의 예방 및 치료를 위한 의약품이 아님

ㅁ. 알부틴은 「인체적용시험자료」에서 구진과 경미한 가려움이 보고된 예가 있음

ㅂ. 카민은 「인체적용시험자료」에서 경미한 발적, 피부건조, 화끈감, 가려움, 구진이 보고된 예가 있음.

① ㄱ, ㄷ
② ㄱ, ㅁ
③ ㄴ, ㄷ
④ ㄷ, ㄹ
⑤ ㅁ, ㅂ

11. 다음 중 화장품 사용 시 미생물 오염의 종류와 생육조건 등에 대한 설명으로 적절한 것은?(8점)

① 화장품 사용으로 인한 오염은 미생물 오염의 종류 중 3차 오염으로 구분한다.

② 박테리아는 주로 아민, 암모니아, 산류, 탄산가스를 생성한다.

③ 박테리아의 대표적인 오염균으로는 황색포도상구균, 칸디다균이 있다.

④ 효모는 주로 35~45℃에서 생육한다.

⑤ 곰팡이는 당질 및 동물성 식품을 주 영양소로 하며 생육 pH 영역은 산성이다.

12. 다음 중 「화장품법 시행규칙」 제19조에 따라 전성분에 함량을 기재할 필요가 <u>없는</u> 화장품은?(8점)

① 지한화장품
SKIN
버지니아
풍년화수
스킨

② 지한화장품
링클바이크림
인체줄기세포배양액
함유

③ 머스크씨드씨
오일 향수

④ 천연화장품
천연
자외선
차단제

⑤ 베이비
로션

13. 다음 중 「화장품 안정성시험 가이드라인」에 따라 〈보기〉에서 설명하는 가혹시험의 종류로 옳은 것은?(8점)

〈보기〉

　본 시험에서 진동 시험(vibration testing)은 분말 또는 과립 제품의 혼합상태가 깨지거나 분리 발생 여부를 판단하기 위해 수행한다. 충격시험, 진동 시험을 통한 분말 제품의 분리도 시험 등 유통, 보관, 사용조건에서 제품 특성상 필요한 시험을 말한다. 운반 과정에서 화장품 또는 포장이 손상될 가능성을 조사하는 데 사용되기도 한다.

---

① 낙하 시험
② 온도 편차 및 극한 조건 시험
③ 기계 · 물리적 시험
④ 용기 적합성 시험
⑤ 표면 알칼리 용출량 시험

14. 「화장품 안정성시험 가이드라인」에 따른 안정성시험에 관한 사항 중 옳은 것을 〈보기〉에서 모두 고른 것은?(12점)

<보기>

ㄱ. 화장품 안정성 시험은 화장품의 저장방법 및 사용기한을 설정하기 위하여 보관 장소의 변화에 따른 품질의 안정성을 평가하는 시험이다.

ㄴ. 화장품의 안정성시험은 적절한 보관, 운반, 사용 조건에서 화장품의 물리적, 화학적, 생리학적 안정성 및 내용물과 용기사이의 적합성을 보증할 수 있는 조건에서 시험을 실시한다.

ㄷ. 장기보존시험에는 시중에 유통할 제품과 동일한 처방, 제형 및 포장용기를 사용하며 3로트 이상에 대하여 시험하는 것을 원칙으로 한다. 다만, 안정성에 영향을 미치지 않는 것으로 판단되는 경우에는 예외로 할 수 있다.

ㄹ. 가속시험은 3로트 이상에 대하여 시험하는 것을 원칙으로 하며 유통경로나 제형 특성에 따라 적절한 시험조건을 설정하여야 하고 일반적으로 장기보존시험의 지정 저장 온도보다 20℃ 이상 높은 온도에서 시험한다.

ㅁ. 가혹시험의 로트 선정 및 시험 기간은 검체의 특성 및 시험조건에 따라 적절히 정하며 시험 조건은 광선, 온도, 습도의 3가지 조건을 검체의 특성을 고려하여 결정한다.

ㅂ. 개봉 후 안정성 시험은 6개월 이상 시험하는 것을 원칙으로 하며 시험 개시 때와 첫 6개월간은 3개월마다, 그 후 1년까지는 6개월마다, 2년 이후부터 1년에 1회 시험한다.

① ㄱ, ㄹ
② ㄱ, ㄷ
③ ㄴ, ㅂ
④ ㄷ, ㅁ
⑤ ㄹ, ㅁ

15. 다음 중 화장품 용기 시험법과 그 설명이 옳게 짝지어진 것은?(10점)

	화장품 용기 시험법	설명
①	크로스컷트	화장품 용기 소재인 유리, 금속, 플라스틱의 유기 또는 무기 코팅막 또는 도금층의 밀착성을 측정한다.
②	감압누설	반고형상의 내용물을 담는 용기의 마개, 펌프, 패킹 등의 밀폐성을 측정한다.
③	유리병의 내부압력	화려한 디자인 및 독특한 형상의 유리병은 내압 강도가 강하다.
④	유리병 표면 알칼리 용출량	혹서기·혹한기와 같은 환경에서 장기 방치 시 발생하는 표면의 알칼리화 변화량을 확인한다.
⑤	용기의 내열성 및 내한성	내용물이 충전된 용기 또는 용기를 구성하는 각종 소재의 마찰을 측정한다.

16. 다음 중 「제품의 포장재질·포장방법에 관한 기준 등에 관한 규칙」 제4조 및 [별표1] 제품 종류에 따른 포장공간비율과 포장횟수에 따라 현행법상 법을 어긴 포장제품을 모두 고른 것은?(단, 괄호 안의 숫자는 '포장공간비율'을 뜻한다.)(12점)

―――――― 〈보기〉 ――――――

ㄱ. PET용기에 담긴 린스를 박스 포장 후 외부에 투명필름을 덧붙인 제품(13%)

ㄴ. PVC로 된 받침접시를 사용하여 칼리납유리에 담긴 향수 본품 2개를 박스포장한 제품(17%)

ㄷ. 부직포로 된 봉투에 넣어 봉한 고체 비누를 박스포장한 제품(14%)

ㄹ. PP 용기에 담긴 크림과 스페츌러가 같이 박스에 동봉된 제품(12%)

ㅁ. 샴푸 본품과 더불어 헤어트리트먼트 15ml가 담긴 증정품과 함께 박스에 포장된 제품(18%)

① ㄱ, ㄴ

② ㄱ, ㄷ

③ ㄴ, ㅁ

④ ㄷ, ㄹ

⑤ ㄹ, ㅁ

17. 다음 중 「화장품법 시행규칙」 제18조에 따라 안전용기·포장 대상 품목에 해당하는 것은?(10점)

① 아세톤이 9% 포함된 일회용 네일에나멜 리무버

② 스쿠알렌이 15% 함유된 반고형상의 어린이용 제품

③ 살리실릭애씨드가 3% 함유된 펌프형 클렌징 워터

④ 메틸살리실레이트를 8% 함유한 압축 헤어 스프레이

⑤ 미네랄 오일과 향료가 2:1 비율로 혼합된 성인용 바디 오일

18. 다음 중 「화장품 향료 중 알레르기 유발물질 표시 지침」에 따라 옳은 설명은?(10점)

① 샴푸 50ml에 메틸유제놀이 0.2g 포함되어 있다면 전성분에 '향료'와는 별도로 따로 기재하여야 한다.

② 바디로션 250g 제품에 리모넨이 0.05g 포함되어 있다면 제품에 '향료'로 일괄 기재할 수 있다.

③ 알레르기 유발 성분 함량에 따른 표시 방법 및 순서 기재는 「화장품 시행규칙」에 따른 전성분 표시 방법을 준용한다.

④ 핸드크림 100g에 제라니올이 0.5g 포함되어 있더라도 해당 제품에 제라니올이 알레르기 유발 성분임을 별도로 표시해서는 안 된다.

⑤ 알레르기 유발성분을 '향료'와 구별하여 표시하는 것은 전성분 표시제의 표시대상 범위를 확대한 것이므로 사용 시의 주의사항에 함께 기재하여야 한다.

19. 「화장품의 안전 기준 등에 관한 규정」 [별표 2]에 명시된 사용상의 제한이 필요한 성분 중 페놀 계열의 보존제 성분이 <u>아닌</u> 것은?(8점)

① 페녹시에탄올

② 헥사미딘

③ 클로로펜

④ 클로페네신

⑤ 아이오도프로피닐부틸카바메이트

20. 다음 중 〈보기〉를 참고할 때 친수성이 가장 높은 원료는?(단, 〈보기〉 이외의 친수성 요소는 고려하지 않는다.)(10점)

─────── 〈보기〉 ───────

하이드록시기(hydroxy group) 또는 히드록시기는 유기화학에 있어 구조식이 '-OH'로 표시되는 일가의 작용기이다. 하이드록실기라고도 불린다. 알켄과 알킨 등 벤젠 고리 이외의 탄소 위에 수소를 하이드록시기로 치환한 화합물을 알코올, 벤젠고리의 수소를 히드록시기로 치환한 화합물을 페놀이라고 부른다. 이 작용기는 작용기끼리 수소결합이 가능한 것이 큰 특징인데, 수소결합에 의하여 물과 친화성을 띠기 때문에 히드록시기를 가진 화합물, 특히 저분자량인 것들과 복수의 히드록시기를 가진 것에는 물에 녹기 쉬운 것이 많다.

① 글리세린

② 펜타에리트리톨

③ 프로필렌글라이콜

④ 에탄올

⑤ 에틸렌글라이콜

21. 맞춤형화장품에 대한 법적 토대가 마련되었다는 소식을 듣고 화장품의 성분에 대한 관심이 부쩍 많아진 A는 자신이 사용하는 화장품 성분에 대해 상담을 받고자 인근의 맞춤형화장품판매업소를 찾았다. 〈보기〉가 A와 B가 나눈 대화일 때, B가 A에게 추천할 밑줄 친 ㉠~㉣를 대체하는 성분들을 차례대로 나열한 것은?(12점)

A:제가 평소에 사용하던 화장품 성분에 대해 상담받고 싶습니다. 제가 사용하는 화장품의 성분 중 대체하고 싶은 것들이 있어서요.

B:화장품의 전성분이 적힌 포장을 가져오셨나요?

A:네, 여기 있습니다.

〈A씨가 평소에 사용하던 화장품의 전성분〉

정제수, 코코-글루코사이드, ㉠소듐라우레스설페이트, ㉡사이클로펜타실록세인, 나이아신아마이드, 부틸렌글라이콜, 소듐하이알루로네이트, ㉢페트롤라툼, 프로방스장미추출물, 다윈튤립꽃추출물, 라벤더추출물, 폴리쿼터늄-11, ㉣시트릭애씨드, 1,2-헥산다이올, 에칠헥실글리세린, 다이소듐이디티에이, 향료

B:어떤 성분들이 신경 쓰이시나요?

A:소듐라우레스설페이트는 음이온성 계면활성제로 알고 있습니다. 그런데 제가 피부가 많이 예민해서요. 계면활성제 중 자극성이 가장 낮은 종류의 성분 없을까요? 그리고 사이클로펜타실록세인은 퍼짐성은 좋으나 환경에 좋지 않다고 들었어요. 이 성분을 대체할 수 있는 식물성 성분을 추천해 주세요. 특히 피지성분과 유사하여 피부 친화력이

좋았으면 좋겠습니다. 또 페트롤라툼은 사용감이 너무 무거운 것 같아요. 이 성분을 대체할만한 불포화 탄화수소 중 산패 가능성을 고려하지 않아도 되는 성분에는 무엇이 있을까요? 마지막으로 시트릭애씨드는 제게 자극이 되므로 각질 제거 능력이 이것보다 떨어져도 좋으니 과일산이나 열매에서 얻는 성분이 아닌 저자극 각질 제거 성분으로 추천하여 주세요.

	㉠	㉡	㉢	㉣
①	피이지-40 하이드로 제네이티드 캐스터오일	스쿠알렌	미네랄 오일	타타릭 애씨드
②	스테아릴 알코올	호호바씨 오일	스쿠알란	락토 바이오닉 애씨드
③	폴리쿼터늄-10	티트리 오일	파라핀	살리실릭 애씨드
④	세트리모늄 클로라이드	카나우바 왁스	아이소 헥사데칸	만델릭 애씨드
⑤	하이드로 제네이티드 레시틴	MCT 오일	다이 메티콘	슈크로 오스

22. 〈보기1〉은 맞춤형화장품판매업소 방문 고객 A와 맞춤형화장품조제관리사 B의 대화이고 〈보기2〉는 A가 사용해오던 화장품의 전성분이다. 〈보기1〉과 〈보기2〉를 참고하여 다음 중 (   ) 안에 들어갈 가장 적합한 성분은?(10점)

───── 〈보기 1〉 ─────

A:요즘 겨울철이라 그런지 얼굴이 너무 건조합니다. 피부가 건조해서 많이 갈라져요. 제 피부에 맞게 맞춤형화장품을 조제하여 주세요.

B:네, 고객님. 우선 고객님의 피부를 측정하여 드리겠습니다.

(피부 측정 중)

B:피부를 측정하여보니 고객님의 피부는 평균 성인 남성에 비해 경피수분손실량이 30%정도 더 많습니다. 피부 유분도 평균에 비해 80% 이상 부족합니다. 장벽대체재 첨가가 시급해 보입니다.

A:장벽대체재가 무엇인가요?

B:각질층 내의 각질세포 간 지질 성분입니다. 우리 피부의 지질성분이므로 피부에 발랐을 때 보습도 잘 되고 피부에 잘 맞습니다.

A:제가 사용해오던 화장품에도 그러한 성분이 있는지 봐주실 수 있으신가요?

B:네. 화장품 이름이 무엇인가요?

A:'더뷰티풀월드'라는 회사에서 출시된 '순하디 순한 크림'입니다.

B:(인터넷으로 해당 크림의 전성분 정보를 얻으며) 전성분을 보니 장벽대체성분이 하나 포함되어 있네요. 그러나 포함된 정도가 미미한 것으로 보입니다.

A:그러면 제 크림에 포함되지 않은 성분으로 넣어주세요.

B:알겠습니다. 보습 성분이 듬뿍 들어간 벌크 내용물에 (   )을/를 혼합하여 드릴게요. (   )은/는 장벽대체제이면서 비타민 D 를 생성하는 전구물질로 작용하므로 고객님 의 피부 건강에도 도움이 될 것입니다.

A:네, 감사합니다!

─────── 〈보기 2〉 ───────

정제수, 아스코빅애씨드, 부틸렌글라이콜, 페트롤라툼, 스쿠알란, 프로판다이올, 카프릴릭/카프릭트리글리세라이드, 폴리솔베이트60, 글리세린, 판테놀, 벤질알코올, 알파-비사보롤, 글루코닉애씨드, 에틸헥실살리실레이트, 다이메티콘, 세라마이드, 아데노신, 파이틱애씨드, 소듐하이알루로네이트, 키토산, 녹두씨추출물, 향료, 리모넨, 리날룰

① 지방산

② 콜레스테롤

③ 스핑고지질

④ 알지닌

⑤ 피롤리돈카르복실산

23. 다음 중 화장품에 사용되는 수성 원료의 세부 종류 및 사용 목적으로 적절한 것을 〈보기〉에서 모두 고른 것은?(10점)

─────── 〈보기〉 ───────

ㄱ. 정제수는 일반적으로 이온 교환법과 역삼투 방식을 통하여 물을 정제한 후 자외선 살균법을 통하여 살균 및 보관한다. 정제수 내 미량의 금속이온들의 존재를 배제할 수 없을 때는 금속 이온 봉쇄제를 제품에 첨가하여야 한다.

ㄴ. 정제수는 비극성물질로 주로 유성 원료의 용해를 위한 용제(용매)로 사용되며 제품의 수성과 유성 부분이 결합하는 유화액을 형성하여 크림과 로션을 제조하기 위해 사용된다.

ㄷ. 에탄올은 에틸알코올(ethyl alcohol)이라고도 하며 비극성인 탄화수소기와 극성인 하이드록시기(-OH)가 존재하여 식물의 소수성 물질을 제외한 친수성 물질의 추출 및 기타 화장품 성분의 용제(용매)로도 사용된다.

ㄹ. 에탄올은 기포방지제, 점도감소제, 유화 보조 및 안정제 역할로도 사용되며 술을 만드는 데 사용할 수 없도록 프로필렌글라이콜, 부틸알코올 등의 변성제를 첨가하여 변성 에탄올로 사용되기도 한다.

ㅁ. 폴리올은 분자구조 내 하이드록시기(-OH)를 2개 이상 가지고 있는 유기화합물을 총칭하며 메탄올, 글리세린, 프로필렌글라이콜, 부틸렌글라이콜 등이 있다.

ㅂ. 폴리올은 고체 성분이 액상에 녹을 수 있
  도록 도와주는 가용화제로 사용되고 보습
  제, 산화방지제 등으로도 사용되며 콜로이
  드 적정을 통해 균의 증식을 억제하는 방
  부력을 지녀 방부대체제로도 쓰인다.

① ㄱ, ㄷ

② ㄱ, ㄹ

③ ㄴ, ㄷ

④ ㄴ, ㅂ

⑤ ㄹ, ㅁ

24. 다음 중 화장품에 사용되는 성분의 종류 및 사용 목적에 대한 설명으로 적절하지 <u>않은</u> 것은?(10점)

① 계면활성제란 한 분자 내에 극성과 비극성을 동시에 갖는 양친매성 물질로서, 친수성기의 이온 해리 성질에 따라 음이온 계면활성제, 양이온 계면활성제, 비이온 계면활성제, 양쪽성 계면활성제로 분류된다.

② 무기안료 중 체질안료는 색상에는 영향을 주지 않으며 착색안료의 희석제로서 색조를 조정하고 제품의 전연성, 부착성 등 사용 감촉을 개선하며 제품의 제형화 역할을 한다.

③ 보습제 중 습윤제는 죽은 각질세포 내 케라틴 및 NMF와 유사한 수분과 결합하는 능력을 갖춘 성분을 보습제 성분으로 처방하여 피부에 수분을 증가시키는 역할을 한다.

④ 지용성 비타민 중 하나인 비타민 A는 레티노이드로 알려진 지용성 물질 군으로 상호 전환되는 레티놀, 레틴알데하이드, 레티노익애씨드의 3가지 형태가 있으며 가역적인 레티노익애씨드 전환 과정을 거친다.

⑤ pH 조절제는 감도 조절제의 중화 과정 및 최종 제품의 pH를 조절하는 데 사용되며 대표적인 중화제로는 트라이에탄올아민, 시트릭애씨드, 알지닌, 소듐하이드록사이드 등이 있다.

25. 다음 중「화장품 위해평가 가이드라인」에 따라 위해평가가 필요한 경우가 <u>아닌</u> 것은?(10점)

① 새로운 살균보존성분의 사용으로 인하여 해당 성분에 대한 사용한도를 설정하는 경우

② 연구원이 새롭게 만든 성분에 대해 위해성에 근거하여 사용금지를 설정하는 경우

③ 현재 사용되는 보존제인 헥사미딘에 대한 사용한도의 기준이 적절한지 평가하는 경우

④ 위험에 대한 충분한 정보가 부족하여 안전역을 근거로 위해 판별을 하려는 경우

⑤ 해당 성분이 인체의 위해에 대한 유의한 증거가 없음을 검증하려는 경우

26. 다음 중 원료의 품질성적서 인정 기준으로 옳은 것을 <보기>에서 모두 고른 것은?(8점)

———— <보기> ————

ㄱ. 원료 납품업체의 공인검사기관 성적서

ㄴ. 맞춤형화장품판매업자의 공인검사기관 성적서

ㄷ. 화장품제조업자의 자가품질검사 시험성적서

ㄹ. 화장품책임판매업자의 품질관리기준서

ㅁ. 원료 납품업체의 자가품질검사 시험성적서

ㅂ. 맞춤형화장품판매업자의 자가품질검사 시험성적서

① ㄱ, ㄷ

② ㄱ, ㅁ

③ ㄴ, ㄹ

④ ㄴ, ㅂ

⑤ ㄷ, ㄹ

27. <보기>는「우수화장품 제조 및 품질관리기준(CGMP)」제15조에 따라 어느 화장품제조업자가 작성한 제조관리기준서 중 일부이다. 다음 중 <보기>의 내용을 포함하는 제조관리기준서의 항목으로 가장 적절한 것은?(8점)

———— <보기> ————

품명, 규격, 수량 및 포장의 훼손 여부에 대한 확인은 당사 제조부서의 총책임자가 시행하며 훼손 시 3일 이내에 반품 처리하는 것을 원칙으로 한다.

재고는 다음과 같이 관리한다. 그리고 칭량된 용기에는 다음과 같이 표시한다.

(이하 생략)

① 제조공정관리에 관한 사항

② 시설 및 기구관리에 관한 사항

③ 원자재 관리에 관한 사항

④ 완제품 관리에 관한 사항

⑤ 위탁 제조에 관한 사항

28. 다음 중 「우수화장품 제조 및 품질관리기준(CGMP)」 제2조에 따라 〈보기〉의 빈칸에 공통으로 들어갈 용어에 대한 설명으로 적절한 것은?(8점)

───── 〈보기〉 ─────

· 품질보증이란 제품이 (   )에 충족될 것이라는 신뢰를 제공하는데 필수적인 모든 계획되고 체계적인 활동을 말한다.

· 불만이란 제품이 규정된 (   )을/를 충족시키지 못한다고 주장하는 외부 정보를 말한다.

· 공정관리란 제조공정 중 (   )의 충족을 보증하기 위하여 공정을 모니터링하거나 조정하는 모든 작업을 말한다.

① 화학적인 방법, 기계적인 방법, 온도, 적용시간과 이러한 복합된 요인에 의해 청정도를 유지하고 일반적으로 표면에서 눈에 보이는 먼지를 분리, 제거하여 외관을 유지하는 모든 작업을 말한다.

② 규정된 조건 하에서 표시되는 값과 표준기기의 참값을 비교하여 이들의 오차가 허용범위 내에 있음을 확인하고, 허용범위를 벗어나는 경우 허용범위 내에 들도록 조정하는 것을 말한다.

③ 재처리하여 품질이 적합한 범위에 들어오도록 하는 작업을 말한다.

④ 제조 및 품질과 관련한 결과가 계획된 사항과 일치하는지의 여부와 제조 및 품질관리가 효과적으로 실행되고 목적 달성에 적합하지 여부를 결정하기 위한 체계적이고 독립적인 조사를 말한다.

⑤ 시험 결과의 적합 판정을 위한 수적인 제한, 범위 또는 기타 적절한 측정법을 말한다.

29. 다음 중 「우수화장품 제조 및 품질관리기준(CGMP) 해설서」에 따른 작업장의 방충 대책의 구체적인 예시로 적절한 것은?(8점)

① 구제를 위한 소독을 정기적으로 시행하기 위하여 파이프 구멍에 틈을 마련한다.

② 벌레가 들어오는 것을 원천 차단하기 위하여 창문을 아예 열 수 없게 만든다.

③ UV의 살균 및 소독 효과를 위하여 창문은 차광하지 않되 야간에 빛이 새어나가지 않게 한다.

④ 문 상부에 스커트를 설치하고 골판지, 나무 부스러기를 방치하지 않는다.

⑤ 실외압을 실내보다 높게 하여 벌레가 들어올 가능성을 사전에 차단한다.

30. 〈보기〉는 「우수화장품 제조 및 품질관리기준(CGMP) 해설서」에 명시된 공기조절의 방식에 관한 내용이다. ( )안에 들어갈 말로 적절한 것을 차례대로 나열한 것은?(8점)

───── 〈보기〉 ─────

여름과 겨울의 온도차가 크고, 외부 환경이 제품과 작업자에게 영향을 미친다면 온·습도를 일정하게 유지하는 에어컨 기능을 갖춘 공기 조절기를 설치한다. 공기의 온·습도, 공중 미립자, 풍량, 풍향, 기류를 일련의 덕트를 사용해서 제어하는 (㉠)이/가 가장 화장품에 적합한 공기 조절이다. 흡기구와 배기구를 천장이나 벽에 설치하고 굵은 덕트로 온·습도를 관리한 공기를 순환 또는 외기를 흐르게 한다. 이 방법은 많은 설비 투자와 유지비용을 수반한다. 한편 환기만 하는 방식과 (㉠)을/를 겹친 (㉡)은/는 비용적으로 바람직한 방식이다. 그러나 기류를 제어하는 것은 어려우므로 (㉠)보다 공기류의 관리 성능은 떨어지지만, 화장품 제조에는 적합한 공기 조절 방식이라고 할 수 있다.

	㉠	㉡
①	센트럴 방식	팬 코일+에어컨 방식
②	팬 코일+에어컨 방식	에어워터 방식
③	에어워터 방식	올워터방식
④	냉매 방식	센트럴 방식
⑤	올워터방식	냉매 방식

31. 다음 중 「우수화장품 제조 및 품질관리기준(CGMP) 해설서」에 명시된 작업장의 청정도 등급 및 관리기준에 따라 적절하게 관리되고 있는 시설을 〈보기〉에서 모두 고른 것은?(12점)

───── 〈보기〉 ─────

ㄱ. 1시간에 35회 정도로 공기 순환을 하며 에어 필터로서 Med-Filter와 HEPA-Filter를 갖춘 Clean Bench

ㄴ. 차압관리를 하며 에어 필터 없이 온도조절만으로 관리되는 2차 포장실

ㄷ. 1시간에 18회 정도로 공기 순환을 하고 Pre-Filter와 Med-Filter, HEPA-Filter를 갖춘 성형실

ㄹ. 낙하균이 1시간에 31마리이며 작업복, 작업모, 작업화를 입고 작업하는 40m³의 원료칭량실

ㅁ. 1시간에 21회 공기 순환을 하며 부유균이 75마리가 떠다니는 3.3m³의 Clean Bench

ㅂ. 부유균이 8800마리가 떠다니고 Pre-Filter와 Med-Filter만을 갖춘 55m³의 제조실

① ㄱ, ㄷ
② ㄱ, ㄹ
③ ㄴ, ㄷ
④ ㄷ, ㅂ
⑤ ㄹ, ㅁ

32. 다음 중 「우수화장품 제조 및 품질관리기준(CGMP) 해설서」에 따른 세제를 이용한 설비의 세척이 권장되지 <u>않는</u> 이유로 적절한 것을 〈보기〉에서 모두 고른 것은?(8점)

— 〈보기〉 —

ㄱ. 세제는 물로 설비를 세척하는 것보다 경제성이 떨어진다.

ㄴ. 세제는 설비 내벽에 남기 쉽다.

ㄷ. 세제를 사용하여 부품 분해 후 세척 시 밀폐 보관을 어렵게 만든다.

ㄹ. 세제로 세척 시 부품의 건조를 어렵게 하여 미생물의 번식을 야기할 수 있다.

ㅁ. 세제가 잔존하고 있지 않는 것을 설명하기에는 고도의 화학 분석이 필요하다.

① ㄱ, ㄴ

② ㄱ, ㄹ

③ ㄴ, ㅁ

④ ㄷ, ㄹ

⑤ ㄷ, ㅁ

33. 다음 중 작업장 내 직원의 위생 유지를 위한 손 세제의 종류에 대한 설명으로 적절한 것을 〈보기〉에서 모두 고른 것은?(8점)

— 〈보기〉 —

ㄱ. 손을 대상으로 하는 세정제품에는 고형 및 액상 타입의 비누와 같은 핸드워시(Hand wash), 물을 사용하지 않고 세정감을 주는 핸드새니타이저(Hand sanitizer)로 구성된다.

ㄴ. 손바닥에는 피지선이 없으며 사회적 활동에 따라 미생물의 온상이 될 수 있으므로 손에 대한 청결을 유지하는 것은 작업자의 위생 유지를 위한 중요한 행위이다.

ㄷ. 핸드워시(Hand wash)는 손에 묻은 오염을 제거하는 세정 효과가 강하며 의약외품으로 분류된다.

ㄹ. 핸드새니타이저(Hand sanitizer)는 주로 에탄올이 함유되어 있으며 손에 묻은 오염 제거와 세균, 바이러스 제거에 큰 효과가 있다.

ㅁ. 핸드새니타이저(Hand sanitizer)의 에탄올 농도는 높을수록 바이러스 등에 대한 소독력이 높아지나 피부에 대한 자극도도 높아지기 때문에 60~80%의 농도가 적정하다.

① ㄱ, ㄴ

② ㄱ, ㄹ

③ ㄴ, ㄷ

④ ㄷ, ㅁ

⑤ ㄹ, ㅁ

34. 다음 중 「맞춤형화장품조제관리사 교수·학습 가이드」에 명시된 작업자 위생관리를 위한 복장 청결상태 판단에 대한 내용으로 적절하지 않은 것은?(8점)

① 작업복은 작업 시 섬유질의 발생이 적고 먼지의 부착성이 적어야 하며 세탁이 용이하여야 하고 세탁은 주 2회를 원칙으로 한다.

② 작업복 착용 시 내의가 노출되지 않아야 하고 단추가 있는 내의나 및 모털이 서 있는 내의는 착용하지 않아야 하며 작업복의 청결상태는 매일 작업 전 생산부서 관리자가 확인한다.

③ 제조실 근무자는 등산화 형식의 안전화 및 신발 바닥이 우레탄 코팅이 되어 있는 것을 사용하며 작업실 상주자의 경우 제조소 이외의 구역으로 외출, 이동 시 탈의실에서 작업복을 탈의 후 외출한다.

④ 2급지 작업실의 상부 작업자는 위생 모자를 쓴 후 반드시 방진복을 착용하고 작업장에 입실하여야 하며 임시 작업자 및 외부 방문객이 작업실로 입실하려는 경우에는 탈의실에서 해당 작업복을 착용 후 입실하여야 한다.

⑤ 품질관리를 위해 시험실에 출입하는 자의 경우 에어샤워실에 들어가 양팔을 들고 천천히 몸을 1~2회 회전시켜 청정한 공기로 에어샤워를 하여야 하며 흰색가운을 착용하여 작업한다.

35. 다음 중 「맞춤형화장품조제관리사 교수·학습 가이드」에 명시된 제조 설비·기구 세척 및 소독 관리 표준서에 따라 적절한 설명을 <보기>에서 모두 고른 것은?(10점)

─── <보기> ───

ㄱ. 일반적인 저장탱크는 세척 시 세제로 일반 주방 세제(0.5%)를 사용하며, 소독 시 소독액으로 70% 에탄올을 사용한다.

ㄴ. 일반적인 제조탱크는 소독 시 세척되지 않은 상태의 탱크 내부 표면 전체에 70% 에탄올이 접촉되도록 고르게 스프레이한 후 뚜껑을 열고 30분간 정체해두며 소독작업이 끝나면 세척 작업을 진행한다.

ㄷ. 믹서와 제조 탱크 및 저장탱크는 장비 매뉴얼에 따라 분해하여 세척하며 반응할 수 있는 제품의 경우 표면을 활성으로 만들기 위해 표면 부동태(passivation)를 추천한다.

ㄹ. 호모게나이저, 믹서, 펌프, 필터, 카트리지 필터 세척 시 세척제가 잔류하지 않을 때까지 20℃의 상수로 세척 후 스펀지와 세척제를 이용하여 닦아 낸 다음 정제수를 이용하여 헹구고 건조시켜 보관한다.

ㅁ. 카트리지 필터 소독 시 70% 에탄올에 10분간 침적 후 꺼내어 필터를 통과한 깨끗한 공기로 건조하거나 UV로 처리한 수건 혹은 부직포를 이용하여 닦아 낸다. 그 후 설비는 다시 조립하고 2차 오염이 발생하지 않도록 커버를 씌워 보관한다. 이때 커버는 통풍을 위해 비닐 대신 부직포를 사용한다.

ㅂ. 세척 및 소독 점검 시 점검 책임자는 육안
　으로 세척 상태를 점검하고, 그 결과를 점
　검표에 기록하며 품질 관리 담당자는 매 분
　기별로 세척 및 소독 후 마지막 헹굼수를
　채취하여 미생물 유무 시험을 실시한다.

① ㄱ, ㄷ

② ㄱ, ㅂ

③ ㄴ, ㄹ

④ ㄷ, ㅁ

⑤ ㄹ, ㅁ

36. 다음은 「맞춤형화장품조제관리사 교수·학
　습 가이드」에 따른 세척 후 판정 방법 중 표면
　균 측정법을 순서대로 나열한 것이다. 다음 중
　그 내용으로 적절하지 않은 것은?(10점)

면봉 시험법의 진행 순서	
①	첫 번째. 포일로 싼 면봉과 멸균액을 121℃의 고압 멸균기에 20분간 멸균시킨 후 검증하고자 하는 설비를 선택한다.
②	두 번째. 면봉으로 대략 24~30cm^2 정도의 면적 표면을 문지른다.
③	세 번째. 검체 채취 후 검체가 묻어 있는 면봉을 멸균된 메틸렌 블루 용액에 담가 채취된 미생물을 희석시킨다.
④	네 번째. 미생물이 희석된 희석액 1mL를 취해 한천 평판 배지에 도말하거나 배지를 부어 미생물 배양 조건에 맞춰 배양한다.
⑤	다섯 번째. 배양 후 검출된 집락 수를 세어 희석 배율을 곱해 면봉 1개당 검출되는 미생물 수를 계산한다.

37. 다음 중 「맞춤형화장품조제관리사 교수·학습 가이드」에 따른 오염물질 제거를 위한 화학적 설비 소독제의 유형과 그 특징으로 옳은 것은?(8점)

	유형	설명	특징
①	염소 유도체	차아염소산 나트륨, 차아염소산 칼슘	효과가 우수하며 사용이 용이하나 찬물에 용해되지 않아 온수로 용해하여야 한다.
②	양이온 계면 활성제	3급 암모늄 화합물	중성/약알칼리에서 가장 효과적이나 포자에 효과가 없고 경수, 음이온 세정제에 의해 불활성화 된다.
③	페놀	페놀, 염소화페놀	가격이 비싸며 용액 상태로 불안정하다. (2~3시간 이내 사용)
④	인산	인산 용액	스테인리스에 좋으며 가격이 저렴하고 주로 낮은 온도에서 사용되며 접촉 시간이 길다.
⑤	과산화 수소	안정화된 용액으로 구입	고농도 시 폭발성이 있고 반응성이 있으며 특히 무기물에 효과적이다.

38. 다음 중 「우수화장품 제조 및 품질관리기준(CGMP) 해설서」에 따른 설비 및 기구의 구성 재질 구분에 대한 설명으로 옳은 것을 <보기>에서 모두 고른 것은?(12점)

─── <보기> ───

ㄱ. 제품이 닿지 않는 포장설비 중 하나인 코드화기기의 목적은 라벨, 용기 또는 출하 상자에 읽을 수 있는 영구적인 코드를 표시하는 것이며 대표적으로는 잉크로 인쇄, 엠보싱(embossing), 디보싱(debossing) 등이 있다. 특히 제품 유출 가능성이 있는 부위에서 코드화 기기는 쉽게 지워지지 않는 물질로 만들어지고 마감되어야 한다.

ㄴ. 이송파이프의 구성 재질은 유리, 스테인리스 스틸 #304 또는 #316, 구리, 알루미늄 등으로 구성되어 있으며 전기화학반응이 일어날 수 있기 때문에 다른 제재의 사용을 최소화하기 위해 파이프 시스템을 설치할 때 주의해야 한다. 유형 #304와 #316 스테인리스 스틸에 추가해서 유리, 플라스틱, 표면이 코팅된 폴리머가 제품에 접촉하는 표면에 주로 사용된다.

ㄷ. 탱크의 구성 재질로는 유형번호 304와 더 부식에 강한 번호 316 스테인리스 스틸이 가장 광범위하게 사용되며 미생물학적으로 민감하지 않은 제품에는 유리로 안을 댄 강화 유리 섬유 폴리에스터와 플라스틱으로 안을 댄 탱크를 사용할 수 있다. 퍼옥사이드 같은 제품은 탱크 제작 전문가들 또는 물질 공급자와 함께 탱크의 구성 물질과 생산하고자 하는 내용물이 서로 적용 가능한지에 대해 상의하여야 한다.

ㄹ. 펌프는 내용물의 자유로운 배수를 위해 전형적인 PD Lobe 펌프를 설치해야 한다. Lobe 입구와 배출구는 서로 90도로 되어야 하며 바닥과 수직으로 설치해야 한다. 수평적인 설치 시에는 축적지역이 생기므로 미생물 오염을 방지하기 위해서 펌프의 분해와 일상적인 청소 및 위생(세척/위생처리) 절차가 필요하다.

ㅁ. 펌프의 기계적인 작동은 에멀젼의 응집을 가속화시켜서 불안전한 제품을 만들어낸다. 펌핑 테스트 결과 이외에도 펌프 종류는 미생물학적인 오염을 방지하기 위해서 원하는 속도, 펌핑되는 물질의 점성, 수송단계 필요조건, 그리고 청소 및 위생관리(세척/위생관리)의 용이성에 따라 선택한다.

ㅂ. 펌프는 많이 움직이는 젖은 부품들로 구성되고 종종 하우징(Housing)과 날개차(impeller)의 닳는 특성 때문에 같은 재질로 만들어져야 한다. 추가적으로 보통 펌핑된 제품으로 젖게 되는 개스킷(gasket), 패킹(packing), 윤활제가 있으므로 모든 젖은 부품들은 모든 온도 범위에서 제품과의 적합성에 대해 평가되어야 한다.

① ㄱ, ㄹ
② ㄴ, ㄷ
③ ㄷ, ㅁ
④ ㄹ, ㅂ
⑤ ㅁ, ㅂ

39. 다음 중 「우수화장품 제조 및 품질관리기준(CGMP) 해설서」에 따른 설비·기구의 유지관리 및 폐기 기준으로 옳은 것을 〈보기〉에서 모두 고른 것은?(12점)

─── 〈보기〉 ───

ㄱ. 예방적 활동(Preventive activity)은 주요 설비(제조탱크, 충전 설비, 타정기 등) 및 시험 장비에 대하여 실시하며 정기적으로 교체하여야 하는 부속품들에 대하여 연간 계획을 세워 시정 실시를 하는 것이 원칙이다.

ㄴ. 유지보수(maintenance)는 고장 발생 시의 긴급점검이나 수리를 말하며 작업을 실시할 때 설비의 갱신, 변경으로 기능이 변화해도 좋으나 기능의 변화와 점검 작업 그 자체가 제품 품질에 영향을 미쳐서는 안 된다.

ㄷ. 설비가 불량해져서 사용할 수 없을 때는 고장의 원인 규명을 위해 유지보수(maintenance)를 시행하기 전까지 사용불능 표시를 하되 그 설비를 제거하지 않는다.

ㄹ. 정기 검교정(Calibration)은 제품의 품질에 영향을 줄 수 있는 계측기(생산설비 및 시험설비)에 대하여 정기적으로 계획을 수립하여 유지관리를 실시하는 것이다. 또한 사용 후 검교정(Calibration) 여부를 확인하여 제조 및 시험의 정확성을 확보한다.

ㅁ. 설비는 품질보증책임자가 허가한 사람 이외의 사람이 가동시켜서는 안 된다. 담당자 이외의 사람이나 외부자가 접근하거나 작동시킬 수 있는 상황을 피한다. 입장 제한, 가동 열쇠 설치, 철저한 사용 제한 등을 실시한다.

ㅂ. 자동시스템에는 선의, 악의에 관계 없이 제조 조건이나 제조기록이 마음대로 변경되는 일이 없도록 액세스 제한 및 고쳐쓰기 방지 대책을 시행한다. 설비의 가동 조건을 변경했을 때는 충분한 변경 기록을 남긴다.

① ㅂ

② ㄴ, ㅂ

③ ㄱ, ㄹ, ㅁ

④ ㄴ, ㄷ, ㅁ

⑤ ㄱ, ㄷ, ㄹ, ㅂ

40. 다음 중 「맞춤형화장품조제관리사 교수·학습가이드」에 따른 저울의 검사·측정·관리에 대한 사항으로 적절하지 <u>않은</u> 것은?(8점)

① 영점(Zero Point)은 매일 가동 전에 점검하며 '0' setting을 확인하는 것으로 판정한다.

② 수평은 매일 가동 전에 점검하며 육안으로 수평임을 확인하는 것으로 판정한다.

③ 정기적 점검은 1개월에 1회 시행하며 표준 분동으로 실시한다.

④ 정기 점검 판정 시 직선성은 오차 범위가 ±0.5% 이내이어야 한다.

⑤ 정기 점검 판정 시 정밀성은 오차 범위가 ±0.1% 이내이어야 한다.

41. 다음 중 「우수화장품 제조 및 품질관리기준(CGMP) 해설서」에 따라 원료 및 포장재를 입고할 때 원료 및 포장재 확인 시 포함되어야 하는 정보로 적절하지 <u>않은</u> 것은?(8점)

① 인도문서와 포장에 표시된 품목 및 제품명

② 공급자가 명명한 제품명과 다를 시 제조 절차에 따른 품목, 제품명, 해당 코드번호

③ 적용 가능한 경우 CAS 번호

④ 공급자가 부여한 뱃치 정보(batch reference)

⑤ 품질검사 후 품질보증 여부

42. 〈보기〉는 「우수화장품 제조 및 품질관리기준(CGMP)」 제11조 입고관리 및 제13조 보관관리에 대한 내용이다. ( )안에 들어갈 말을 차례대로 나열한 것은?(8점)

─────── 〈보기〉 ───────
- 원자재의 입고 시 (㉠), 원자재 공급업체 성적서 및 현품이 서로 일치하여야 한다. 필요한 경우 운송 관련 자료를 추가적으로 확인할 수 있다.
- 설정된 보관기한이 지나면 사용의 적절성을 결정하기 위해 (㉡)을 확립하여야 하며, 이를 통해 보관기한이 경과한 경우 사용하지 않도록 규정하여야 한다.

	㉠	㉡
①	구매요구서	재확인시스템
②	구매요구서	재시험시스템
③	구매요구서	재평가시스템
④	발주요청서	재시험시스템
⑤	발주요청서	재평가시스템

43. 다음 중 「우수화장품 제조 및 품질관리기준 (CGMP) 해설서」에 따라 적절하지 <u>않은</u> 화장품 제조업소를 <보기>에서 모두 고른 것은?(12점)

―――――― <보기> ――――――

ㄱ. 회사 규모가 작아 어쩔 수 없이 품질보증 부서와 제조부서의 책임자를 한 사람이 겸하여 운영하는 화장품제조업소

ㄴ. 회사 규모가 작아 어쩔 수 없이 품질부문 중 품질관리 단위와 품질보증 단위를 구별하지 않고 하나로 통합하여 운영하는 화장품제조업소

ㄷ. 회사 규모가 커 기존에 생산부서 내에서 알아서 처리하던 보관관리 업무를 생산부문 내의 독립된 부서를 신설하여 처리하게 한 화장품제조업소

ㄹ. 보관 시 원료, 포장재, 완제품의 품질확보의 효율성을 위하여 생산부문에서 주로 관리하던 보관관리에 대해 품질부문 책임자로 하여금 관여하게 하는 규정을 둔 화장품제조업소

ㅁ. 회사 규모가 크고 처리해야 할 문서가 많다는 이유로 품질부문에 문서관리와 교육 책임자를 별도로 두어 운영·관리하는 화장품제조업소

ㅂ. 회사 규모가 작아 품질부문의 독립성을 보장해야 함에도 생산부문의 직원이 시험책임자 밑의 담당자를 돕는 일을 겸하는 화장품제조업소

① ㄱ
② ㄱ, ㅂ
③ ㄱ, ㅁ, ㅂ
④ ㄴ, ㄷ, ㄹ
⑤ ㄷ, ㄹ, ㅁ, ㅂ

44. 다음 중 「우수화장품 제조 및 품질관리기준(CGMP) 해설서」에 따른 제조지시서에 대한 설명으로 적절하지 <u>않은</u> 것은?(10점)

① 제조지시서는 제조공정 중의 혼돈이나 착오를 방지하고 작업이 올바르게 이루어지도록 하기 위하여 제조단위(뱃치)별로 작성 및 발행되어야 한다.

② 제조지시서에 기반하여 제조기록서를 발행하며 제조에 관한 기록은 모두 제조기록서에 기재한다. 제조 개시 전에 제조설비 및 기구의 청소상태를 확인하고 제조설비 및 기구의 청소완료라벨을 기록서에 부착하거나 청소상태를 확인하는 기록란이 기록서에 있어야 한다. 제조기록서를 별도로 작성하지 않고 제조지시서와 제조기록서를 통합하여 운영하면 아니 된다.

③ 제조지시서는 제조 시 작업원의 주관적인 판단이 필요하지 않도록 작업 내용을 상세하게 공정별로 구분하여 작성하여야 하며 제조기록서와 함께 뱃치기록서 내에 보관하는 것을 권장한다.

④ 화장품 제조는 제조지시서의 발행으로 시작하고 뱃치기록서의 보관으로 끝난다. 제조된 벌크의 각 뱃치들에는 추적이 가능하도록 제조번호가 부여되어야 하며 벌크에 부여된 특정 제조번호는 완제품에 대응하는 제조번호와 반드시 같을 필요는 없다.

⑤ 제조지시서는 일단 발행하면 내용을 변경해서는 안 되며 부득이하게 재발행할 때에는 이전에 발행된 제조지시기록서는 폐기한다.

45. 다음 중 「우수화장품 제조 및 품질관리기준(CGMP) 해설서」에 명시된 반제품 및 벌크 관리에 대한 설명으로 적절한 것을 <보기>에서 모두 고른 것은?(10점)

① ㄱ, ㄹ
② ㄴ, ㅂ
③ ㄱ, ㄹ, ㅁ
④ ㄴ, ㄷ, ㄹ
⑤ ㄴ, ㄷ, ㅁ, ㅂ

─── <보기> ───

ㄱ. 반제품은 품질이 변하지 않도록 적당한 용기에 넣어 지정된 장소에서 보관해야 하며 용기에 명칭 또는 확인코드, 제조번호, 사용기한 또는 개봉 후 사용기간, 완료된 공정명, 필요한 경우에는 보관조건을 기재하여야 한다.

ㄴ. 반제품의 보관기한은 최대 보관기한으로 설정하며 보관기한이 가까워진 반제품은 완제품 제조하기 전에 품질이상 및 변질 여부 등을 확인하여야 한다.

ㄷ. 벌크 관리 시 모든 벌크의 허용 가능한 보관기한(Shelf life)을 확인할 수 있어야 하고 보관기한의 만료일이 가까운 원료부터 사용하도록 문서화된 절차가 있어야 한다.

ㄹ. 충전 공정 후 벌크가 사용하지 않은 상태로 남아 있고 차후 다시 사용할 것이라면 적절한 용기에 밀봉하여 제조 시의 공정 정보를 명확히 표시해야 한다.

ㅁ. 남은 벌크는 재보관하고 재사용할 수 있으며 밀폐할 수 있는 용기에 들어 있는 벌크는 절차서에 따라 재보관 할 수 있고 재보관 시에는 내용을 명기하며 재보관임을 표시한 라벨 부착이 필수이다.

ㅂ. 뱃치마다의 사용이 소량이며 여러 번 사용하는 벌크는 구입 시에 소량씩 나누어서 보관하고 재보관의 횟수를 줄인다.

46. 다음 중 「우수화장품 제조 및 품질관리기준(CGMP)」 제20조 시험관리에 따라 적절한 설명을 <보기>에서 모두 고른 것은?(10점)

─── <보기> ───

ㄱ. 원자재, 반제품 및 완제품에 대한 적합 기준을 마련하고 입고순서별로 시험 기록을 작성·유지하여야 한다.

ㄴ. 원자재, 반제품 및 완제품은 적합판정이 된 것만을 사용하거나 출고하여야 한다.

ㄷ. 정해진 보관 기간이 경과된 원자재 및 반제품은 재평가하여 품질기준에 적합한 경우 제조에 사용할 수 있다.

ㄹ. 모든 시험이 적절하게 이루어졌는지 시험 기록을 검토한 후 '적합', '부적합', '검사 중'을 판정하여야 한다.

ㅁ. 기준일탈이 된 경우는 규정에 따라 책임자에게 보고한 후 조사하여야 한다. 조사결과는 책임자에 의해 명확히 판정하여야 한다.

ㅂ. 표준품과 주요시약의 용기에는 명칭, 개봉일, 제조번호, 사용기한, 역가를 기재하여야 한다.

① ㄱ, ㄴ, ㄹ

② ㄴ, ㄷ, ㅁ

③ ㄷ, ㅁ, ㅂ

④ ㄱ, ㄹ, ㅁ, ㅂ

⑤ ㄴ, ㄷ, ㄹ, ㅂ

47. 다음 중 「우수화장품 제조 및 품질관리기준(CGMP) 해설서」에 명시된 중대하지 않은 일탈의 예가 아닌 것은?(8점)

① 품질에 영향을 미치지 않는 것이 확인되었으나 관리 규정에 의한 관리 항목에 있어서 설정된 기준치로부터 8% 정도 벗어난 경우

② 나름의 이유가 있어 시간 설정이 되어 있는 생산 공정에 대해 설정된 시간제한을 일탈한 경우

③ 관리 규정에 의한 생산 시의 관리 대상 파라미터의 설정치보다 하위 설정의 관리 기준에 의거하여 작업이 이루어진 경우

④ 검정기한을 초과한 설비의 사용에 있어서 설비 보증이 표준품 등에서 확인할 수 있는 경우

⑤ 사용해도 된다고 합격 판정된 원료, 포장재에 대해 선입선출방식으로 사용해야 하나, 이 요건에서의 일탈이 일시적이고 타당하다고 인정될 경우

48. 다음 중 「우수화장품 제조 및 품질관리기준(CGMP) 해설서」에 따른 보관용 검체에 대한 설명으로 적절하지 <u>않은</u> 것은?(10점)

① 보관용 검체란 벌크 제품에 대해 시험에 필요한 양을 제조단위별로 따로 보관하는 것을 말하며 적절한 보관조건 하에 지정된 구역 내에서 제조단위별로 사용기한 경과 후 1년간, 개봉 후 사용기간을 기재하는 경우에는 제조일로부터 3년간 보관하여야 한다.

② 보관용 검체의 보관조건은 따로 규정된 것을 제외하고는 극단의 고온다습이나 저온·저습을 피하고 제품 유통 시의 환경조건에 준하는 조건인 실온으로 보관한다.

③ 보관용 검체는 제조단위를 대표해야 하며 제조단위, 제조 번호(또는 코드), 날짜가 확인되어야 한다.

④ 보관용 검체의 보관 목적은 제품의 사용기한 중에 재검토 할 때를 대비하기 위함이며 시판용 제품의 포장형태와 동일하여야 한다.

⑤ 보관용 검체는 소비자 불만과 기타 소비자 질문 사항의 조사를 위한 중요한 도구이고 제품 및 포장의 특성 검증에 중요한 역할을 하며 가능한 모든 질문에 대한 대응을 위한 회사의 제품 라이브러리라고 할 수 있다.

49. 〈보기〉의 맞춤형화장품 중 「화장품 안전기준 등에 관한 규정」 제6조 유통화장품의 안전관리 기준에 의거하여 유통될 수 <u>없는</u> 맞춤형화장품의 개수는?(단, 〈조건〉을 참고할 것)(16점)

〈조건〉
---

1. 〈보기〉에서 제시한 기준 외의 비의도적 유래성분은 없다고 본다.

2. 납품받은 내용물 자체가 유통화장품 안전관리 기준에 부적합한 것은 무시하며 최종 혼합된 맞춤형화장품에 대한 유통화장품 안전관리 기준 준수 여부만 고려한다.

〈보기〉

ㄱ. 납 함량이 $25\mu g/g$인 로션과 납 함량이 0.0018%인 로션을 2:3의 비율로 혼합한 맞춤형화장품

ㄴ. 안티몬 함량이 $10\mu g/g$인 크림과 안티몬 함량이 0.02mg/g인 크림을 동량 혼합한 맞춤형화장품

ㄷ. 니켈 함량이 33ppm인 마스카라와 니켈 함량이 0.0028%인 마스카라를 1:2의 비율로 혼합한 맞춤형화장품

ㄹ. 디부틸프탈레이트가 0.0095% 함유된 에센스와 부틸벤질프탈레이트가 0.0018% 함유된 에센스를 동량 혼합한 맞춤형화장품

ㅁ. 메탄올을 $30\mu g/g$ 함유하고 포름알데하이드를 0.001% 함유한 물휴지

ㅂ. 디옥산 함량이 0.01%인 로션과 디옥산 함량이 0.02%인 로션을 10:1의 비율로 혼합한 뒤 2개의 용기에 소분한 맞춤형화장품

① 1개

② 2개

③ 3개

④ 4개

⑤ 5개

50. 다음 중 「화장품 안전기준 등에 관한 규정 해설서」에 따른 비의도적 유래성분에 대한 설명 중 옳은 것은?(14점)

① 토양, 암석 등에 존재하는 납은 무기 색소보다는 안료 등의 분체 원료에 불순물로 존재할 수 있으므로 크림, 팩 등 기초화장용 제품류, 색조 화장용 제품류, 점토를 원료로 사용한 제품 등에서 관리가 필요하다.

② 화장품에 존재하는 수은은 주로 유기 수은으로 이는 직접 접촉 시 단기적으로 자극성, 부식성이 있고 장기간 노출 시 국소적으로 피부염 및 알러지를 유발할 수 있다. 미백효과를 노리고 고의로 이를 함유한 제품을 제조·유통하여 적발되기도 한다.

③ 천연 무기 파우더를 사용하는 색조 화장용 제품류 등에 불순물로 혼입될 수 있는 안티몬에 만성적으로 노출 시 땀샘이나 피지선 주변에 발생하는 구진 및 농포에 의한 피부염이 유발될 수 있으며 장기간 반복 적용 시 미량 흡수되어 심혈관 독성 등 전신 작용을 나타낼 가능성이 있다.

④ 카드뮴은 화장품 원료 중 성분명에 "PEG", "폴리에틸렌", "폴리에틸렌글라이콜" 등을 포함하거나 제조과정 중 지방산에 "에틸렌 옥사이드" 첨가 과정 중에 부산물로 생성되어 화장품에 잔류할 수 있다.

⑤ 포름알데하이드는 화장품에 디아졸리디닐우레아, 소듐하이드록시메틸아미노아세테이트, 페녹시이소프로판올, 쿼터늄-15와 같은 일부 살균보존제의 사용으로 인해 수용성 상태에서 분해되어 일부 생성될 수 있다.

51. 맞춤형화장품판매업자 성진씨는 화장품책임판매업자로부터 화장품 내용물을 공급받았다. 납품받은 화장품 내용물의 시험성적서가 〈보기〉와 같다고 할 때, 다음 중 「화장품 안전기준 등에 관한 규정」 제6조 유통화장품 안전관리 기준에 의거하여 미생물 관리 기준에 부합하지 않아 반품처리 하여야 하는 화장품을 모두 고른 것은?(12점)

〈보기〉

베이비 로션(LOT 2021-0508-01)	
세균수	310개/g
진균수	185개/g
물휴지(LOT 2021-0508-02)	
세균수	98개/g
진균수	230개/g
아이 섀도우(LOT 2021-0508-03)	
세균수	430개/g
진균수	231개/g
선크림(LOT 2021-0508-04)	
세균수	481개/g
진균수	365개/g
외음부 세정제(LOT 2021-0508-05)	
세균수	731개/g
진균수	253개/g
바디워시(LOT 2021-0508-06)	
세균수	285개/g
진균수	420개/g

① 베이비 로션, 바디워시

② 물휴지, 아이 셰도우

③ 베이비 로션, 아이 셰도우, 외음부 세정제

④ 물휴지, 선크림, 바디워시

⑤ 아이 셰도우, 선크림, 외음부 세정제

52. 〈보기〉는 맞춤형화장품판매업자 A와 해당 맞춤형화장품판매업소에 선임된 맞춤형화장품조제관리사 B의 대화이다. 「화장품 안전기준 등에 관한 규정」 제6조 유통화장품의 안전관리 기준 중 pH기준에 따라 다음 중 ㉠, ㉡, ㉢에 들어갈 숫자를 모두 더한 값은?(12점)

─────── 〈보기〉 ───────

A:B씨는 이번에 새로 들어오셨으니 저희 매장에 상품들에 대해 미리 숙지를 해 놓으시기 바랍니다.

B:네, 열심히 하겠습니다.

A:우선 저희 매장에 있는 화장품 내용물들의 특성에 대해 아셔야 합니다. 각 상품들의 pH부터 알아볼까요? 맞춤형화장품조제관리사 시험 공부 하실 때 유통화장품 안전관리 기준에 대해 숙지하셨었지요?

B:네. 액상 제품에 대해 pH는 (㉠)~(㉡)의 기준을 가지고 있습니다.

A:맞습니다. 저희 매장의 제품들을 보여드릴게요. 이 중 B씨께서 방금 말씀하신 pH기준을 충족하여야 하는 제품들을 골라보세요.

─── 〈매장에 진열된 제품의 목록〉 ───

베이비 린스, 바디 크림, 리퀴드형 아이라이너, 베이비 로션, 베이비 오일(미네랄오일 100%), 바디 오일(호호바씨 오일 80%, 미강유 20%), 셰이빙 폼, 바디 워시, 우레아 핸드크림, 아이크림, 포마드, 풋크림, 마스크팩, 향수, 메이크업 베이스

B:매장에 진열된 제품 중 pH기준을 충족하여야 하는 것들은 모두 (㉢)개 이군요!

① 18

② 19

③ 20

④ 21

⑤ 22

53. 〈보기〉는 맞춤형화장품판매업자 지한씨가 처한 상황이다. 〈보기〉에 따라 다음 중 적절하지 <u>않은</u> 설명은?(12점)

〈보기〉

맞춤형화장품판매업을 영위하는 ㈜지한코스메틱의 사장 지한씨는 맞춤형화장품판매업소 전주점, 강남점, 동래점을 운영 중이다. 그런데 지한씨는 지한코스메틱 전주점에서 맞춤형화장품조제관리사가 변경되었음에도 (ㄱ) 기한 내에 변경신고를 하지 않았다는 이유로 처음으로 (ㄴ)행정처분을 받았다. 행정처분을 받은 후 (ㄷ)자신의 상호를 "㈜지한코스메틱"에서 "㈜한국코스메틱"으로 변경하고자 하나 저번처럼 행정처분을 받게 될까 두렵다.

---

① 지한씨는 자신이 소유한 맞춤형화장품판매업소인 전주점, 강남점, 동래점마다 각각 맞춤형화장품조제관리사를 선임하여야 한다.

② (ㄱ)에서 그 기한은 30일이다.

③ (ㄴ)에 해당하는 행정처분은 "시정명령"이다.

④ 지한씨가 (ㄴ) 처분을 받은 후 1년 이내에 같은 사유로 인해 행정처분을 받는다면 "판매업무 정지 7일"의 처분을 받게 된다.

⑤ (ㄷ)은 변경 신고의 대상이 아니므로 지한씨는 해당 사항에 대해 변경 신고를 할 필요가 없다.

54. 피부 측정 결과 여드름성 피부로 보이는 고객 A는 예전에 맞춤형화장품조제관리사 B가 처방해 준 맞춤형화장품에 불만이 있어 다시 한 번 매장을 찾았다. 다음 중 A와 B의 대화 내용인 〈보기〉를 참고하여 B가 A를 위해 대체한 성분들로 적절한 것을 차례대로 나열한 것은?(12점)

〈보기〉

A:저번에 여기서 구매한 맞춤형화장품 냄새가 너무 마음에 안 드네요. 처음 사용할 때에는 이런 냄새가 안 났었는데…… 그리고 이 화장품을 사용하고 난 뒤에는 항상 피부가 갑갑하고 꽉 막힌 기분이 들어요.

B:저희 맞춤형화장품으로 인해 불편을 드려 대단히 죄송합니다. 음, 우선 고객님의 맞춤형화장품 조제 파일을 확인한 뒤에 상담을 도와드리겠습니다.

(A의 맞춤형화장품 기록 확인 중)

B:제 생각에는 A님의 맞춤형화장품에 혼합된 '마유'과 '미네랄 오일'이 문제였던 것 같습니다.

A:그러면 그것들을 대체하여 맞춤형화장품을 조제하여 주세요.

B:네, 알겠습니다. 마유를 항산화 효과가 있는 식물성 오일로, 미네랄 오일을 고급지방산과 고급알코올이 결합된 에스테르 화합물 중 천연물로 대체하여 조제해 드리겠습니다.

	'마유'를 대체한 성분	'미네랄 오일'을 대체한 성분
①	라놀린오일	비즈왁스
②	아몬드오일	호호바오일
③	사이클로메티콘	아이소헥사데칸
④	올리브오일	마이크로크리스탈린 왁스
⑤	카프릴릭/카프릭 트리글리세라이드	에틸트라이실록세인

55. 〈보기〉는 맞춤형화장품판매업소를 찾은 고객 A와 맞춤형화장품조제관리사 B의 대화이다. 다음 중 「맞춤형화장품조제관리사 교수·학습 가이드」에 명시된 화장품의 효과에 따라 A의 마지막 말에 대한 B의 응답으로 가장 적절하지 <u>않은</u> 것은?(8점)

─────〈보기〉─────

A:이 매장에는 정말 다양한 마스크 팩이 있군요!

B:마스크 팩뿐만 아니라 워시 타입, 필오프 타입, 석고팩 타입, 붙이는 타입 등 다양한 타입의 팩을 선보이고 있습니다. 게다가 고객님의 피부 상태를 측정하여 고객님만의 맞춤형 팩 역시 이곳에서 바로 조제해 드립니다.

A:와, 정말 혁신적이네요. 그런데 팩에는 무슨 효과가 있나요?

B:_____

① 팩의 폐쇄효과에 의해 피하에서 올라오는 수분으로 보습이 유지됨에 따라 피부가 유연해집니다.

② 팩의 흡착작용과 동시에 건조 박리 시 피부 표면의 오염을 제거하므로 우수한 청정 작용을 합니다.

③ 피막제나 분만의 건조과정에서 피부에 적당한 긴장감을 주고, 건조 후 일시적으로 피부 온도를 높여 혈행을 원활하게 합니다.

④ 팩을 사용하면 피부에 보습을 촉진하고 오래된 각질 및 오염 물질을 제거할 수 있으며 피부에 긴장감을 부여할 수 있습니다.

⑤ 팩은 피부에 보습 및 유연효과를 부여함으로써 세정, 메이크업 리무버, 미백 화장품, 자외선 차단제의 기제로서 사용되고 있습니다.

56. 다음 중 「맞춤형화장품조제관리사 교수·학습 가이드」에 따른 샴푸와 린스에 대한 설명으로 적절하지 <u>않은</u> 것은?(8점)

① 샴푸에는 기능을 위해 계면활성제, 컨디셔닝제, 유분, 보습제, 향료, 색소, 약제 성분들이 사용되며 사용된 원료의 주된 기능에 따라 오일 샴푸, 비듬관리 샴푸, 컬러 샴푸, 컨디셔닝 샴푸, 드라이 샴푸로 구분된다.

② 린스는 두발 세정 후에 사용하여 두발에 유연성을 주고 자연스러운 윤기를 주기 위하여 사용되는 세정용 화장품으로서 정전기 발생을 방지하며 정발을 용이하게 하여 두피 및 두발을 건강하게 유지 시켜주며 「화장품법 시행규칙」에 명시된 화장품의 유형 중 두발 세정용 제품류에 속하는 제품이다.

③ 샴푸는 두발과 두피에 부착된 오염물을 씻어내고 비듬이나 가려움 등을 방지하여 두발과 두피를 청결하게 유지하기 위하여 사용된다.

④ 린스는 음극으로 대전된 두발 표면에 린스의 주성분인 양이온성 계면활성제의 양극과 흡착되어 두발의 마찰계수를 낮춘다.

⑤ 대부분의 린스는 크림상으로 양이온성 계면활성제에 세틸알코올 등의 친유성 고급알코올, 유분 등을 첨가하여 유화시켜 제조되며 기능상으로 린스, 컬러 린스, 헤어팩 등으로 구별할 수 있다.

57. 다음 중 판매 가능한 맞춤형화장품의 구성으로 적절하지 <u>않은</u> 것은?(8점)

① 나이아신아마이드가 포함된 벌크제품에 벤질알코올이 포함된 병풀추출물을 혼합한 맞춤형화장품

② 고객이 가지고 온 사용하던 화장품을 오염 여부 확인 후 별도의 멸균 처리를 거쳐 프랑스에서 수입된 수분크림과 혼합하여 조제한 맞춤형화장품

③ 고객이 향긋한 향과 촉촉한 촉감을 원해 내용물에 쿠마린과 1,2-헥산다이올, 글리세린을 조합한 혼합원료를 넣어 조제한 맞춤형화장품

④ 사전에 식품의약품안전처를 통해 심사받은 '알부틴이 10% 함유된 기능성화장품'에 대해 화장품책임판매업자가 '알부틴을 제외한 내용물'과 '알부틴 원료'를 따로 납품하여 맞춤형화장품판매업소에서 조제관리사가 이 내용물에 알부틴을 10% 혼합한 맞춤형화장품

⑤ 손에 습진이 있는 고객을 위해 조제된 pH가 중성에 가까운 미산성 액상비누를 소분한 맞춤형화장품

58. 다음 전성분으로 이루어진 제품 중 '눈'과 관련된 사용 시의 주의사항을 반드시 기재해야 하는 제품이 <u>아닌</u> 것은?(12점)

	마스카라의 전성분
①	아이소도데케인, 트라이메틸실록시실리케이트, 탤크, 세레신, 덱스트린팔미테이트/에틸헥사노에이트, 마이크로크리스탈린왁스, 흑색 산화철(CI 77499), 실리카, 정제수, 부틸렌글라이콜, 아이소말트, 1,2-헥산다이올, 타라검, 레시틴, 실버나이트레이트, 향료
	헤어 오일의 전성분
②	다이메티콘, 사이클로펜타실록세인, 다이메치콘, 아르간트리커넬오일, 향료, 호호바씨오일, 페녹시에탄올, 디엘판테놀, 하이드로젠퍼옥사이드, 스위트아몬드오일, 달맞이꽃종자유, 동백오일, 소듐락테이트, 벤질벤조에이트
	린스의 전성분
③	부틸렌글라이콜, 다이프로필렌글라이콜, 변성알코올, 미리스틸알코올, 정제수, 세린, 글라이신, 벤잘코늄클로라이드, 에탄올, 트라이에틸헥사노인, 맥주효모추출물, 베타-글루칸, 이눌린, 흑미강추출물, 벤질알코올, 알파-아이소메틸아이오논
	샴푸의 전성분
④	정제수, 소듐라우레스설페이트, 코카미도프로필베타인, 소듐라우레스-6카복실레이트, 소듐하이알루로네이트, 해바라기씨오일, 캐모마일꽃수, 폴리쿼터늄-10, 피이지-40하이드로제네이티드캐스터오일, 부틸렌글라이콜, 소듐벤조에이트, 헥실신남알
	아이크림의 전성분
⑤	정제수, 다이프로필렌글라이콜, 글리세린, 카프릴릭/카프릭트라이글리세라이드, 사이클로펜타실록세인, 1,2-헥산다이올, 폴리에톡실레이티드레틴아마이드, 하이드로제네이티드폴리데센, 코치닐추출물, 글리세릴스테아레이트, 시어버터, 판테놀, C14-22알코올, 제라니올, 카민

59. 고객 A는 B가 판매하는 보습크림을 사용한 후로 피부가 아파 병원을 찾았다. <보기1>은 이와 관련된 A와 B의 대화이다. 다음 중 <보기1>을 참고하여 <보기2>에 들어갈 알맞은 숫자 혹은 말을 차례대로 나열한 것은?(단, 해당 제품은 식품의약품안전처에 자료 제출이 생략되는 기능성화장품 고시 성분을 최대 사용 한도로 제조하여 보고가 완료된 제품이다.)(12점)

─── <보기 1> ───

A:이게 도대체 어떻게 된 일이죠? 작열감이 들어 잠을 못 자겠어요. 심지어 피부과에 갔더니 의사 선생님께서 어느 정도 입원을 해야 할 것 같다고 하시더군요.

B:정말 죄송합니다. 품질성적서를 확인해보겠습니다.

A:품질성적서 같은 건 일 터지기 전에 미리 확인하셨어야 하는 거 아닌가요?

<A가 사용한 보습크림(150g)의 품질성적서>

저희 기관에서 시행한 해당 제품의 총내용량에 대한 품질성적은 다음과 같습니다.	
항목	시험 결과
납	350㎍
비소	495㎍
수은	10㎍
레티노익애씨드	불검출
아스코빅애씨드	1,500㎎
알부틴	5g
페닐파라벤	불검출
토코페롤	4500㎎

B:품질성적서를 확인하여 보니 이 제품은 회수를 해야겠군요. 정말 죄송합니다. 입원을 해야 할 만큼의 작열감의 원인을 단순히 이 품질성적서에 기재된 성분만으로 판별할 수는 없으므로 식품의약품안전처에 보고하겠습니다.

─── <보기 2> ───

B가 판매한 회수대상화장품의 위해성 등급은 (㉠)등급 이며 (㉡)에 따라 보습크림 사용으로 인한 부작용을 (㉢)일 이내에 식품의약품안전처에 보고하여야 한다.

	㉠	㉡	㉢
①	가	「화장품법 시행규칙」	15
②	나	「화장품 위해평가 가이드라인」	30
③	나	「인체적용제품의 위해성 평가 등에 관한 규정」	15
④	다	「화장품 안전기준 등에 관한 규정」	30
⑤	다	「화장품 안전성 정보 관리 규정」	15

60. 다음 중 〈보기〉에서 강연자가 설명하는 원료 관리 체계의 명칭으로 옳은 것은?(8점)

---〈보기〉---

[맞춤형화장품조제관리사의 정기교육]

강연자:식품의약품안전처장은 「화장품 안전기준 등에 관한 규정(식품의약품안전처고시 제2020-12호)」에서 화장품의 제조 등에 사용할 수 없는 원료 및 특별히 사용상의 제한이 필요한 원료를 지정하였습니다. 지정된 원료들을 제외한 원료를 업자의 책임 하에 사용할 수 있게 한 원료 관리 체계를 (   ) 이라고 합니다.

---

① 포지티브 리스트 시스템(PLS)
② 네거티브 리스트 시스템(NLS)
③ clean-in-place 시스템
④ 블랙리스트(Black List) 시스템
⑤ 사전 승인 시스템

61. 미영과 준애는 화장비누에 대해 〈보기〉와 같이 대화를 나누고 있다. 다음 중 화장품 법령에 따라 적절한 설명은?(12점)

---〈보기〉---

집에서 취미로 자신이 사용하기 위해 고체 화장비누를 직접 제조하는 미영은 오랜만에 친구인 준애씨를 만났다.

미영:나는 요즘 천연 화장비누를 만드는 취미가 생겼어. (자신이 만든 화장비누를 보여주며) 어때? 예쁘지?

준애:우와, 정말 잘 만들었다. 장미 모양이 특히 예쁘네. 너 혼자만 사용하기 아깝지 않아? 한번 사업자 등록하고 직접 전문적으로 판매해보는 것은 어때?

미영:사실, 얼마 전에 어떤 화장품책임판매업자가 나한테 문의를 주고 갔어. 자기가 운영하는 화장품 회사에 내 화장비누를 납품하고 싶대. 나는 화장비누를 잘 만들기만 하면 돼. 내가 화장비누를 만들어주면, 그 회사가 다 알아서 소비자에게 유통해준대.

준애:에이. 네가 직접 네 이름 걸고 유통해야지.

미영:그래? 내 이름을 걸고 직접 내가 만든 화장비누를 유통하려면 어떻게 해야 하는데?

준애:우선, 집에서 만들면 안 되고 시설기준을 갖춘 제조소를 차려야지. 그리고 사업자등록도 해야 해. 게다가 지방식품의약품안전청에 화장품 영업을 인정받아야 하지.

미영:정말 복잡하구나. 그래도 한번 해보고 싶어. 내가 영위하려는 화장품 영업에 대해 좀 더 알아봐야겠다.

> 미영은 자신이 영위하려는 화장품 영업에 대해 좀 더 알아보고 싶어 법제처 홈페이지를 방문한다.

① 미영이가 직접 화장비누를 제조하는 영업을 영위하기 위해서는 화장품제조업자로 신고하여야 한다.

② 미영이가 화장비누를 직접 제조하여 이를 유통·판매하고 싶다면 화장품책임판매업자로만 등록하면 된다.

③ 미영이가 맞춤형화장품판매업자로 영업 신고를 한다면 미영이는 자신이 판매하고자 하는 화장품을 소분하여 맞춤형화장품으로서 판매할 수 있다.

④ 화장품책임판매업자로 등록한 미영의 영업체에 상시근로자가 미영과 준애 밖에 없다면, 미영은 책임판매관리자의 자격기준과 상관없이 책임판매관리자의 직무를 수행할 수 있다.

⑤ 화장품책임판매업자로 등록한 미영의 영업체에 상시근로자가 미영과 준애 밖에 없다면, 미영이는 식품의약품안전처장 지정 전문교육을 이수하기만 하면 책임판매관리자 자격을 인정받을 수 있으며 화장품책임판매업자로서 안전성 정보를 정기보고하지 않아도 된다.

62. 〈보기〉는 식품의약품안전처 고시 「기능성화장품 심사에 관한 규정」[별표 4] 자료제출이 생략되는 기능성화장품의 종류 중 미백 기능성 고시 성분인 (   )와/과 관련된 신문 기사 내용의 일부이다. 다음 중 (   )에 대한 설명으로 옳은 것은?(14점)

──── 〈보기〉 ────

충격·· 식약처장 고시 미백 성분 (   ) 함유 화장품에서 히드로퀴논 검출돼

식약처는 이번 조사에서 (   ) 함유 피부미백 기능성화장품 중 온라인 유통제품 2품목에서 히드로퀴논이 검출되었다고 밝혔다.

피부미백 기능성 성분 중 (   )은/는 멜라닌의 생성을 조절하는 효소의 활성화를 억제하여 미백효과를 갖지만 빛, 고온, 효소, 미생물에 의해 포도당과 히드로퀴논으로 분해될 수 있어 주의가 필요한 성분이다.

히드로퀴논 성분은 미백효과가 뛰어나지만 피부 알레르기, 피부자극 및 백반증을 유발하기 때문에 화장품에는 사용이 금지되어 있고 의사의 처방을 받아 한시적으로 국소부위에 의약품으로만 쓰인다.

최근 온라인상에서 화장품 유통의 빠른 성장으로 화장품 구매가 증가함에 따라 성분의 기능이나 유해여부를 살피고 안전한 제품을 선택하는 소비자의 지혜가 필요하다.

메니컬두네이 남연희 기사

① 이 성분의 자료 제출이 생략되는 식품의약품안전처장 고시 함량은 2%이다.

② 이 성분의 분자식은 $C_6H_6N_2O$이며 분자량은 122.13이다.

③ 이 성분에 대하여 기능성 시험을 할 때 티로시나아제 억제율은 48.5~84.1%이다.

④ 이 성분은 칸데이아 나무의 가지와 잎을 분별 증류하여 얻은 것이다.

⑤ 이 성분은 일종의 배당체로서 진달래과의 악토스타필로스속에 속하는 월귤나무에서 추출되는 식물성분의 원료이다.

63. 〈보기〉는 은비와 보경이가 맞춤형화장품 조제 시 혼합에 사용할 수 없는 원료에 대해 대화를 나누는 상황이다. 다음 중 〈보기〉를 참고하여 화장품법령에 따라 가장 적절한 설명을 고르시오. (12점)

―――― 〈보기〉 ――――

> 맞춤형화장품조제관리사가 되기 위해 자격시험을 같이 준비하던 은비와 보경은 둘 다 맞춤형화장품조제관리사 자격시험에 합격하여 맞춤형화장품조제관리사로 일하던 중 오랜만에 만나 이야기를 나누고 있다.

은비: 보경님, 맞춤형화장품조제관리사 일은 할 만 하신가요?

보경: 네, 어렵지만 최선을 다해서 조제하고 있습니다.

은비: 저는 요즘 참 어려워요. 어떤 성분은 조제에 사용할 수 있고 또 어떤 성분은 맞춤형화장품조제관리사가 혼합할 수 없고‥ 정말 헷갈립니다. 보경씨는 우수한 성적으로 합격하셨으니 잘 아시겠군요.

보경: 저도 처음에 맞춤형화장품조제관리사 자격시험을 준비할 때 공부했던 내용이었는데 기억이 잘 나지 않네요. 기억나는 내용을 한번 말해볼게요. 우선, (ㄱ)식품의약품안전처장이 고시한 화장품의 제조 등에 사용할 수 없는 원료는 그 누구도 화장품에 사용할 수 없으므로 맞춤형화장품조제관리사 역시 혼합 시 사용할 수 없어요.

은비: 그렇군요. 중금속 같은 것들이 해당될 것 같아요.

보경: 뿐만 아니라 (ㄴ)식품의약품안전처장이 고시한 보존제, 색소, 자외선차단제, 향료 등과 같이 특별히 사용상의 제한이 필요한 원료에 대한 사용기준이 지정된 원료들 역시 맞춤형화장품조제관리사가 혼합할 수 없어요.

은비: 우리가 다룰 수 없는 것들이 정말 많군요.

보경: 대신 화장품법에서는 영업자가 지정·고시된 원료의 사용기준을 변경하여 줄 것을 요청할 수 있다고 명시하고 있기 때문에 지정·고시된 원료의 안전성 등을 입증하는 서류를 제출하고 이것이 통과가 되면 해당 원료가 지정·고시된 원료 목록에서 제외될 수도 있겠지요?

은비: 엇, 그러면 우리가 요청해서 그 요청이 받아들여지면 어떤 원료를 '사용상의 제한이 필요한 원료'에서 제외할 수도 있다는 것인가요? 그렇다면 그 원료를 맞춤형화장품 조제에 사용할 수 있게 되겠군요! 저는 페녹시에탄올이 사용상의 제한이 필요한 원료에 포함되어 있어 평소에 맞춤형화장품을 조제할 때에 고민이 참 많았어요. 저는 이제 식품의약품안전처장에게 지정·고시된 원료의 사용기준 변경 신청을 하러 가봐야겠어요. 알려주셔서 감사합니다!

① (ㄱ)에는 과산화물가가 10mmol/L을 초과하는 테르펜 및 테르페노이드(단, 시트랄류 제외)가 포함된다.

② (ㄴ)은 맞춤형화장품조제관리사가 혼합할 수 없으므로 리모넨은 맞춤형화장품에 혼합될 수 없다.

③ 은비는 필요한 서류만 갖추면 화장품 원료 사용기준 지정 및 변경 심사 신청을 할 수 있으며 이를 위하여 식품의약품안전처장이 고시한 「화장품 원료 사용기준 지정 및 변경 심사에 관한 규정」을 참고하여야 한다.

④ 은비는 식품의약품안전처장이 고시한 「화장품의 색소 종류와 기준 및 시험방법」 [별표1]에 따라 고시되지 않은 색소에 대해 심사를 요청할 수 있다.

⑤ 보경과 은비가 맞춤형화장품에 사용할 수 있는 원료의 지정, 화장품에 사용할 수 없는 원료 및 사용상의 제한이 필요한 원료에 대한 사용기준 등을 더 자세히 알고 싶다면 식품의약품안전처장이 고시한 「화장품 안전기준 등에 관한 규정」을 참고하여야 한다.

64. 〈보기〉는 맞춤형화장품판매업자 A와 맞춤형화장품조제관리사 B의 대화이다. 다음 중 「천연화장품 및 유기농화장품의 기준에 관한 규정」에 따라 적절한 설명은?(12점)

〈보기〉

A:저희 업소에서 이번에 화장품책임판매업자로부터 유기농 화장품을 납품받았어요. 이로 인해 이제 맞춤형화장품을 판매할 때 고객께 유기농 화장품으로 설명드리면서 판매할 수 있게 됐습니다. 유기농에 대한 소비자의 관심이 큰 만큼 매출 상승에 대한 기대가 큽니다.

B:사장님, 맞춤형화장품판매업자도 유기농 화장품 인증을 받을 수 있나요?

A:㉠그렇죠. 식품의약품안전처의 기준에 충족되고 법적으로 정하는 서류만 구비하면 인증을 받을 수 있을겁니다.

B:유기농 화장품의 기준은 어떻게 되나요?

A:㉡유기농화장품은 중량 기준으로 유기농 함량이 전체 제품에서 10% 이상이어야 하며, 유기농 함량을 제외한 천연 함량이 전체 제품에서 95% 이상으로 구성되어야 하지요.

B:그렇군요. 그런데 화장품책임판매업자가 보내온 해당 내용물의 설명서를 보니 유기농 호호바씨에서 기름을 추출할 때 용제로 앱솔루트를 사용하였다고 기재되어 있네요? 앱솔루트는 술 아닌가요?

A:㉢앱솔루트는 엄연히 추출할 때 사용되는 용제입니다. 천연 유래 용제인 앱솔루트가 호호바씨에서 기름을 추출하는 데에 사용되었으므로 이 유기농 호호바씨 오일이 유기농 화장품에 포함되어도 가능한 것입니다.

B:여기에 기재된 베타인은 물을 용제로 하여 추출하였다고 기재되어 있는데요, 베타인은 이 유기농 제품에 얼마나 들어갔을까요? 소비자들께서 피부를 촉촉하게 해주는 베타인에 대해 관심이 많으셔서요.

A:㉣베타인은 「천연화장품 및 유기농화장품의 기준에 관한 규정」 [별표 3]에 따르면 허용 기타원료입니다. 따라서 많이 배합하여도 5%를 초과할 수 없답니다.

B:사장님, 이 내용물의 설명서를 보니 '이온교환(Ionic Exchange)'과 '오존분해(Ozonolysis)'의 제조공정을 거쳤다고 기재되어 있네요? 이게 가능한 것인가요? 소비자분들께서 요즘은 화장품이 어떻게 만들어졌는지도 궁금해하시는데 이런 공정을 거쳤다고 하면 구매를 안 하실 것 같아요.

A:㉤괜찮습니다. 「천연화장품 및 유기농화장품의 기준에 관한 규정」 [별표 5]에 따르면 둘 다 유기농 화장품에 가능한 공정입니다.

① ㉠

② ㉡

③ ㉢

④ ㉣

⑤ ㉤

65. 비수용성 원료에 사용된 재료가 다음과 같을 때「천연화장품 및 유기농화장품의 기준에 관한 규정」에 따라 다음 중 해당 원료의 유기농 함량은?(단, 계산 후 소수 셋째 자리에서 반올림하시오.)(12점)

―――〈보기〉―――

- 신선한 유기농 녹차잎:15kg
- 건조된 유기농 살구열매:5kg
- 라벤더 추출물:10kg(유기농 라벤더 추출물 50%, 비유기농 라벤더 추출물 50%의 혼합물)
- 용매 60kg

용매의 구성	
비유기농 용매	20kg
유기농 용매	40kg

① 63.64%

② 72.22%

③ 72.73%

④ 77.27%

⑤ 81.82%

66. 다음 중「기능성화장품 심사에 관한 규정」[별표 1] 독성시험법 중 단회 투여 독성 시험과 관련된 동물 대체 시험법으로 적절한 것은?(10점)

① 고정용량법(Fixed Dose Procedure)

② ELISA법을 이용한 국소림프절시험

③ ARE-Nrf2 루시퍼라아제 LuSens시험

④ 단시간 노출법(STE)

⑤ In vitro 3T3 NRU 시험법

67. 다음 중 〈보기〉의 (   ) 안에 공통으로 들어갈 말로 적절한 것은?(10점)

―――〈보기〉―――

스테로이드 물질인 (   )은/는 피부에서 비타민 D3로 전환되어 프로비타민-D3로 기능을 한다. 사람의 피부에 (   )(이)가 존재하기 때문에 사람은 태양 광선의 자외선의 존재 하에 대사 중간생성물 이성질체인 프리비타민 D3를 거쳐 비타민 D3를 생성할 수 있다. 또한 (   )은/는 몇몇 포유류의 젖에서도 발견된다. (   )은/는 1928년에 노벨 화학상을 수상한 독일의 유기 화학자인 아돌프 오토 라인홀트 빈다우스에 의해 발견되었다.

① 7-DHC

② 하이드로코르티손(hydrocortisone)

③ MSH

④ 메틸프레드니솔론(methylprednisolone)

⑤ 디옥시코르티코스테론(deoxycorticosterone)

	〈자외선차단제 주요 성분〉	〈폼 클렌저의 주요성분과 pH〉
④	디갈로일 트리올리에이트, 4-메틸벤질리덴캠퍼	암모늄다우레스설 페이트 pH 8.5 미알칼리성
⑤	멘틸안트라닐레이트, 벤조페논-3	소듐코코암포아세 테이트 pH 9.5 약알칼리성

68. 〈보기〉는 맞춤형화장품판매업소를 찾은 고객 A와 맞춤형화장품조제관리사 B의 대화이다. 다음 중 B가 추천하였을 제품들의 주요 성분으로 바르게 연결된 것은?(12점)

〈보기〉

A:가을 햇볕이 따사롭다더니 요즘 정말 자외선이 심하네요. 저에게 맞는 자외선 차단제를 추천해주세요.

B:어떤 자외선 차단제를 찾으시나요?

A:음, 저는 백탁이 있는 선크림이 너무 싫어요. 눈 쌍커풀 라인에 자꾸 하얀 게 끼더라고요.

B:알겠습니다. 고객님, 이 선크림은 외출 30분 전에 바르세요. 그리고 선크림 사용 후에 세안도 꼼꼼히 해주세요.

A:네. 혹시 저를 위한 폼 클렌저를 추천해주실 수 있으신가요?

B:고객님의 피부상태를 제게 말씀해주세요.

A:저는 지성피부이고 세정력이 좋은 제품을 원합니다.

B:알겠습니다. 고객님께 추천해드릴 자외선차단제와 폼 클렌저는 이것들입니다.

	〈자외선차단제 주요 성분〉	〈폼 클렌저의 주요성분과 pH〉
①	티타늄디옥사이드, 티이에이 -살리실레이트	코카미도프로필베 타인, pH 4.0 약산성
②	징크옥사이드, 드로메트리졸	소듐라우릴설페이트, pH 6.0 미산성
③	징크옥사이드, 티타늄디옥사이드	벤잘코늄클로라이드 pH 7.5 미알칼리성

69. 다음 중 「기능성화장품 심사에 관한 규정」 [별표3] 자외선 차단효과 측정방법 및 기준에 따른 내수성 자외선 차단 지수의 측정을 위한 시험 조건과 그 판정에 대한 설명으로 적절하지 않은 것은?(8점)

① 시험에 영향을 줄 수 있는 직사광선을 차단할 수 있는 실내에서 이루어져야 한다.

② 온도 기록은 욕조가 있는 실내와 욕제에 담겨진 물의 온도 둘 다 기록해야 한다.

③ 물의 온도는 체온과 유사한 32~36℃이어야 하며 수도법 수질기준에 적합해야 한다.

④ 물의 순환이나 공기 분출을 통하여 전단력을 부여하여야 한다.

⑤ 내수성비 신뢰구간이 50%이상일 때 내수성을 표방할 수 있다.

70. <보기>와 같은 방법으로 PFA를 계산하였을 때 그 산술평균값이 9였다면 다음 중 해당 자외선차단 제품의 자외선A차단등급은?(단, 해당 제품의 자외선A차단지수의 95% 신뢰구간은 자외선A차단지수(PFA) 값의 ±17% 이내이다.)(8점)

───── <보기> ─────

각 피험자의 자외선A 차단지수(PFAi)=

$$\frac{\text{제품 도포부위의 최소지속형즉시흑화량(MPPDp)}}{\text{제품 무도포부위의 최소지속형즉시흑화량(MPPDu)}}$$

자외선A 차단지수(PFA)=$\frac{\sum PFA_i}{n}$ (n:표본수)

95% 신뢰구간=(PFA-C)~(PFA+C)

C=t 값×$\frac{S}{\sqrt{n}}$ (S:표준편차, t 값:자유도)

① PA+

② PA++

③ PA+++

④ PA++++

⑤ PA+++++

71. 맞춤형화장품조제관리사 청희씨는 고객의 피부상태 확인을 위해 다음과 같은 방법으로 피부 측정을 진행하고 있다. 다음 중 적절하지 않은 방법은?(8점)

① 피부 건조도를 측정하기 위해 경피수분손실량(TEWL)과 피부장벽 기능을 평가한다.

② 두피 상태 확인을 위해 비듬, 피지, 모근 상태를 현미경을 통해 측정하였다.

③ 피부 유분은 카트리지 필름, 흡묵지를 피부에 밀착시킨 후 측정한다.

④ 피부색은 멜라닌 세포의 수를 측정하여 색소 침착 정도를 과학적으로 분석한다.

⑤ 피부 탄력도는 음압을 가한 후 피부가 원래대로 돌아오는 정도를 측정한다.

72. 맞춤형화장품판매업자 지현씨는 이번에 자신의 업소에서 조제한 맞춤형화장품인 메이크업 베이스 20ml 상품에 대한 관능 평가를 실시하고자 한다. 다음 중 <보기>에서 해당 제품의 관능 평가 요소로 적절한 것을 모두 고른 것은?(8점)

───── <보기> ─────

ㄱ. 탁도

ㄴ. 분리(성상)

ㄷ. 증발·표면 굳음

ㄹ. 점도·경도

ㅁ. 변취

① ㄱ, ㅁ

② ㄴ, ㄹ, ㅁ

③ ㄷ, ㄹ, ㅁ

④ ㄱ, ㄴ, ㄹ, ㅁ

⑤ ㄴ, ㄷ, ㄹ, ㅁ

73. 맞춤형화장품조제관리사 슬기씨는 <보기>에서 설명하는 포장재로 맞춤형화장품을 포장하고자 한다. 다음 중 소정씨가 맞춤형화장품 포장에 사용할 용기는?(8점)

─────── <보기> ───────

- 투명하며 광택성이 있고 딱딱하다.
- 성형가공성 및 치수안정성이 우수하다.
- 팩트나 스틱의 용기로 주로 사용된다.

① 폴리프로필렌(PP)
② 폴리스티렌(PS)
③ 고밀도 폴리에틸렌(HDPE)
④ 저밀도 폴리에틸렌(LDPE)
⑤ 폴리비닐클로라이드(PVC)

74. <보기>는 맞춤형화장품의 광고에 대한 맞춤형화장품조제관리사 A와 맞춤형화장품판매업자 B의 대화이다. 다음 중 「화장품 표시·광고 실증에 관한 규정」 및 「화장품 표시·광고 관리 가이드라인」에 따라 적절하지 <u>않은</u> 설명은?(12점)

─────── <보기> ───────

A:사장님, 제가 고객분들께 맞춤형화장품을 추천할 때 하는 말도 다 광고에 포함되는 것인가요?

B:ⓐ네. 「화장품법」에 따르면 음성 역시 광고이므로 고객분들께 추천을 할 때 하는 말도 광고이지요.

A:이제부터라도 신중하게 말해야겠어요. 말 잘못 하면 실증하라고 할 수도 있겠군요.

B:혹시 고객에게 했던 말 중 마음에 걸리는 것이 있나요?

A:'안티에이징'이라는 단어를 사용하여 어떤 제품을 추천한 적이 있었어요.

B:ⓑ'안티에이징'이라는 표현은 「화장품법」 제2조에 명시된 화장품의 정의에 부합하지 않아 광고 금지 표현으로 지정된 단어입니다. 경미한 작용을 하는 화장품의 효과를 과장하여 표현한 말이니만큼 다음부터는 조심하여 주세요.

A:죄송합니다. 혹시 이번에 탈모 샴푸를 소분하여 판매할 때 '빠지는 모발을 감소시킨다'고 광고하였는데, 이것도 문제가 될까요?

B:ⓒ그 샴푸는 이미 화장품책임판매업자가 탈모 증상의 완화에 도움을 주는 기능성화장품으로서 심사받은 자료에 근거가 포함되어 있기에 상관없습니다.

A:어제는 수분크림을 판매하면서 '수분감 30% 개선효과와 피부결 20% 개선!, 2주 경과 후 피부톤 개선이 이루어졌습니다.'라고 광고하였는데, 이를 실증할 수 있는 방법은 없을까요?

B:㉣해당 표현은 인체 적용 시험 자료와 인체 외 시험 자료로 입증이 가능합니다.

A:마지막으로 어제 어떤 고객님께서 제품에 페녹시에탄올과 미네랄 오일, 파라벤이 들어 있느냐고 여쭤보셔서 3가지 모두 들어있지 않다는 의미에서 '무(無)페녹시에탄올, 무(無)파라벤, 무(無)미네랄오일! 3Free 제품입니다!'라고 광고하였는데 이 광고에 대해 실증 요청이 오면 어쩌죠?

B:㉤○○제품 말씀하시는 것이죠? 원래라면 시험분석자료로 입증을 해야 하나 그 제품은 화장품책임판매업자가 특정 성분이 페녹시에탄올, 미네랄오일, 파라벤으로 변환될 가능성이 없다는 시험결과서를 저희 업소에 제공하였어요. 그래서 입증 요청이 오면 제조관리기록서나 원료 시험성적서만 제출하면 된답니다.

① ㉠

② ㉡

③ ㉢

④ ㉣

⑤ ㉤

75. 맞춤형화장품조제관리사 영수씨는 〈보기〉와 같은 조성목록을 지닌 향료 1과 향료 2를 1:2로 혼합하여 바디 미스트를 조제하고자 한다. 「화장품 사용 시의 주의사항 및 알레르기 유발성분 표시에 관한 규정」[별표2]에 따라 영수씨가 성분명을 기재·표시하여야 하는 알레르기 유발성분의 개수는?(12점)

〈보기〉	
향료 1(10g)	
성분	함량
글리세린	5g
에탄올	3g
파네솔	240㎍
벤질벤조에이트	150㎍
하이드록시시트로넬알	90㎍
이하 생략	
향료 2(10g)	
성분	함량
글리세린	5g
에탄올	3g
신남알	255㎍
아이소유제놀	120㎍
헥실신남알	90㎍
이하 생략	

① 0개

② 1개

③ 2개

④ 3개

⑤ 4개

76. 맞춤형화장품조제관리사 A와 해당 맞춤형화장품판매업소를 찾은 고객 B가 <보기1>과 같이 대화하고 있다. 해당 업소의 화장품 내용물에 대한 정보가 <보기3>, 원료에 대한 정보가 <보기4>와 같을 때, 다음 중 <보기1>과 <보기2>를 참고하여 A가 B를 위한 맞춤형화장품 조제 시 사용할 내용물 및 원료와 최종 맞춤형화장품의 사용기한으로 적절한 것은?(10점)

─── <보기 1> ───

A:고객님, 어서 오세요. 무엇이 고민이세요?

B:저는 요즘 피부가 번들거려서 고민입니다. 여드름도 조금씩 나네요. 특히 피부가 진정되었으면 좋겠어요. 제게 맞는 맞춤형화장품이 없을까요?

A:잠시만 기다려주세요. 고객님의 피부를 측정해보겠습니다.

─── <보기 2> ───

B의 피부 측정 결과

측정 내용	측정 결과	
	지난 달	현재
피부 유분	30%	41%
피부 수분도	15%	16.5%
육안 판정	트러블 관찰, 울긋불긋함	

─── <보기 3> ───

X 내용물의 전성분
<사용기한 2021.09.20>

정제수, 페트롤라툼, 글리세릴폴리메타크릴레이트, 판테놀, 다이카프릴릴에텔, 글리세린, 다이메티콘, 글리세릴스테아레이트, 미네랄오일, 스위트아몬드오일, 피이지-30글리세릴스테아레이트, 울금뿌리추출물, 어성초추출물, 토코페릴아세테이트, 다이메티콘올

Y 내용물의 전성분
9M **<개봉일:2022.02.10>**

정제수, 글리세린, 아이소노닐아이소노나노에이트, 아이소도데케인, 베타인, 부틸렌글라이콜, 카카오씨추출물, 알란토인, 마데카소사이드, 1, 2-헥산다이올, 에틸헥실글리세린, 스피룰리나아미노산, 부틸렌글라이콜, 피토스핑고신, 다이소듐이디티에이

─── <보기 4> ───

(ㄱ) 병풀추출물
2021.12.03. 까지
(ㄴ) 알로에베라추출물
6M 개봉일:2021.05.12
(ㄷ) 소듐하이알루로네이트
2022.03.05. 까지
(ㄹ) 시트릭애씨드
12M 개봉일:2021.01.05.

	맞춤형화장품 구성	사용기한
①	X + (ㄱ)	2021.09.20. 까지
②	X + (ㄹ)	2021.10.03. 까지
③	Y + (ㄷ)	2022.03. 까지
④	Y + (ㄱ)	2021.12. 까지
⑤	Y + (ㄴ)	2021.10. 까지

77. 〈보기〉는 3중 기능성 화장품의 전성분 표시를 「화장품법」 제10조에 따른 기준에 맞게 표시한 것이다. 해당 제품은 식품의약품안전처에 자료 제출이 생략되는 기능성화장품 고시 성분과 사용상의 제한이 필요한 원료를 최대 사용 한도로 배합하여 제조하였다. 이때, (   ) 안에 들어갈 수 있는 성분으로 적절한 것은?(단, 1% 이하의 성분들도 함량이 높은 순서대로 기재되었으며 ①~⑤번의 선지에 제시된 성분들 역시 최대 사용 한도로 제조한다고 가정한다.) (12점)

───── 〈보기〉 ─────

정제수, 부틸렌글라이콜, 티타늄디옥사이드, 사이클로펜타실록세인, 글리세린, 이소아밀p-메톡시신나메이트, 나이아신아마이드, 글리세릴카프릴레이트, 유용성 감초추출물, (   ), 비피다발효용해물, 다이소듐이디티에이, 폴리솔베이트20, 코튼추출물, 녹차추출물, 아데노신, 락틱애씨드, 향료

① 세틸피리디늄클로라이드

② 3,4-디클로로벤질알코올

③ 클로로펜(2-벤질-4-클로로페놀)

④ 테트라브로모-o-크레졸

⑤ 아세틸헥사메틸테트라린

78. 〈보기〉는 「기능성화장품 심사에 관한 규정」 제3장 심시기준 중 제10조에 명시된 내용이다. 다음 중 ㉠에 들어갈 색소에 대한 설명으로 적절한 것은?(12점)

───── 〈보기〉 ─────

기능성화장품의 원료 및 그 분량은 효능·효과 등에 관한 자료에 따라 합리적이고 타당하여야 하고, 각 성분의 배합의의가 인정되어야 하며, 다음 각 호에 적합하여야 한다.

1. 기능성화장품의 원료 성분 및 그 분량은 제제의 특성을 고려하여 각 성분마다 배합목적, 성분명, 규격, 분량(중량, 용량)을 기재하여야 한다. 다만, 「화장품 안전기준 등에 관한 규정」에 사용한도가 지정되어 있지 않은 착색제, 현탁화제, 유화제, 용해보조제, 안정제, 등장제, pH 조절제, 점도 조절제, 용제 등의 경우에는 적량으로 기재할 수 있고, 착색제 중 식품의약품안전처장이 지정하는 색소(㉠ 제외)를 배합하는 경우에는 성분명을 "식약처장지정색소"라고 기재할 수 있다.

① 해당 색소는 타르색소이며 6-히드록시-5-(4-설포페닐아조)-2-나프탈렌설폰산의 디나트륨염이다.

② 해당 색소는 타르트라진(Tartrazine)이라고도 하며 CI번호는 19140이다.

③ 해당 색소는 바륨, 스트론튬, 지르코늄레이크를 사용할 수 없다.

④ 해당 색소는 식품의약품안전처장이 사용한도를 6%로 지정하였다.

⑤ 해당 색소는 적용 후 바로 씻어내는 제품 및 염모용 화장품에만 사용이 가능하다.

79. 맞춤형화장품조제관리사 상윤씨가 조제한 '맞춤형 페이셜 크림 50g'의 전성분이 〈보기〉와 같을 때, 다음 중 상윤씨가 해당 맞춤형화장품에 대해 생각한 내용으로 <u>틀린</u> 것은?(14점)

─── 〈보기〉 ───

정제수, 글리세린, 부틸렌글라이콜, 다이메티콘, 토코페롤, 사이클로펜타실록세인, 글리세릴카프릴레이트, 에틸헥실살리실레이트, 비피다발효용해물, 아데노신, 다이소듐이디티에이, 스테아린산아연, 아이오도프로피닐부틸카바메이트, 등색 206호, 자색 201호, 적색 40호, 벤질신나메이트(0.1mg), 메틸벤질알코올(18mg), 부틸페닐메틸프로피오날(0.45mg), 클로로신남알(0.9mg)

① 이 제품에는 「화장품 사용 시의 주의사항 및 알레르기 유발성분 표시에 관한 규정」 [별표 2] 에 따라 맞춤형화장품 포장에 '향료'와 구별하여 기재하여야 하는 알레르기 유발 성분이 단 하나도 없군.

② 이 제품은 사용 시 흡입되지 않도록 주의하라는 주의사항을 기재할 필요가 없겠군.

③ 이 제품에는 에어로졸 스프레이에 사용될 수 없는 보존제 성분이 사용되었군.

④ 이 제품은 립스틱에 사용할 수 없는 타르색소가 사용되었군.

⑤ 이 제품에 사용된 성분 중 「화장품 안전기준 등에 관한 규정」 [별표 2] 사용상의 제한이 필요한 원료에 해당하는 성분들의 사용 한도를 모두 더하면 25.05%이겠군.

80. 맞춤형화장품판매업소를 찾은 고객 A와 맞춤형화장품조제관리사 B가 〈보기〉와 같이 대화를 나누고 있다. 다음 중 (   ) 안에 들어갈 성분과 사용 한도가 같은 산화염모제의 성분을 고르시오. (12점)

─── 〈보기〉 ───

A:요즘 새치가 많아 걱정입니다. 저는 천연 염색약을 찾고 있어요. 식물성 염모제 어디 없을까요?

B:고객님, 산화염모제가 아닌 비산화제의 원리를 이용한 염모제를 찾고 계시군요. 이번에 새로 나온 천연 염모제를 사용하여 보세요.

A:어떻게 사용하면 되나요?

B:이 제품의 제1제의 주성분은 (   )입니다. (   )은/는 밤나무나 떡갈나무 등의 껍질에서 얻어지는 성분으로 염료작물 유래 성분입니다. 피부를 보호하는 역할도 하며 또한 분자량이 작아 모발에 침투가 용이해 천연 염모제에 널리 사용돼 왔습니다. 그리고 제2제에서는 황산철을 사용합니다. (   )와/과 황산철이 만나 염모 작용을 일으키는 것이지요.

① p-니트로-o-페닐렌디아민

② 니트로-p-페닐렌디아민

③ 피크라민산

④ 황산 p-니트로-o-페닐렌디아민

⑤ 2,6-다이아미노피리딘

[단답형] 제시된 지문과 문항을 읽고 알맞은 답안을 작성하시오.

제 1과목 화장품법의 이해

81. <보기>는 화장품제조업과 화장품책임판매업을 겸하고 있는 영업자가 판매하는 에센스와 이 에센스 용기 뒷면에 기재되어 있는 사항이다. 이 에센스가 1차 포장으로만 구성된 화장품일 때, 「화장품법 시행규칙」 제19조에 따라 영업자가 이 에센스의 포장에 추가로 기재하여야 하는 사항을 법에 명시된 **정확한 용어**로 쓰시오. (10점)

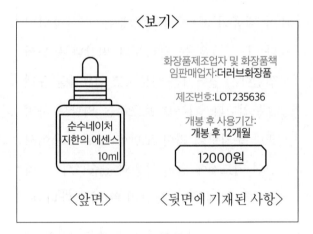

＜앞면＞　＜뒷면에 기재된 사항＞

82. <보기>는 화장품책임판매업을 준비하는 수림씨가 창업 설명회에서 청강한 화장품책임판매업자의 준수사항과 생산·수입실적 및 원료목록 보고에 관한 사항 중 일부를 정리한 것이다. (　　) 안에 공통으로 들어갈 알맞은 말을 「화장품법 시행규칙」 제12조 및 「화장품의 생산·수입실적 및 원료목록 보고에 관한 규정」에 따른 **정확한 용어**로 쓰시오. (8점)

＜보기＞

· 「화장품법 시행규칙」 제12조 화장품책임판매업자의 준수사항 中
- 수입된 화장품을 유통·판매하는 영업으로 화장품책임판매업을 등록한 자의 경우 「대외무역법」에 따른 수출·수입요령을 준수하여야 하며, 「전자무역 촉진에 관한 법률」에 따른 전자무역문서로 (　　)을/를 할 것

· 「화장품의 생산·수입실적 및 원료목록 보고에 관한 규정」 中
- 「전자무역 촉진에 관한 법률」에 의하여 전자문서교환방식으로 (　　)을/를 하고 수입한 자는 수입실적보고 및 원료목록 보고를 하지 않을 수 있다.

83. 「화장품법 시행규칙」제11조 및 제12조에 따라 <보기>의 (   ) 안에 들어갈 알맞은 말을 명시된 **정확한 용어**로 쓰시오. (단, 기입 순서는 상관없다.) (10점)

──── <보기> ────

- 화장품제조업자의 준수사항 중 일부
· 제조관리기준서, (㉠   ), 제조관리기록서, (㉡   ) 을/를 작성·보관하여야 한다.

- 화장품책임판매업자의 준수사항 중 일부
· 제조업자로부터 받은 (㉠   ), (㉡   ) 을/를 보관하여야 한다.

 답

84. 화장품제조업자 영민씨는 자외선 차단제 제조를 위해 원료업자에게 원료를 납품받았다. 자외선 차단제를 구성하는 모든 성분과 각 성분이 자외선 차단제 제조를 위해 사용되는 양이 다음 표와 같을 때, 「화장품의 안전기준 등에 관한 규정」[별표 2] 사용상의 제한이 필요한 원료에 따라 최종 제품에 사용 한도가 초과된 성분과 해당 성분이 사용 한도에 비해 얼마나 초과되었는지 차례대로 기입하시오. (단, 최종 자외선 차단 제품은 다음의 표에 제시된 원료로만 구성하며 1ml는 1g으로 계산한다.) (18점)

<자외선 차단제를 구성하는 모든 성분과 사용된 양>

원료의 목록	자외선 차단제에 쓰이는 원료의 양
정제수	10ml
글리세린	5ml
세테아릴알코올	1g
세틸에틸헥사노에이트	0.5g
부틸렌글라이콜	0.8g
폴리실리콘-15	5g
드로메트리졸트리실록산	6.1g
시트로넬라 오일	0.2ml
다이메티콘	0.5ml
세라마이드엔피	0.9g
메틸파라벤	0.2g
우레아	5.8g
1,2-헥산다이올	8.7ml
스테아릴알코올	15g
이소베르가메이트	0.18g
피토스테롤	0.12g

<보기>

　위 제품에서 「화장품의 안전기준 등에 관한 규정」 [별표2]에 따라 사용 한도가 초과된 성분은 (㉠) 이고 이 성분은 고시된 사용 한도에 비해 (㉡) 만큼 초과하였다.

[예시] 만약 A 성분의 사용 한도가 35%이고 A 성분이 실제로 이 제품을 구성하는 함량이 40%라면 이 성분은 사용 한도에 비해 5%만큼 초과하였다.

→ [답안 기재 예시] A, 5%

답

85. <보기>는 같은 맞춤형화장품판매업소에서 근무하는 맞춤형화장품조제관리사 A와 B의 대화이다. 다음 중 「기능성화장품의 기준 및 시험방법」 [별표 1] 통칙에 따라 (　　) 안에 들어갈 알맞은 말을 명시된 **정확한 용어**로 순서대로 기입하시오. (10점)

<보기>

A:B씨, 맞춤형화장품 포장을 위해 (㉠) (을)를 준비해주세요.

B:여기 있습니다. 그런데 왜 이번 맞춤형화장품은 (㉠) 에 포장하시나요?

A:이번에 조제한 맞춤형화장품은 수분에 취약해요. 수분 침입을 막고 화장품 내용물의 증발을 막아주는 데에는 (㉠) (이)가 적격이죠.

B:오, 그렇군요! 하나 더 배워갑니다.

A:조금 더 알려드리자면, (㉠) (으)로 규정되어 있는 경우에는 (㉡)도 쓸 수 있답니다. 즉, (㉠) (으)로 포장하려고 했다면 (㉡)도 쓸 수 있다는 것이지요.

답

86. 「화장품 위해평가 가이드라인」에 따라 <보기>의 (   ) 안에 들어갈 말을 명시된 **정확한 용어**로 차례대로 쓰시오. (단, **한글**로 기입할 것) (10점)

— <보기> —

피부흡수과정은 물질이 피부를 통과하는 일련의 과정을 설명하는 국제적인 용어로 이들 과정은 세 단계로 나누어진다. (WHO, 2006)

- (㉠)은/는 각질층으로 성분 물질이 들어가는 것처럼 물질이 특정 층이나 구조로 들어가는 것을 말한다.
- (㉡)은/는 한 층에서 다른 층으로 지나치는 것을 말하며 이때 두 개의 층은 기능 및 구조적으로 다르다.
- (㉢)은/는 물질이 전신(lymph and/or blood vessel)으로 스며드는 것을 말한다.

답

87. <보기>의 (   ) 안에 공통으로 들어갈 알맞은 말을 「맞춤형화장품판매업 가이드라인」에 명시된 **정확한 용어**로 쓰시오. (6점)

— <보기> —

화장품의 주성분은 물과 기름이고 다른 영향을 주는 성분들을 포함할 수 있으므로 제조 및 유통 과정 중에 오염된 (   )(이)가 화장품에서 증식할 가능성이 있다. 오염된 (   )은/는 화장품의 품질을 저하하고 소비자의 피부 건강에 나쁜 영향을 미칠 수 있으므로 화장품제조업자 및 책임판매업자는 화장품의 품질, 안전성, 유효성을 확보하기 위하여 화장품 원료, 화장품과 직접 접촉하는 용기나 포장 및 최종 제품의 (   ) 오염을 방지하여야 한다.

맞춤형화장품판매업소에서 제공되는 맞춤형화장품에 대한 (   ) 오염 관리를 철저히 하여야 한다.

답

88. <보기>는「화장품 안전기준 등에 관한 규정」[별표 2] 사용상의 제한이 필요한 원료 중 특정 보존제에 대한 설명이다. ( ) 안에 들어갈 알맞은 숫자와 단어를 차례대로 기입하시오. (10점)

─── <보기> ───

메칠클로로이소치아졸리논과 메칠이소치아졸리논 혼합물 (염화마그네슘과 질산마그네슘 포함)
사용 후 씻어내는 제품에 (㉠)%
기타 제품에는 사용 금지
단, 메칠클로로이소치아졸리논: 메칠이소치아졸리논=(㉡):(㉢)

병행하여 사용할 수 없는 보존제 성분	(㉣)

답

---

89. <보기>의 (   ) 안에 들어갈 말을 차례대로 쓰시오. (8점)

─── <보기> ───

(㉠)은/는 화학적으로 반응성이 뛰어난 산소 원자를 포함하는 분자이다. 초과산화물 라디칼, 과산화수소, 수산화 라디칼 등이 대표적인 (㉠) 분자이다. 또한 광자극에 의해 반응성이 높은 일중항산소(singlet oxygen)가 생성되기도 한다.

(㉠)은/는 우리 몸에서 정상치를 넘게 되면 불포화 지방산을 과산화시켜 생체막의 구조적, 기능적 손상을 유발하고 핵산을 공격하여 염색체의 돌연변이를 유도한다.

멜라닌 생성과정은 (㉡)(이)라는 아미노산으로 출발하여 도파로, 도파가 산화되어 도파퀴논이 생성되는데 이 과정에서 티로시나아제라는 효소가 관여한다. 이때 체내 (㉠)의 과다로 인한 산화반응이 일어나면 유멜라닌을 형성하여 기미, 주근깨가 발생한다. 또, (㉠)은/는 콜라겐, 엘라스틴 등을 파괴하고 배열구조를 변화시키며 Matrix Metalloproteases(MMPs)효소의 발현을 활성화하여 단백질 섬유의 분해를 야기하여 피부 탄력 감소 및 주름을 발생시킨다.

뉴제주일보 김미영

답

---

90. 〈보기〉는 「천연화장품 및 유기농화장품의 기준에 관한 규정」 중 [별표 5] 제조공정에 명시된 내용이다. 〈보기〉의 ( ) 안에 들어갈 천연 및 유기농화장품과 관련된 화학적·생물학적 공정 중 사용할 수 <u>없는</u> 용제를 **정확한 용어**로 쓰시오. (6점)

───── 〈보기〉 ─────

석유화학 용제의 사용 시 반드시 최종적으로 모두 회수되거나 제거되어야 하며 방향족, ( ), 할로겐화, 니트로젠, 황(DMSO 예외) 유래 용제는 사용이 불가하다.

답

91. 〈보기〉의 ( ) 안에 공통으로 들어갈 말을 쓰시오. (8점)

───── 〈보기〉 ─────

( )은/는 생물이 활동하는데 필수적인 ATP를 구성하는 성분으로 모든 생물체에 소량 존재하며, 세포의 성장이나 분화 및 항상성에 직접적으로 관여하여 각종 대사를 조절하는 중요한 물질이다. ( )은/는 최종적으로 피부 건강과 관련된 유전자발현에 관여하여 세포분화, 상처치유 등 피부에 대한 재생 기능을 나타내게 된다. 진피층 내 섬유아세포의 증식을 강화시켜 콜라겐의 합성을 촉진시켜 주름을 완화하고 탄력을 증대시킨다. ( )은/는 진피층에서 DNA와 단백질 합성을 촉진시켜 세포 스스로의 자생력으로 피부의 건강을 유지할 수 있도록 도와주는 기능을 한다.

답

92. 〈보기〉의 (   ) 안에 들어갈 말을 차례대로 쓰시오. (10점)

〈보기〉

(㉠)은/는 모표피를 이루고 있는 비케라틴 단백질이며 가장 안쪽에 존재한다. 시스틴 함유량이 적으며 친수성을 띄고 알칼리에 약하다. 케라틴 침식성 약품에 대해서는 강하지만 단백질 침식성의 약품에 대해서는 약한 층이며 이 층의 내측에는 (㉡)이(가) 접착제의 역할을 하여 인접한 모표피를 밀착시킨다. (㉡)은/는 모표피와 모피질 사이, 모피질 세포의 사이사이에 존재하며 (㉡)이(가) 파괴되면 모발이 손상된다. (㉡)은/는 세포간 결합 물질로서 피부 표피의 세포간 지질 성분과 유사하며 모피질 내의 수분 및 간충물질의 용출을 막고 외부로부터의 침입을 막는다.

답

93. 맞춤형화장품조제관리사 준오씨는 고객의 피부 홍반 측정을 위해 피부의 '이것' 수치를 측정하였다. 4개의 폴리펩티드 사슬이 모여서 4차 구조를 이루고 산소와 결합하는 철을 포함하는 금속단백질(metalloprotein)인 '이것'은 무엇인가? (8점)

답

94. 〈보기〉는 「화장품 사용 시의 주의사항 및 알레르기 유발성분 표시에 관한 규정」에 대한 설명이다. (   ) 안에 들어갈 알맞은 말과 숫자를 차례대로 쓰시오. (6점)

〈보기〉

(㉠)은/는 향료로 표기할 수 있으나, (㉠) 구성 성분 중 식품의약품안전처장이 고시한 알레르기 유발성분이 있는 경우 향료로만 표기할 수 없고, 추가로 해당 성분의 명칭을 기재하여야 한다.

이때, 화장품 사용 시의 주의사항 및 알레르기 유발성분 표시에 관한 규정에서 정한 25종 성분 중 사용 후 씻어내지 않는 제품에는 (㉡)% 초과, 사용 후 씻어내는 제품에는 (㉢)% 초과 함유하는 경우에 한한다.

답

95. 「화장품 사용 시의 주의사항 및 알레르기 유발성분 표시에 관한 규정」[별표 1] 화장품의 함유 성분별 사용 시의 주의사항 표시 문구에 따라 (   ) 안에 들어갈 알맞은 말을 명시된 **정확한 용어**로 차례대로 쓰시오. (8점)

──── 〈보기 1〉 ────

부틸파라벤, (㉠), 이소부틸파라벤 또는 (㉡) 함유 제품(영·유아용 제품류 및 영유아가 사용하는 기초화장용 제품류 중 사용 후 씻어내지 않는 제품에 한함)

──── 〈보기 2〉 ────

만 3세 이하 영유아의 (㉢) (이)가 닿는 부위에는 사용하지 말 것

답

96. 「맞춤형화장품판매업자의 준수사항에 관한 규정」에 따라 〈보기〉의 (   ) 안에 들어갈 알맞은 말을 **정확한 용어**로 차례대로 쓰시오. (6점)

──── 〈보기〉 ────

맞춤형화장품판매업자는 맞춤형화장품 조제에 사용하는 내용물 또는 원료의 혼합·소분의 (㉠)에 대해 사전에 검토하여 최종 제품의 (㉡) 및 (㉢)을/를 확보하여야 한다.

다만, 화장품책임판매업자가 혼합 또는 소분의 (㉠)을/를 미리 정하고 있는 경우에는 그 (㉠) 내에서 혼합 또는 소분하여야 한다.

답

97. 맞춤형화장품조제관리사 A와 B가 맞춤형화장품판매업소에서 〈보기1〉과 같이 대화를 나누고 있다. A가 원하는 밑줄 친 <u>어떤 성분</u>을 〈보기2〉에서 찾아 쓰시오. (12점)

─── 〈보기 1〉 ───

A:맞춤형화장품에 카보머를 사용하여 점증을 주려 하였는데 잘 안되네요. 뭐가 문제인 것인지 참.

B:물과 카보머 가루만 섞으셨어요? 혹시 중화제를 사용하지 않으신 것 아닌가요?

A:네? 중화제요? 중화제는 염모할 때나 필요한 것 아닌가요?

B:카보머는 염 형태의 중화제를 사용하면 염이 용해되어 이온화되면서 팽창하여 점도를 나타내게 됩니다. 카보머는 물과 함께 강하게 교반한 후 염 형태의 중화제를 섞으면 백본(Backbone)에 붙어있는 카르복시기가 중화되어 물에서 이온화 상태로 존재하게 됨에 따라 카보머의 꼬인 사슬이 풀리면서 점증된 겔의 구조를 띄게 되죠.

A:아, 그렇군요! 그렇다면 여기 있는 원료들 중 <u>어떤 성분</u>을 섞어야 하죠?

─── 〈보기 2〉 ───

암모니아, 포타슘바이카보네이트, 시트릭애씨드, 다이소듐이디티에이, 칼시페롤, 토코페롤, 아스코빅애씨드, 타타릭애씨드, 살리실릭애씨드, 티타늄디옥사이드, 코발트, 소듐하이알루로네이트, 글리세린, 이소스테아릴알코올, 에탄올, 레티노익애씨드, 벤토나이트, 파이틱애씨드

답

98. 「화장품법 시행규칙」 제19조에 따라 (   ) 안에 들어갈 알맞은 말과 숫자를 명시된 **정확한 용어**로 차례대로 쓰시오. (8점)

─── 〈보기〉 ───

내용량이 (㉠)밀리리터 초과 (㉡)밀리리터 이하 또는 중량이 (㉠)그램 초과 (㉡)그램 이하 화장품의 포장인 경우에는 다음의 성분을 제외한 전성분 기재를 생략할 수 있다.

가. 타르색소

나. 금박

다. 샴푸와 린스에 들어 있는 (㉢)의 종류

라. 과일산(AHA)

마. 기능성화장품의 경우 그 효능·효과가 나타나게 하는 원료

바. 식품의약품안전처장이 사용 한도를 고시한 화장품의 원료

답

99. <보기>는 화장품 법령에 명시된 맞춤형화장품관련 내용 중 일부이다. ( )안에 들어갈 말을 **정확한 용어**로 차례대로 쓰시오. (6점)

— <보기> —

「화장품법 시행규칙」제12조의 2 맞춤형화장품판매업자의 준수사항 중 일부

　혼합·소분 전에 손을 소독하거나 세정할 것. 다만, 혼합·소분 시 (㉠)을/를 착용하는 경우에는 그렇지 않다.

「맞춤형화장품판매업 가이드라인」 중 일부

　맞춤형화장품 판매 내역서를 작성·보관하여야 한다. 판매 내역서에는 제조번호, 사용기한 또는 개봉 후 사용기간, 판매일자 및 판매량이 기재되어야 한다. 이때, 맞춤형화장품의 경우 (㉡)을/를 제조번호로 한다. (㉡)은/는 맞춤형화장품의 혼합·소분에 사용되는 내용물 또는 원료의 제조번호와 혼합·소분기록을 추적할 수 있도록 맞춤형화장품판매업자가 숫자·문자·기호 또는 이들의 특징적인 조합으로 부여한 번호이다.

답

100. 같은 맞춤형화장품판매업소에서 근무하고 있는 맞춤형화장품조제관리사 A와 B가 <보기1>과 같이 대화를 나누고 있다. 다음 중 <보기2>의 ( )안에 들어갈 알맞은 말을 <보기1>과 <X 내용물과 Y 내용물의 전성분>을 참고하여 차례대로 쓰시오. (16점)

— <보기 1> —

A:(X 내용물과 Y 내용물을 집으며) 이제 내용물을 혼합하여야겠군.

B:잠깐, 진짜 X와 Y를 혼합하실 거예요?

A:네. 무슨 문제가 있나요?

B:X와 Y의 내용물 혼합 시 니트로스아민류가 생성될 수 있어요.

A:니트로스아민이 무엇인데요?

B:대표적인 발암물질이자 「화장품 안전기준 등에 관한 규정」[별표 1]에 명시된 사용할 수 없는 원료 중 하나예요.

A:세상에, 하마터면 정부로부터 회수 명령을 받을 뻔했군요. 죄송합니다.

<X 내용물과 Y 내용물의 전성분>

X 내용물의 전성분
정제수, 에탄올, 프로판다이올, 글리세린, 나이아신아마이드, 1,2-헥산다이올, 판테놀, 카페인, 라이신, 글루코오스, 복숭아나무잎추출물, 만노오스, 알지닌, 히스티딘, 베타인, 펜틸렌글라이콜, 벤질살리실레이트, 부틸렌글라이콜, 자일로오스, 트라이에탄올아민, 셀룰로오스, 꿀추출물, 리모넨, 아이소스테아릭애씨드, 메틸이소치아졸리논

Y 내용물의 전성분
정제수, 비스-피이지-18메틸에터다이메틸실레인, 카프릴릴글라이콜, 세틸알코올, 클로페네신, 사이클로헥사실록세인, 다이소듐이디티에이, 글리세릴스테아레이트, 하이드록시팔미토일스핑가닌, 모근추출물, 메틸파라벤, 미리스틸미리스테이트, 올리브오일, 아보카도오일, 페녹시에탄올, 스쿠알란, 스테아릴알코올, 슈크로오스스테아레이트, 이미다졸리디닐우레아, 잔탄검, 스위트아몬드오일, 향료, 리모넨

─── 〈보기 2〉 ───

B는 X 내용물에 포함된 (㉠)와/과 Y 내용물에 포함된 (㉡)이/가 만나 특정 발암물질을 형성할 가능성이 있어 A의 혼합행위를 저지하였다.

만약 이 화장품이 (㉠)와/과 (㉡)에 의해 발암물질이 만들어진 채로 유통되었다면 식품의약품안전처는 회수 명령을 내릴 수 있으며, 이 경우 해당 화장품은 위해성 등급이 (㉢)등급이므로 (㉣)일 이내에 회수되어야 한다.

답

맞춤형화장품조제관리사 자격시험 답안지

※ 단답형(81번~100번) 문항은 뒷면의 답란에 기입하시오.

선 다 형 답 란

1	21	41	61
2	22	42	62
3	23	43	63
4	24	44	64
5	25	45	65
6	26	46	66
7	27	47	67
8	28	48	68
9	29	49	69
10	30	50	70
11	31	51	71
12	32	52	72
13	33	53	73
14	34	54	74
15	35	55	75
16	36	56	76
17	37	57	77
18	38	58	78
19	39	59	79
20	40	60	80

(각 문항 선택지 ① ② ③ ④ ⑤)

(뒷면에 계속)

응시일 년 월 일
고사장
고사실

수 험 번 호
(0 1 2 3 4 5 6 7 8 9)

성 명
(좌측부터 성명 기재, 5자리 이상시 윗자리 4자리만 기재,
영문이름은 외래어표기법에 따라 윗자리 4자리 기재)

답안 작성시 유의사항

<공통 작성방법>

1. 답안지에 낙서를 하거나 구기지 마세요.
2. 답안지를 잘못작성하여 발생한 책임은 응시자에게 있습니다.

<선다형 작성방법>

1. 답안은 반드시 컴퓨터용 수성사인펜만을 사용하여 다음과 같이 1문제에 1개만 표기해야 합니다.
   - 예시 : 문제 1 (O) ● (X) ⓧ (X)
2. 예비마킹은 빨간색 볼펜, 파란색 볼펜
   (검정색 볼펜, 연필 금지)
3. 수정테이프(예)등을 사용했을 경우 채점성이 붙이익을 받을 수 있으므로 사용 지양합니다.

<단답형 작성방법>

1. 답안작성은 정자로 작성해야하며, 검정색 볼펜만 사용하여 작성해야 합니다.
2. 오타의 경우 오답처리됩니다.
3. 단답형정자 정정부분은 두 줄(=)로 긋고 다시 기재하시기 바라며, 수정테이프(예)등을 사용했을 경우 채점성의 붙이익을 받을 수 있으므로 사용 지양합니다.

부정행위 처리규정

다음행위를하는 경우 부정행위로 간주하여 퇴실조치 및 해당시험은 무효처리합니다.

- 대리시험을 치른 행위 또는 치르게 하는 행위
- 시험중 다른 응시자와 시험관련대화를 하거나 손동작, 소리등으로 신호하는 행위
- 시험중 다른 응시자의 답안지 또는 문제지를 보고 자신의 답안지를 작성하는 행위
- 시험중 다른 응시자를 위하여 답안 등을 알려주거나 보여주는 행위 및
- 고사실 내외의 자로부터 도움을 받아 답안지를 작성하는 행위 및
- 다른 응시자와 답안지를 교환하는 행위
- 다른 응시자와 성명 또는 응시번호를 바꾸어 기재한 답안지
- 다른 응시자와 미리 부정한 저지방법을 약속하고 시험을 치르는 행위
- 시험종료후 문제지를 제출하지 않거나 일부를 제출하지 않는 행위
- 시험 감독관 또는 시험중에 시험문제, 시험문제에 관한 일부내용, 답안등을 다른 응시자에게 알려 주거나 엿보게 하는 행위
- 수험표 또는 시험문제지가 아닌곳에 문제 또는 답안을 작성하는 행위
- 시험중 휴대폰 기타 관련에 위물품을 휴대하거나 이를 주고 받는 행위 및
- 휴대폰기타 통신 및 전자기기를 지정장소에 보관하지 않고
- 작성되지 않은 통신 및 전자기기를 이용하는 행위
- 본인이 사용하는 통신으로도 부정사용에도 답안전송 및 불법응시자를 도와 감독위원의 답안지를 제출지시에
- 시험시간이 종료되었음에도 불구하고 감독위원의 답안지를 제출하라는 및
- 위에 부정을 특정의지방법을 나타내는 행위
- 그 밖에 부정한 방법으로 본인 또는 다른 응시자의 시험결과에 영향을 미치는 행위

본인은 위 사항에 동의하며, 신실하게 시험에 임할것을 서약합니다.
성명 : _____ (서명)

감독관 표기란
※ 응시생은 절대 표기하지 말 것

정자로 이름 기입

감독관 확인			
결시	O	중도 포기	O	부정 행위	O

※채점자 기입란

	⓪	①
81	⓪	①
82	⓪	①
83	⓪	①
84	⓪	①
85	⓪	①
86	⓪	①
87	⓪	①
88	⓪	①
89	⓪	①
90	⓪	①
91	⓪	①
92	⓪	①
93	⓪	①
94	⓪	①
95	⓪	①
96	⓪	①
97	⓪	①
98	⓪	①
99	⓪	①
100	⓪	①

란	답	형	답	란
96	91		86	81
97	92		87	82
98	93		88	83
99	94		89	84
100	95		90	85

성명 : _____
(YS)
응시자 본인이 응용을 서명합니다.

MEMO

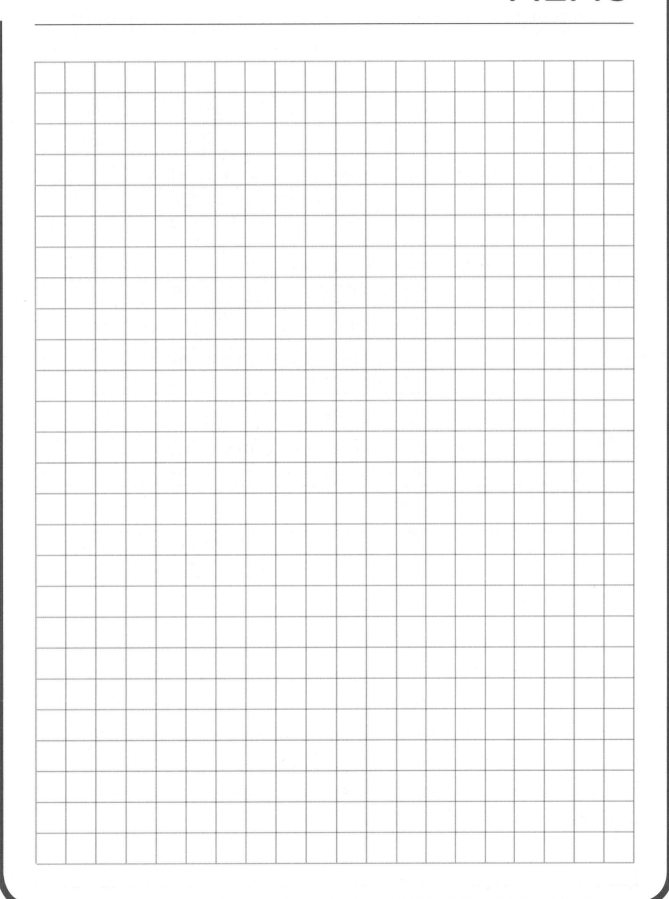

지한쌤 최적화 봉투모의고사
맞춤형화장품조제관리사 자격시험 채점 방법 안내

단원	단원명		문항수	배점
1단원	화장품 관련 법령 및 제도 등에 관한 사항	객관식	7	100점
		주관식	3	
	객관식 1번 ~ 7번, 주관식 81번 ~ 83번까지 취득한 점수 기입 ⇨			A
	*1단원의 취득 점수인 A가 40점 미만인 경우 탈락			
2단원	화장품의 제조 및 품질관리와 원료의 사용기준 등에 관한 사항	객관식	20	250점
		주관식	5	
	객관식 8번 ~ 27번, 주관식 84번 ~ 88번까지 취득한 점수 기입 ⇨			B
	*2단원의 취득 점수인 B가 100점 미만인 경우 탈락			
3단원	화장품의 유통 및 안전관리 등에 관한 사항	객관식	25	250점
		주관식	0	
	객관식 28번 ~ 52번까지 취득한 점수 기입 ⇨			C
	*3단원의 취득 점수인 C가 100점 미만인 경우 탈락			
4단원	맞춤형 화장품의 특성·내용 및 관리 등에 관한 사항	객관식	28	400점
		주관식	12	
	객관식 53번 ~ 80번, 주관식 89번~100번까지 취득한 섬수 기입 ⇨			D
	*4단원의 취득 점수인 D가 160점 미만인 경우 탈락			
총합	총 4단원	객관식	80	총점 1000점
		주관식	20	
	A + B + C + D ⇨			
	*A부터 D까지의 총합이 600점 미만인 경우 탈락			

〈채점요령〉

화장품법 시행규칙 제8조의 4에 따르면 맞춤형화장품조제관리사 자격시험은 전 과목 총점의 60퍼센트 이상의 점수와 매 과목 만점의 40퍼센트 이상의 점수를 모두 득점한 사람을 합격자로 합니다. 따라서 위의 각 A(1단원 취득 점수), B(2단원 취득 점수), C(3단원 취득 섬수), D(4난원 취득 점수)가 각 과목의 총점의 40% 이상이어야 하며 A+B+C+D는 600점 이상 취득하셔야 합격입니다. 각 과목별 과락기준은 위의 표에 기재하였습니다.

[참고] '미만'의 뜻은 그 수를 포함하지 않고 그 수보다 아래의 수들을 말합니다. 따라서 내 점수 총점이 딱 600점이면 탈락 기준인 600점 미만이 아니므로 합격입니다.